Educação sexual na sala de aula

Relações de gênero, orientação sexual e igualdade étnico-racial numa proposta de respeito às diferenças

Jimena Furlani

Educação sexual na sala de aula

Relações de gênero, orientação sexual e igualdade étnico-racial numa proposta de respeito às diferenças

2ª edição

autêntica

Copyright © 2011 Jimena Furlani
Copyright desta edição © 2025 Autêntica Editora

Todos os direitos reservados pela Editora Autêntica Ltda. Nenhuma parte desta publicação poderá ser reproduzida, seja por meios mecânicos, eletrônicos, seja via cópia xerográfica, sem a autorização prévia da Editora.

EDITORAS RESPONSÁVEIS
Rejane Dias
Cecília Martins

REVISÃO
Ana Carolina Lins
Cecília Martins

CAPA
Alberto Bittencourt

PROJETO GRAFICO
Conrado Esteves

DIAGRAMAÇÃO
Conrado Esteves
Christiane Morais de Oliveira

Dados Internacionais de Catalogação na Publicação (CIP)
(Câmara Brasileira do Livro, SP, Brasil)

Furlani, Jimena
  Educação sexual na sala de aula : relações de gênero, orientação sexual e igualdade étnico-racial numa proposta de respeito às diferenças / Jimena Furlani. -- 2. ed. -- Belo Horizonte : Autêntica, 2025.

  Bibliografia.
  ISBN 978-85-7526-541-3

  1. Educação - Currículos 2. Educação sexual 3. Educação sexual - Estudo e ensino I. Texto.

11-05480   CDD-372.372

Índices para catálogo sistemático:
1. Educação sexual nas escolas 372.372
2. Orientação sexual nas escolas 372.372

Belo Horizonte
Rua Carlos Turner, 420
Silveira . 31140-520
Belo Horizonte . MG
Tel.: (55 31) 3465 4500

São Paulo
Av. Paulista, 2.073, Conjunto Nacional
Horsa I . Salas 404-406 . Bela Vista
01311-940 São Paulo . SP
Tel.: (55 11) 3034 4468

www.grupoautentica.com.br
SAC: atendimentoleitor@grupoautentica.com.br

Nota explicativa quanto ao estilo da linguagem

Este livro teve como orientações de composição e escrita as normas da ABNT e as recomendações da revisora da Editora Autêntica. Entretanto, assumo, propositadamente, um "**modo feminista de escrever**", reconhecendo que a escrita possui um caráter não apenas linguístico, mas também político e histórico. As sugestões de alterações que se seguem objetivam mostrar o caráter construído e arbitrário da escrita e apresentar uma alternativa de **oposição à linguagem sexista** (que, geralmente, favorece um gênero e inviabiliza outro). Portanto:

1. Oponho-me a qualquer linguagem sexista que tenha a forma masculina como regra geral. Explicito o masculino e o feminino, ora com **linguagem inclusiva** (ex.: meninas e meninos, professoras e professores), ora, quando possível, utilizando **termos neutros em gênero** (ex.: crianças, as pessoas, profissionais da Educação). Não utilizarei "homem" para me referir à humanidade, mas sim "a espécie humana", "as pessoas", "mulheres e homens".

2. Escrevo em **primeira pessoa**. Assumo, portanto, uma postura contrária à suposta "neutralidade da ciência moderna", uma vez que os Estudos Feministas e suas/seus estudiosas/os são assumidamente interessadas/os numa sociedade menos desigual em gênero. Coloco-me como autora do conhecimento produzido em minhas pesquisas, compartilhadas neste livro.

3. Nas citações, quando em primeira aparição no corpo do texto, a cada capítulo, é visibilizado o **prenome e sobrenome** da/o autora/or, buscando identificar o gênero e favorecendo o reconhecimento das mulheres na produção de conhecimento e da crítica social.

4. **Subverto a regra** que apresenta o masculino sempre à frente do feminino. Visibilizo a inclusão de gênero utilizando do artigo "a" em seguida do artigo "o", não utilizando parênteses, e, sim, barras. Por exemplo: a/o professora/or, alunas/os etc.

OBS. 1: **COMO REALIZAR A LEITURA, oral e coletiva, de um texto deste Livro?**
Uma vez que a forma escrita já visibiliza a igualdade de gênero, ao se fazer a leitura oral coletiva (com pessoas que acompanham o texto escrito, simultaneamente) pode-se escolher um gênero para fazer a leitura, tornando-a mais dinâmica e ágil. Sugiro a escolha da forma feminina, para a leitura oral, e destaco seu **efeito pedagógico**: tanto para subverter a forma masculina genérica (e mostrar seu caráter

arbitrário de generalização), quanto para, a partir de um possível desconforto, as pessoas perceberem que nem sempre a forma genérica de um gênero representa todas as pessoas e suas identidades.

OBS. 2: **A LINGUAGEM para além do CARÁTER BINÁRIO do GÊNERO**.

O *todes* é uma palavra neutra em gênero pois vai além do feminino (definido pela vogal "a") e do masculino (definido pela vogal "o"); o *todes* é uma forma de incluir as pessoas não-binárias (que não se enquadram nas definições para o feminino e para o masculino, existentes). Usar o *todes* (juntamente com "todas" e "todos") é reconhecer a existência da diversidade, portanto, trata-se de um posicionamento político que explicita a sensibilidade, a alteridade e a empatia de quem o usa e, portanto, ajuda a construir uma sociedade mais inclusiva e respeitosa com as diferenças. Esse uso da linguagem é uma **forma de resistência** (especialmente em relação aos conservadorismos e as perdas de direitos da população LGBTQIA+, assim como um desagradado aos modelos impostos de gêneros binários.

Profa. Dra. Jimena Furlani

Sumário

11 | Apresentação

CAPÍTULO 1
15 | Abordagens contemporâneas para educação sexual

15 | A abordagem biológico-higienista
16 | A abordagem moral-tradicionalista
19 | A abordagem terapêutica
21 | A abordagem religioso-radical
24 | A abordagem dos direitos humanos
26 | A abordagem dos direitos sexuais
36 | A abordagem emancipatória
39 | A abordagem *queer*
44 | Uma reflexão final
45 | Referências

CAPÍTULO 2
51 | Pressupostos teóricos e políticos de uma educação sexual de respeito às diferenças – Argumentando a favor de um currículo pós-crítico

51 | Educação sexual – O currículo crítico
53 | Educação sexual – O currículo pós-crítico
58 | A perspectiva pós-estruturalista e o currículo da educação sexual
59 | Os Estudos Culturais e o currículo da educação sexual
62 | A análise feminista, o conceito de "relações de gênero" e o currículo da educação sexual
65 | Contribuições dos movimentos sociais e o currículo da educação sexual
66 | Referências

CAPÍTULO 3
69 | Educação sexual para/na infância

69 | Crianças sexualmente saudáveis – Um entendimento
70 | Oito princípios para uma educação sexual na Escola de respeito às diferenças
71 | *Princípio 1 – A educação sexual deve começar na infância e, portanto, fazer parte do currículo escolar*
71 | *Princípio 2 – As manifestações da sexualidade não se justificam, apenas, pelo objetivo da "reprodução"*
72 | *Princípio 3 – A descoberta corporal é expressão da sexualidade*
72 | *Princípio 4 – Não deve haver segregação de gênero nos conhecimentos apresentados a meninos e meninas; portanto, a prática pedagógica da educação sexual deve acontecer sempre em coeducação*
73 | *Princípio 5 – Meninos e meninas devem/podem ter os mesmos brinquedos*
74 | *Princípio 6 – A linguagem plural, usada na educação sexual, deve contemplar tanto o conhecimento científico quanto o conhecimento familiar/popular/cultural*
74 | *Princípio 7 – Há muitos modos de a sexualidade e o gênero se expressarem em cada pessoa; portanto, eu posso ter alunas/os se constituindo homossexuais*
74 | *Princípio 8 – A educação sexual pode discutir valores como respeito, solidariedade, direitos humanos*
75 | Referências

CAPÍTULO 4
77 | Meu nome tem uma origem, e eu me orgulho dela – As crianças do livro explicitam diferenças identitárias

80 | Olá, pessoal! Meu nome é Lélia
82 | Olá, pessoal! Meu nome é Herbert
84 | Olá, pessoal! Meu nome é Eliane
86 | Olá, pessoal! Meu nome é Alfredo
88 | Olá, pessoal! Meu nome é Patrícia
90 | Olá, pessoal! Meu nome é Renato

CAPÍTULO 5
93 | Educação sexual – Possibilidades didáticas a um começo na Educação Infantil e no Ensino Fundamental

94 | Etapas didáticas de atividades planejadas para educação sexual
94 | 1 Conhecer as partes do corpo de meninos e meninas – A diferença começa aqui!

97	2 Entender as noções de higiene pessoal e os conceitos de nudez e privacidade
98	3 Problematizar a linguagem (os nomes familiares, os nomes científicos)
99	*Linguagem – Essa reflexão não para aqui!*
99	*1º. Mostrando sua pluralidade*
99	*2º. Questionando o tratamento genérico no masculino*
100	*3º. Questionando a importância conferida à reprodução*
102	*4º. Questionando a forma de nomear o corpo*
103	*5º. Comparando seres humanos com animais e plantas*
103	4 Conhecer os vários modelos de família (explicitando as muitas formas de conjugalidade, os laços afetivos e a convivência mútua)
124	5 Iniciar o entendimento acerca das "diferenças" (pessoais, familiares, linguísticas) ao encontro do respeito às diferenças de gênero, racial, étnica, sexual, de condição física, etc.
124	6 Apresentar a educação de meninas e meninos a partir dos Estudos de Gênero
124	*Uma introdução necessária*
126	*O que justifica a inserção do conceito de gênero no currículo escolar?*
126	*Caminhos para uma educação de gênero na escola*
127	*A equidade de gênero e os brinquedos infantis*
128	*O respeito aos animais domésticos – Interferindo na educação de uma masculinidade violenta*
132	7 Discutir (antecipar) informações acerca das mudanças futuras do corpo (na puberdade)
133	Algumas palavras finais
134	Referências

CAPÍTULO 6

137   "Informação apenas não muda comportamento?" A educação sexual e a construção de uma cultura da prevenção

137	Os efeitos de um enunciado – "Informação apenas não muda comportamento!"
139	Construindo uma cultura preventiva na educação sexual infantil

CAPÍTULO 7

145   Educação sexual para adolescência – Anos finais do Ensino Fundamental e do Ensino Médio

147	Discussão de casos
148	Jogo – O ano em que nasci

153	Reflexão – Relações de poder, identidades e subordinação histórica
156	Jogo – O bingo adolescente
156	Jogo – Conhecendo e respeitando as diferenças individuais
159	Entendimentos conceituais – Preconceitos e movimentos sociais
160	Jogo – Que mudanças são essas em meu corpo?
161	Jogo – Vamos "ficar"?
163	Discussão conceitual – "A expressão do desejo e do afeto nas pessoas"
164	Interagindo com outras disciplinas – Educação sexual na Matemática
165	Exercícios desconstrutivos
168	Educação sexual a partir de projetos
170	Interdisciplinaridade
171	Concluindo este capítulo
171	Referências

CAPÍTULO 8

173 — **Raça, etnia e identidades étnico-raciais – Reflexões históricas, conceituais e políticas à educação de respeito às diferenças**

174	Lampejos de uma história de desigualdades étnico-raciais – Justificativa às políticas públicas
175	A igualdade étnico-racial passa por Ações Afirmativas! O que é isso?
179	Raça e etnia – Marcadores sociais identitários
182	Etnia – A ênfase na origem cultural, histórica e política
184	Santa Catarina e sua diversidade étnica
185	Etnias africanas "invisíveis" na história de Florianópolis-SC
189	As etnias indígenas no solo catarinense
189	Estados brasileiros e suas etnias indígenas
191	Multiculturalismo – Um movimento político por um currículo pós-crítico
193	Referências

APRESENTAÇÃO

Realizar a apresentação do livro *Educação sexual na sala de aula: relações de gênero, orientação sexual e igualdade étnico-racial numa proposta de respeito às diferenças*, da professora Jimena Furlani, gerou em meu coração sentimentos de alegria e esperança.

Alegria, porque tenho o prazer de conviver cotidianamente com a autora, no Centro de Ciências Humanas e da Educação (FAED) da Universidade do Estado de Santa Catarina (UDESC). Sua obra revela aquilo em que a autora acredita e o que faz. Não existe distanciamento entre aquilo que ela vive e aquilo que se reflete em seu texto. Em cada leitura dos capítulos, eu sentia como se estivesse, pessoalmente, vivenciando um vigoroso diálogo entre mim e a professora em suas defesas sempre vibrantes, ousadas e necessárias à atualidade social e escolar. Jimena consegue escrever com a rigorosidade acadêmica necessária, mas suas reflexões não são herméticas como de algumas/alguns pesquisadoras/es da área. Pelo contrário, seu livro possibilitará que docentes da Educação Infantil, do Ensino Fundamental, do Ensino Médio e universitário, por todo o Brasil, possam realizar outras práticas pedagógicas e curriculares, não como alguém que copia, mas, sobretudo, como alguém que aprende e se desafia a construir uma sociedade mais justa, a partir das leituras realizadas.

Esperança, porque o livro revela um compromisso fundamental com a formação docente para construção de uma sociedade brasileira que respeite as diferenças sexuais, de gênero, de raça e etnia, de culto religioso, de condição física, de classe, de origem, etc. Essa contribuição se manifesta em seus oito capítulos, numa inequívoca articulação ente compromisso político, teoria e prática pedagógica.

O Capítulo 1 ("Abordagens contemporâneas para educação sexual") prende a/o leitora/or do início ao fim. Já que estão didaticamente explicitadas, é impossível ler apenas uma abordagem por vez. A leitura flui, não como alguém que está sendo convencido ou doutrinado por esta ou aquela tendência, mas pelo incômodo desafio de olharmos para nós mesmas/os, para nossas escolhas, para nossa Escola e para nossas práticas docentes, relacionando-as, inevitavelmente, com uma, ou mais, das oito possibilidades apresentadas.

Em "Pressupostos teóricos e políticos de uma educação sexual de respeito às diferenças – Argumentando a favor de um currículo pós-crítico" (Capítulo 2), percebemos que outras práticas pedagógicas e curriculares são possíveis para além das teorizações marxistas/críticas apenas. O currículo pós-crítico possibilita olhar para a criança, o adolescente, o jovem e o adulto e vê-los como pessoas que, além de uma classe social, são também sujeitos de gênero, de crença religiosa, de raça, de orientação sexual, de etnia, etc. O texto desse capítulo é o embasamento e o argumento teórico indispensáveis àquelas/es que buscam uma educação de respeito às diferenças.

No Capítulo 3 ("Educação sexual para/na infância"), o livro nos convida a olhar para as crianças com base em suas peculiaridades, seus processos de constituição como seres humanos em diferentes contextos sociais, sua cultura, suas capacidades intelectuais, criativas, estéticas, expressivas e emocionais. Apresenta-nos oito "perturbadores" princípios para essa educação que reverberam no desejo de uma infância com liberdade, dignidade e alegria.

"Meu nome tem uma origem, e eu me orgulho dela – As crianças do livro explicitam diferenças identitárias" é o curioso e provocativo título do Capítulo 4. Seis vidas infantis, seis histórias adultas e várias aprendizagens, recheadas de emoções e descobertas. As crianças, personagens do livro, explicitam suas diferenças identitárias e nos mostram, na prática, como identidades subordinadas podem ser apresentadas na Escola, com positividade e apreço. Esse é um dos capítulos em que os olhos insistem em não sair do papel e das páginas, onde histórias de vida e a importância histórica dos movimentos sociais materializam o entendimento de que a espécie humana é diversa e diferente.

O Capítulo 5 ("Educação sexual – Possibilidades didáticas a um começo na Educação Infantil e no Ensino Fundamental") alicerça seus fundamentos na prática pedagógica. O texto contribui para o reconhecimento dos direitos fundamentais das crianças e entende a construção de conhecimentos como algo essencialmente dialógico. A autora não apresenta receitas prontas e fixas, entretanto, leitoras/es podem, a partir da das reflexões e práticas pedagógicas sugeridas, ousar, inventar, criar e recriar novas atividades para o processo de ensino-aprendizagem em uma dimensão colaborativa de uma docência permeada de interações. É impossível concluir a leitura desse capítulo e continuar afirmando "não saber o que fazer" na educação sexual voltada à infância.

Em "'Informação apenas não muda comportamento?' A educação sexual e a construção de uma cultura da prevenção" (Capítulo 6), a pesquisadora alerta que qualquer informação desprovida de intencionalidade e reflexão não gera necessariamente mudança nas práticas e atitudes pessoais. Somente o conhecimento e o trabalho comprometido, não episódico e linear, mas permanente e sistemático, podem ser exitosos no contexto escolar e social. O ponto alto do Capítulo é a proposta pedagógica para infância (Educação Infantil e Ensino Fundamental), em que a autora sugere o Jogo da Prevenção: ilustrações com conteúdo, cores e mensagens, em que a simplicidade e a objetividade dão o tom da eficácia desse recurso didático.

O Capítulo 7 ("Educação sexual para adolescência – Anos finais do Ensino Fundamental e do Ensino Médio") vai além das muitas possibilidades metodológicas hoje existentes para as categorias geracionais envolvidas. Mais uma vez as práticas pedagógicas apresentadas, nas 12 atividades sugeridas, vão colaborar com o fazer diário de educadoras/es de todo o país, combinando jogos que obrigam a pesquisa de fatos históricos, a discussão de casos, análises políticas e conjunturais, ressignificação de conceitos, desconstrução de saberes e a problematização de artefatos culturais. Um capítulo criativo e empolgante.

Finalmente, o 8° e último capítulo ("Raça, etnia e identidades étnico-raciais – Reflexões históricas, conceituais e políticas à Educação de respeito às diferenças") traz, de forma inovadora, as discussões atuais que envolvem a raça, a etnia e políticas públicas para a igualdade étnico-racial, em reflexões sempre comprometidas com a implementação de ações nos contextos educativos. Com serenidade, o texto aborda a realidade das populações indígenas e negras no Brasil, ousa posicionar-se a respeito das políticas afirmativas e desafia a lógica social e escolar para inclusão dessas temáticas em todos os níveis da escolarização brasileira.

Com esta grandiosa publicação, podemos, sim, exemplificar concretamente a seguinte premissa: os currículos não são eternos, nem grades nem cadeias. Além disso, a dinâmica interna da escola e da sala de aula (e da sociedade) pode ser outra; a sala de aula há de ser um espaço de aprendizagem de crianças, adolescentes, jovens e adultos que sonham um mundo com outras formas, cores, sons e tons porque são, também, crianças, adolescentes e jovens de diferentes identidades culturais. Dito isso, ratifico que a obra *Educação sexual na escola* é uma semente frutífera, um convite à reflexão e à ação comprometida de mulheres e homens, de professores e professoras, de pais e mães que sabem que existe um jardim inteiro a ser feito: multicor, diverso, polissêmico e, sobretudo, mais humano, fraterno, justo.

Prof. Lourival José Martins Filho
Doutor em Teologia com ênfase em Educação e Religião
Diretor de Ensino de Graduação do Centro de Ciências Humanas
e da Educação (FAED) da Universidade do Estado de Santa Catarina (UDESC)

Florianópolis, 07 de junho de 2011

CAPÍTULO 1

Abordagens contemporâneas para educação sexual[1]

Normalmente, quem se debruça no trabalho de educação sexual, qualquer que seja seu nível de escolarização, não se vê obrigada/o a definir um referencial teórico norteador de suas práticas docentes. Talvez, tal necessidade de definição teórica seja impensável para muitas/os, uma vez que há um entendimento tácito de que o objeto da educação sexual é a Biologia... Que seus assuntos e conteúdos devem versar sobre o conhecimento do corpo e da prática do sexo seguro, culminando em temas como aparelho reprodutor masculino e feminino, puberdade, menstruação, ISTs (Infecções Sexualmente Transmissíveis),[2] HIV e aids, gravidez na adolescência, virgindade, iniciação sexual. Quero argumentar contra esse entendimento.

Em Furlani (2005), organizei as discursividades que constroem a educação sexual contemporânea (vistas à época, mas ainda presentes, hoje, no Brasil) no que denominei de oito diferentes abordagens:

- 1 a abordagem biológico-higienista
- 2 a abordagem moral-tradicionalista
- 3 a abordagem terapêutica
- 4 a abordagem religioso-radical
- 5 a abordagem dos direitos humanos
- 6 a abordagem dos direitos sexuais
- 7 a abordagem emancipatória
- 8 a abordagem *queer*

Essas diferentes representações acerca da educação sexual estão presentes e/ou repercutem no universo pedagógico brasileiro. Elas devem ser vistas como discursividades que apontam para possíveis lógicas nos seus enunciados e constroem determinado/s conhecimento/s. A educação sexual contemporânea explicita essas múltiplas formas de organização de enunciados constitutivos de seu objeto pedagógico num processo que não é homogêneo. Ao contrário, ele é marcado por rupturas, por divergências, por discordâncias teóricas e políticas, assim como é possível verificar, entre certas abordagens, interfaces de articulações e convergências.

Debruçar o olhar, teórico e didático, sobre essas abordagens tem uma grande implicação educativa e política para o trabalho docente. Entendo que cada uma delas pressupõe uma concepção de educação, um entendimento de sexualidade e de vida sexual humana, um entendimento de valores morais e éticos de vida em sociedade, um entendimento de direitos e de sujeitos merecedores desses direitos e, sobretudo, cada uma dessas abordagens define a prática docente e o perfil da/o professora/or que pensará, planejará e desenvolverá essa educação sexual.

A abordagem biológico-higienista

É aquela considerada por muitas/os a prevalente (e até mesma a única) nas ações educacionais voltadas à discussão do desenvolvimento sexual humano no contexto, sobretudo, da escolarização formal. Costuma conferir ênfase na biologia essencialista (baseada no determinismo biológico) e é marcada pela centralidade do ensino como promoção da saúde, da reprodução humana, das ISTs, da gravidez indesejada, do planejamento familiar, etc. Por manter inquestionáveis as premissas acerca do **determinismo biológico**, considera as diferenças entre homens e mulheres decorrente dos atributos corporais – o que contribuiu (e contribui) tanto para "naturalização" das desigualdades sexuais e de gênero quanto para a formulação dos enunciados que hierarquizam essas diferenças (por exemplo, premissas machistas, sexistas, misóginas e homofóbicas).

Essa abordagem, restrita ao biológico, sempre esteve presente no trabalho da educação sexual na escola, através das aulas de Ciências e de Biologia. Sua crítica maior reside não na sua presença (que sob o ponto de vista da saúde sexual é necessária), mas no fato de **ser exclusiva** – implicando um currículo limitado e reducionista.

Guacira Louro (1999), ao se referir à ênfase concedida nas práticas educativas, especialmente à prevenção da aids, afirmou que "[...] temos que prestar atenção se o cuidado com a manutenção da saúde não está sendo feito de modo a rodear o exercício da sexualidade de uma aura de perigo e de doença" (p. 140).

Além disso, destaco duas representações comuns que devem ser problematizadas e questionadas na escola e na formação de educadoras/es quando consideramos os efeitos dessa abordagem: 1ª) que a educação sexual deve ser dirigida apenas à adolescência (afinal, "iniciação sexual" é algo que socialmente se espera nessa faixa etária); 2ª) que desenvolver trabalhos de educação sexual na infância "estaria incentivando a prática sexual precoce" das crianças.

Esses dois entendimentos não são verdadeiros e, na educação sexual e na formação docente, merecem ser questionados: primeiro, porque a sexualidade não se inicia na adolescência e, tampouco, falar em sexualidade se restringe a falar em ato sexual. Segundo, porque expressões da sexualidade surgem a partir do nascimento e, na infância, compreendem o conhecimento corporal, as relações entre meninas e meninos, os processos de socialização nas brincadeiras infantis, a diversidade nas famílias, etc. Educação sexual na infância NÃO SIGNIFICA o estímulo de práticas precoces exatamente porque o seu objeto de ensino é tudo, menos falar das práticas sexuais/o ato sexual.

A abordagem moral-tradicionalista

"Acaricie seu cachorrinho, e não seu namorado."
"Controle a sua vontade. Seja virgem!"
Enunciados do Programa
Abstinência Somente (EUA)

Esta epígrafe apresenta enunciados comuns neste tipo de educação sexual, frequentemente atrelada a princípios de uma moral religiosa e tradicional. Um exemplo é o Programa Abstinência Somente,[3] implantado em muitas escolas estadunidenses, baseado num currículo que defendeu, incondicionalmente, a abstinência sexual. O Programa foi defendido por um movimento nacional (nos EUA), promovido pela direita radical, durante o governo de George W. Bush (de 2001 a 2009). O Programa concluiu e difundiu que os casos de gravidez e de infecção pelo vírus HIV, na adolescência, seriam evitados pela adoção da completa privação sexual.

Gaby Wood (2005), em seu artigo "A reação avança", cita a manchete de um jornal norte-americano (*The Observer*): "Hoje, nos EUA de Bush, abstinência é política de governo, e 'sexo seguro' virou palavrão" (p. 16). Nessa reportagem, o

Projeto Peers é citado como "uma das ramificações da cruzada nacional pela educação da abstinência, que receberá US$ 170 milhões do governo Bush em 2005" (Wood, 2005, p. 16). Inúmeros outros grupos defendem a abstinência sexual como forma de educação sexual para a adolescência, entre eles: *A Promise to Keep* (Um Promessa para Ser Mantida), *Worth the Wait* (Vale a Pena Esperar) ou *True Love Waits* (O Amor Verdadeiro Espera).

Nesses programas é comum encontrar argumentos contrários ao ensino de qualquer método que leve ao sexo seguro:

> Porque a abstinência da atividade sexual é o único método 100% eficaz de evitar a gravidez e a transmissão de doenças venéreas [...] (Associação Nacional Pró-Vida e Pró-Família, 2002).

A cartilha *Respeito ao sexo: encarando a realidade*, por exemplo, apresenta publicações religiosas como bibliografia e considera "natureza" sinônimo para "Deus". Numa ênfase apocalíptica, ao "aconselhar" as/os estudantes, afirma que a epidemia de HIV/aids e herpes é uma demonstração de como a "natureza" está fazendo uma espécie de desaprovação do comportamento sexual das pessoas.

As/os adeptas/os do Programa Abstinência Somente alegam que outros programas de educação sexual mais "amplos e liberais" entrariam em divergência com os ensinamentos de pais e mães em casa, promovendo uma "desdoutrinação" das crianças e jovens dos "valores de moral tradicionais". Assim, colocam-se favoráveis aos "papéis sexuais" tradicionais, defendem a monogamia, o casamento, a castidade pré-marital, a educação separada entre meninos e meninas; pregam a intolerância com as práticas sexuais e com os modos de viver a sexualidade que não sejam os reprodutivos.

Ariel Kostman (2004), em artigo intitulado "Eles prometem, mas não agüentam... Campanha pró-virgindade cresce nos EUA, mas só um em dez cumpre o voto de abstinência", menciona o movimento *True Love Waits*. O autor apresenta os resultados de pesquisa realizada na Universidade de Colúmbia, que

> acompanhou 12 mil adolescentes americanos durante oito anos, constatando que 88% daqueles que prometem manter a virgindade até o casamento acabam tendo relações sexuais antes disso (p. 74).

Ou seja, a educação sexual que prega a abstinência não funcionou nos EUA, e não deveria ser sugerida como política pública de educação ou saúde em nenhum nível de escolarização formal.

No entanto, no Brasil, no ano de 2020, durante o governo federal de Jair Messias Bolsonaro (2019 a 2022), a então Ministra Damares Alves (Ministério da Mulher, da Família e dos Direitos Humanos – MMFDH) chegou a lançar uma campanha para prevenir a gravidez na adolescência e, para isso, sugeriu a abstinência sexual como método contraceptivo. Materiais publicitários foram produzidos com o slogan "Adolescência primeiro, gravidez depois".

A iniciativa não chegou a ser implementada nas políticas de formação de professoras/es, nem, tampouco, alcançou os currículos escolares da Educação Básica, até porque, nesse período, o governo federal não implementou nenhum programa de formação continuada de docentes para essa temática. No entanto, a prevalência dessa abordagem moral-tradicionalista no poder público federal, à revelia das pesquisas científicas, serviu para demonstrar como crenças, morais e religiosas, devem ser de foro íntimo e não devem se confundir com políticas públicas de saúde e educação para todo um país que, constitucionalmente, se define como uma democracia laica.

No Brasil, esse tipo de educação sexual com enunciados moral-tradicionalista e, portanto, conservadores podem ser encontrados na reação ao Programa *Frente a Frente*, da Rede Vida de Televisão, mencionado no site da Associação Nacional Pró-Vida e Pró-Família (www.providafamilia.org). Destaco um comentário acerca de uma entrevista do ex-ministro da Educação (Paulo Renato de Souza) em novembro de 1996, retirado do site. Naquela oportunidade, o então ministro afirmava que, com os Parâmetros Curriculares Nacionais (PCNs), a educação sexual deveria ser vista como um tema "transversal" e ser tratado nas diferentes matérias dos ensinos fundamental e médio. Após essa afirmação do ex-ministro na entrevista, o site da Associação se posicionou contrário a Paulo Renato, em especial ao seu entendimento de que "este tipo de educação deve fazer parte do currículo escolar". Num tom de desconfiança, fez o seguinte comentário em relação à cartilha de educação sexual (*Saúde sexual e reprodutiva: ensinando a ensinar*) recomendada pelo MEC[4]:

> Quanto aos métodos anticoncepcionais há uma verdadeira apologia dos métodos artificiais. Os métodos naturais apresentam altos índices de falhas (Tabelinha: 14-47% de falha; o Método da Ovulação: 2-25%). Embora mencionado não trata o estudo do Método da Temperatura Basal. Todos os métodos artificiais são mais eficazes que os naturais, segundo o manual do CESEX (Associação Nacional Pró-Vida e Pró-Família, 2002).

> A esterilização masculina e feminina, segundo o livro, são métodos de planejamento familiar. Em nenhum momento se fala da castidade ou do sexo no casamento (Associação Nacional Pró-Vida e Pró-Família, 2002).

> É evidente que, sendo um trabalho financiado por organizações que defendem o controle de nascimentos o manual de formação de "educadores sexuais", está orientado para evitar os nascimentos e defenda o sexo livre entre adolescentes (Associação Nacional Pró-Vida e Pró-Família, 2002).

E para contrapor as iniciativas mais liberais da educação sexual aparentemente presentes na cartilha sugerida pelo MEC, o site recorre ao "Pontifício Conselho para a Família", mencionando o documento "Sexualidade humana: verdade e significado"[5]:

> [...] os pais devem recusar a Educação Sexual secularizada e antinatalista, que põe Deus à margem da vida e considera o nascimento de um filho como ameaça, difusa pelos grandes organismos e pelas associações internacionais que promovem o aborto, a esterilização e a contracepção (Associação Nacional Pró-Vida e Pró-Família, 2002).

> Os pais deverão também prestar atenção ao modo como a instrução sexual é inserida no contexto de outras matérias, aliás úteis (por exemplo: a saúde e a higiene, o desenvolvimento pessoal, a vida familiar, a literatura infantil, os estudos sociais e culturais, etc.). Nestes casos é mais difícil controlar o conteúdo da instrução sexual (Associação Nacional Pró-Vida e Pró-Família, 2002, grifos meus).

A afirmação final, contundente, é apresentada no site com o propósito de "esclarecer" às/aos leitoras/es acerca dos princípios norteadores da educação sexual proposta:

Não somos contra a educação sexual nas escolas como complemento da educação obtida dos pais. Somos contra sim, a uma educação sexual que prega **o controle de população, o sexo livre, o homossexualismo, a contracepção, a esterilização** e "veladamente" **o aborto** e **o incesto**. Este último tipo de "educação sexual" é o pregado por grupos e organizações internacionais promotoras do controle de nascimentos e do aborto (Associação Nacional Pró-Vida e Pró-Família, 2002, grifos meus).

Esse tipo de comentário, no meu entendimento, situa essa abordagem no que resolvi chamar de moral-tradicionalista, ou seja, como aquela que defende a educação sexual como sendo de competência da família, que deve desencorajar o controle reprodutivo e que constrói enunciados que legitimam a homofobia.

A existência dessa abordagem moral-tradicionalista aponta, mais uma vez, para o caráter múltiplo da sociedade que, ao mesmo tempo, convive com distintos discursos sobre as sexualidades e estilos de vida sexual. Para Louro (2000), "atualmente, renovam-se os apelos conservadores, buscando formas novas, sedutoras e eficientes de interpelar os sujeitos (especialmente a juventude) e engajá-los ativamente na recuperação de valores e de práticas tradicionais" (p. 32).

Destaco que, talvez, a crítica mais contundente a esse tipo de educação sexual é o da **privação da informação** – pela censura que assume. Ou seja, uma vez que a abordagem aposta que a castidade será assumida como comportamento, seu programa não apresenta e não discute, com as/os jovens, formas de prevenção e práticas sexuais seguras. Essa é uma postura curricular que não considera (ou propositadamente ignora) a expectativa juvenil a uma iniciação sexual com parceiros/as – o que talvez justifique a ineficácia de 88% da abordagem, conforme atesta Ariel Kostman (2004, p. 74). Por exemplo, uma estratégia de ensino da abordagem moral-tradicionalista consiste em desencorajar a prática sexual; sendo assim, os programas discutem, frequentemente, os contraceptivos somente em termos do seu percentual de falhas.

Outro aspecto causador de muitas críticas contrárias a essa educação sexual é a **discriminação estimulada** por ela, baseada no sexo, na orientação sexual, no estado civil, na raça e na classe social. Por exemplo, a cartilha *Eu, meu mundo, meu futuro* afirma e aconselha que "idade, religião, afiliação, base econômica, base educacional ou aspirações, procedência étnica e grupo de amigos são importantes critérios de selecionar uma/um namorada/o". O programa apresenta, ainda, outras ações e recomendações aos seus educadores: a censura de livros das bibliotecas, a introdução de rezas nas escolas e o ensino da teoria criacionista (em oposição ao evolucionismo darwiniano) como parte do currículo de ciências. Para Wood (2005), "os currículos também misturam ciência com religião, tratam estereótipos sexistas como fato científico e cometem erros científicos sérios, como sugerir que o HIV pode ser transmitido através do suor ou lágrima" (p. 17).

A abordagem terapêutica

Trata-se daquela que busca "causas" explicativas para as vivências sexuais consideradas "anormais" ou para os "problemas sexuais". Afirma ser capaz de obter a "cura" das pessoas. Essa abordagem apresenta, geralmente, conclusões simplistas, imediatistas, genéricas e universais para os fenômenos da vida sexual. Mais voltada ao caráter psicológico do sujeito, a abordagem terapêutica, geralmente, pode estar ligada a instituições religiosas, ocupar a mídia (especialmente a televisiva, radiofônica e internet), consultórios de orientações e aconselhamento, e se utilizar das técnicas de terapia individual, grupal e de psicodrama para alcançar a "cura" sexual.

Um exemplo desse tipo de abordagem é o Grupo Exodus,[6] ligado a igrejas cristãs evangélicas.

Sua concepção de educação sexual é explicitada no artigo "Os homossexuais podem mudar?", de autoria de Esly Regina Carvalho. O texto discute pressupostos que embasam a crença de que a homossexualidade se configura num mal indesejado, mas, por possuírem causas distintas, os homossexuais podem mudar e ser curados por meio de terapias específicas.

> Queremos oferecer esperança às pessoas que lutam com dificuldades em relação aos sentimentos homossexuais e a seus familiares. Também queremos apresentar uma postura de misericórdia e compreensão como modelo à igreja quando pastoreia a pessoas que buscam ajuda com tais dificuldades (CARVALHO, 2004).

A educação sexual colocada em prática por este Grupo se baseia nas ideias de Elizabeth Moberly, que definiu as "causas" que levam à homossexualidade – no livro *Homossexualidade: uma nova ética cristã*. Essa autora questionou o entendimento de Freud, que explicava a dificuldade da pessoa em se relacionar com o sexo oposto como uma inconveniência originária de transtornos na primeira infância. Afirmou, ainda, que a dificuldade (e, portanto, a causa da homossexualidade) se radicava no relacionamento com o mesmo sexo, especialmente com o genitor do mesmo sexo (MOBERLEY apud CARVALHO, 2004).

Os efeitos dessa representação (acerca das "causas" da atração erótica e afetiva entre pessoas do mesmo sexo, sobretudo em relação aos homens), vão além de um simples direcionamento a uma suposta "terapia de cura". Difunde-se o pressuposto de que o menino "deve receber de seu pai o amor, a aceitação e a confirmação necessários para desenvolver bem seu processo de crescimento psicossexual segundo seu gênero" (CARVALHO, 2004). Se a figura do pai não conseguir essa aproximação com o menino (por ser pai ausente, pai violento, etc.), pode ocorrer a "[...] falta de amadurecimento emocional psicossexual que pode levar a uma orientação homossexual" (CARVALHO, 2004).

> Paizinhos, abracem seus filhos hoje, enquanto podem, porque senão, talvez eles cresçam e busquem os braços de outro homem ("Poesia", por Brad Sargent apud CARVALHO, 2004).

Para essa abordagem, a "carência de uma relação positiva, íntima e satisfatória com o pai resulta num vazio emocional e em necessidades insatisfeitas que a mãe não pode suprir porque 'isso é coisa de homem'". Assim, ao afirmar que a mãe (mulher) não apenas é incapaz de suprir a ausência do pai (homem) na educação da criança, como também, muitas vezes, atrapalha e agrava o quadro por superproteger o filho, o texto, além de homofóbico, expressa um sexismo e uma misoginia evidentes. Esses argumentos são contrários à representação hegemônica de "família estruturada" – na qual o desenvolvimento sadio da criança passaria, necessariamente, pela presença do pai e da mãe, numa relação familiar em que ambos são igualmente importantes. Nessa abordagem, ao tentar explicar a causa da homossexualidade em meninos, os argumentos se colocam enfatizando o sexismo e desqualificando a mãe:

> Observando a estrutura e a dinâmica familiares de nossa cultura, verificamos o grave problema que enfrentamos como sociedade. Lamentavelmente, a criação dos filhos (e a educação religiosa) foi delegada à mulher (CARVALHO, 2004).

Consequentemente, segundo esse grupo, o menino, diante do "vazio da identidade", resolve então se identificar com a figura feminina. Essa conclusão acerca da construção da identidade de gênero atrela duas identidades culturais (gênero e sexualidade) e considera que todos os homens homossexuais identificam-se com o feminino, ou seja, apresentam atitudes, trejeitos, atos ou preferências femininas.

Muitos estudos do campo da Antropologia mostram que essa relação (gênero-sexualidade) não é a prevalente no contexto da homossexualidade, ou seja, a maioria dos homens gays se identifica com o gênero masculino.

Parece que Carvalho (2004) se preocupa mais em abordar a homossexualidade nos homens do que nas mulheres. Apenas um breve parágrafo explica que "Com as meninas pode acontecer algo parecido [...]. Se a menina não fizer o processo de identificação com uma mãe que aprove e confirme sua feminilidade, o resultado pode ser o lesbianismo".

Portanto, essa abordagem acredita ser capaz de "curar" homossexuais, e o processo psicoterapêutico deve ser conduzido por uma/um profissional da psicologia. Um enunciado importante dessa abordagem é que "ninguém nasce homossexual, e por isso há tanta esperança de reverter a situação" (CARVALHO, 2004). No entanto, a transformação não ocorre de um dia para o outro, e outras "causas" para a homossexualidade são apresentadas:

> [...] o processo de transformação tem duas etapas: um tempo de **terapia ou "cura"** (tratamento das feridas emocionais) e um período de **"aprendizagem" de condutas** que não foram adquiridas a seu devido tempo, tais como os modos de relacionar-se, que deveriam ter sido aprendidos, especialmente na adolescência, como por exemplo, o jogo de "sedução" do sexo oposto, vestir-se segundo seu gênero, os gestos, etc. (CARVALHO, 2004, grifos meus.)

Para Carvalho (e para essa Igreja), uma vez que a homossexualidade pode ser causada por uma "possessão demoníaca" (ou um "desvio de conduta", ou um "estilo de vida alternativo"), a terapia,[7] além de buscar a transformação em certas áreas de nossa vida (na relação com o pai, no vínculo com a mãe, com as lembranças), deve "curar" as dificuldades emocionais. Para isso, ela pode necessitar também de ajuda espiritual.[8]

Essa abordagem, ao aglutinar aspectos causais e terapêuticos, tem sido adotada por igrejas que prometem "livrar" seus fiéis da homossexualidade, baseadas na representação que confere ao direcionamento do desejo afetivo e erótico não só o caráter de anormalidade como também a possibilidade de cura. Essas igrejas igualmente se colocam capazes de "curar" portadores do HIV (pessoas soropositivas) e doentes de aids.

A abordagem religioso-radical

Caracteriza-se pelo apego às interpretações literais da Bíblia, usando o discurso religioso como uma "incontestável verdade" na determinação das representações acerca da sexualidade "normal". Presente em instituições e/ou em escolas religiosas, essa educação da vida sexual e afetiva de homens e mulheres costuma ocorrer em encontros grupais ou individuais, em estudos bíblicos ou em pregações coletivas (missas, cultos).

Um exemplo do efeito desse discurso na vida dos sujeitos pode ser observado no filme O padre.[9] Destaco sua última cena: o momento em que o discurso religioso fica evidenciado pelo uso literal do texto bíblico por um homem (homofóbico) que resolve agredir verbalmente o padre Greg (que durante o filme tem sua homossexualidade descoberta por ele e revelada para a comunidade). O homem, aos gritos e em tom de confiante ironia, diz:

> – Está na Bíblia. Você lê a Bíblia, seu pervertido? [Olhando para o padre Greg]. Está lá com todas as letras: "não deitarás com um homem como se fosse mulher. É uma aberração".
>
> (Filme O padre – fragmento da cena final)

Daniel Helminiak (1998) já havia feito a crítica da interpretação literal da Bíblia. Para ele, embora as palavras bíblicas tenham um poder de encerrar qualquer discussão tão logo sejam proferidas, como se fossem sinônimos de "verdade" indiscutível ou "a última palavra sobre ética sexual" (p. 15), elas são "culturalmente condicionadas" (p. 12), possuem uma história. Essa forma de interpretação serviu, e tem servido ainda hoje, não apenas para legitimar e acentuar a homofobia, mas também, ao longo da história humana, para justificar a segregação racial e a opressão sexista contra as mulheres presentes na própria igreja cristã. Dessa forma, os efeitos desse tipo de episteme não atingem apenas as sexualidades subordinadas, como a homossexualidade. O uso literal da Bíblia tem sido usado, hoje, nas investidas pela manutenção da família patriarcal e pela volta da "submissão" da mulher, tal como se dava nos tempos remotos das antigas escrituras.

Em julho de 2004, o Vaticano apresentou publicamente um texto onde o então Papa João Paulo II alertava sobre os perigos e sobre os exageros trazidos para o meio familiar pelas contestações do movimento feminista, sobretudo pelas críticas sociais que visibilizaram ao mundo =as desiguais condições da mulher no meio social. O documento "Carta aos Bispos da Igreja Católica sobre a Colaboração do Homem e da Mulher na Igreja e no Mundo" foi contundente: afirmou que o Feminismo contribuiu para o surgimento de ideologias que levaram não apenas ao questionamento do modelo biparental de família, mas à concessão de paridade entre a homossexualidade e a heterossexualidade e à compreensão de uma sexualidade múltipla e diversa (cf. SABINO, 2004, p. 86).

O processo de interpretação literal da Bíblia, bem como a adoção inquestionável de um livro como referência única de ética moral, é definido como FUNDAMENTALISMO. Portanto, qualquer corrente, qualquer tipo de movimento social ou atitude pessoal, de cunho conservador, que enfatiza a obediência rigorosa e literal a um conjunto de princípios básicos geralmente presentes num livro é dito fundamentalista. São fundamentalistas tanto as/os muçulmanas/os (ou maometanas/os) que acreditam no Islamismo (religião fundada pelo profeta árabe Maomé [570 ou 580 a 632 a.C.]) quando usam radicalmente o "livro sagrado do Alcorão" quanto as/os católicas/os e evangélicas/os quando usam radicalmente a "Bíblia Sagrada".

No Brasil, além do fenômeno do crescimento das igrejas evangélicas, tem sido observado o surgimento de comunidades que apelam para um fundamentalismo católico oriundas do movimento de Renovação Carismática.[10] A comunidade "Canção Nova" (fundada em 1978[11]) é um exemplo. Com o objetivo de evangelizar através dos meios de comunicação, a comunidade promove a orientação de seus adeptos acerca da vida em sociedade com missas repletas de "hinos de louvor, orações fervorosas e pregações duras"... "Bíblias contra o peito, terços apertados entre os dedos" (LÍRIO, 2004, p. 17-18). No centro de evangelização, os adolescentes costumam vestir uma camiseta com as letras "PHN" (Por Hoje Não Vou Pecar) – nome do principal programa de rádio da comunidade, que procura educar os jovens para que se afastem "das tentações da carne: drogas, bebidas e sexo fora do casamento" (LÍRIO, 2004, p. 12). Também adepta ao programa de "abstinência sexual" (discutido, anteriormente, na abordagem moral-tradicionalista), difunde entre os jovens adolescentes "o slogan: 'Castidade! Deus quer, você consegue' [...]" (BARRETO, 2005, p. 18). Em 1993, no Brasil, a Igreja Batista iniciou a campanha "Quem ama, espera" – já existente nos EUA –, que "chegou a arrebanhar mais de mil jovens, mas foi perdendo força com o tempo" (p. 18).

Outra comunidade similar é a "Shalom" (do hebraico, "paz de Deus"), com 34 centros de evangelização no Brasil e 300 grupos de oração.[12] Para aqueles que "deixam as casas dos pais, o emprego e os velhos hábitos mundanos" (Lírio, 2004, p. 19), o celibato é o primeiro ensinamento e a eterna exigência. Durante três anos, entre a rotina de reza e trabalhos comunitários, nenhum envolvimento afetivo é permitido para que se possa decidir qual o caminho a seguir: o sacerdócio, o casamento ou o celibato definitivo. A atividade sexual da comunidade é regulada:

> Para os casados, castidade não significa ausência de sexo, mas buscar a pureza na vida em família. Nada de prática de sexo oral, anal ou uso de preservativos, coisas que ferem a Deus (Lírio, 2004, p. 19).

Uma reflexão antes de continuar...

Parece que há certa similaridade, no tocante a princípios comuns e às condições históricas de possibilidade, que conferem uma aproximação entre as três últimas abordagens (a moral-tradicionalista, a terapêutica e a religiosa-radical).

Para Weeks (2000, p. 76), a partir dos anos 1960, inúmeras reformas de cunho liberal foram implantadas nos países ocidentais, com o intuito de regular a vida social, e todo esse movimento teve no "controle da permissividade sexual" sua principal justificativa. Promoveu-se uma "mobilização conservadora acerca de questões sexuais nos anos 70 e 80", possibilitadas por algumas mudanças sociais, entre elas: a ameaça à família, o questionamento dos papéis sexuais (promovido pelo feminismo), o ataque à heterossexualidade (pelos movimentos gays e lésbicos na busca por igualdade), a ameaça aos valores (por uma educação sexual liberal), o surgimento do HIV (Weeks, 2000, p. 76-77).

O avanço na organização de gays e lésbicas, ou dos movimentos feministas, na conquista de seus direitos – em consequência, forçando mudanças em muitos setores da vida –, tem sido cada vez mais observado no contexto da sociedade civil e jurídica. Sobre isso, Louro (2000c) afirma em relação aos homossexuais que, se por um lado, se observa um abandono das "[...] formas de desprezo e de rejeição [...]" (p. 29), em sentido oposto tem crescido a onda de reações de setores conservadores:

> [...] essa mesma visibilidade tem acirrado as manifestações antigays e antilésbicas, estimulando a organização de grupos hipermasculinos (geralmente violentos) e provocando um revigoramento de campanhas conservadoras de toda ordem (Louro, 2000c, p. 29).

Parece que a chamada "permissividade sexual e de gênero" despertou a extrema direita conservadora que, desde os anos 1980, tem demonstrado acirrado empenho em deter as conquistas civis e jurídicas de grupos que defendem identidades sexuais subordinadas, mas que não caracterizam suas lutas apenas no terreno do exercício sexual. O acesso material e a luta por significados representacionais também estão em jogo e têm merecido atenção especial dos movimentos internacionais de lésbicas, gays, travestis, transexuais e transgêneros. A retórica dos direitos humanos e o aumento dos ataques aos sujeitos e às identidades sexuais e de gênero subordinadas apontam para o que Guacira Louro chama de "efeitos contraditórios" da visibilidade (Louro, 2004b, p. 207). A reação à homofobia pode ser vista como um empenho, de certos setores sociais, na resistência à regulação da vida íntima das pessoas.

Vários tipos de ações pedagógicas sobre a sexualidade, neste sentido, têm sido tomadas como instrumentos de problematização dos contextos social, político e cultural em que a educação sexual parece estar fundamentalmente implicada. Quatro abordagens, no meu entendimento, estão mais próximas do reconhecimento da diferença como positiva e benéfica a um mundo que se encontra no terceiro milênio. Refiro-me às abordagens de educação sexual que denominei: 1.5. dos direitos humanos, 1.6. dos direitos sexuais, 1.7. a emancipatória e a 1.8. abordagem *queer*.

A abordagem dos direitos humanos

A partir dos anos 1970, no Ocidente, intensificaram-se as discussões acerca da exclusão social. Os movimentos sociais críticos e suas denúncias sobre as desigualdades chamaram a atenção para a inexistência da universalidade dos direitos humanos, enfatizando a importância de estender a isonomia das leis aos sujeitos pertencentes aos chamados grupos subordinados.

No contexto mundial dos países capitalistas ocidentais, o direcionamento dado, inicialmente, ao conceito e à compreensão de uma exclusão social atrelada a fatores econômicos deveu-se, em muito, à influência e ao poder de análise conjuntural baseados no marxismo. No entanto, campos teóricos como os Estudos Culturais, os Estudos Feministas e o Pós-Estruturalismo demonstraram que a classe social não é a única identidade cultural constitutiva dos sujeitos sociais e tampouco ocupa a centralidade dos processos de desigualdade e exclusão social. Para muitas pessoas, gênero, raça, etnia, condição física, orientação sexual, nacionalidade, etc. são marcas identitárias responsáveis por experiências de exclusão tão significativas quanto a classe social.

E o que isso tem a ver com a Educação? E com a educação sexual?

É possível considerar o contexto educacional como campo não apenas de produção e reprodução das representações excludentes, mas também como local de contestação e resistência de grupos subordinados. A posição de produção e reprodução da exclusão, que cada vez mais compromete politicamente a Escola com as mudanças sociais, tem possibilitado, nos tempos recentes, discussões sobre o seu papel na aproximação e convergência entre os "direitos humanos", a "cidadania plena" e a "inclusão social". A suposta neutralidade política escolar é definitivamente posta em xeque. O momento atual aponta para um processo escolar que, em todos os níveis (inclusive nos cursos de formação de educadoras/es), esteja minimamente articulado com políticas públicas que possam combater e minimizar as injustiças e as desigualdades sociais. Neste sentido, é importante problematizar o entendimento de direitos humanos.

Direitos humanos... O que é isso?

Pertencer à espécie humana é a condição universal a todas as pessoas do planeta, sejam elas brancas/os europeias/us, ou negras/os africanas/os, indígenas tupi-guaranis, aborígines australianos, esquimós da Groenlândia, etc. Por esse aspecto biológico, todos os homens e as mulheres são indiscutivelmente seres humanos, pois pertencem à espécie *Homo sapiens sapiens*. No entanto, é possível dizer que poucos são aqueles e aquelas que detêm a condição, indiscutível, de serem, ao mesmo tempo, **seres humanos** e **seres de direitos humanos**.

A partir da segunda metade do século XX, principalmente os movimentos sociais mostraram que os mecanismos de desigualdades e injustiças articulavam-se a múltiplos marcadores sociais: sexo, gênero, sexualidade, raça, classe, geração.

Dentro desses marcadores, as mulheres e os homens pertencentes às identidades subordinadas tinham não apenas seu estado de "sujeito de direitos" violado, mas também eram "vítimas" de específicos modos de discriminação, preconceito e violência, decorrentes de cada identidade cultural.

Sujeitos sociais	Formas de preconceito e/ou discriminação
Mulheres	Sexismo Machismo Misoginia OBS: o feminicídio é decorrente desses preconceitos
Pessoas homossexuais, gays	Homofobia
Lésbicas	Lesbofobia
Bissexuais	Bifobia
Travestis, transgêneros, transexuais	Transfobia
Pessoas de orientação sexual e/ou identidade de gênero não hegemônicas	LGBTfobia ou LGBTQIA+fobia
Negras e negros	Racismo
Populações indígenas	Etnocentrismo
Pessoas de continentes não europeus	Eurocentrismo
Estrangeiros, migrantes, imigrantes	Xenofobia
Pessoas pobres	Aporofobia Classismo ou elitismo classista
Pessoas de diferentes times (de futebol, p. ex.)	Xenofobia esportiva
Pessoas religiosas do Judaísmo	Antissemitismo
Pessoas de religião não hegemônica	Intolerância religiosa Xenofobia religiosa Anticatolicismo Antiprotestantismo
Pessoas gordas	Gordofobia
Pessoas com deficiência	Capacitismo
Crianças (0 a 12 anos) e jovens adolescentes (13 a 18 anos)	Adultocentrismo Adultismo

Segundo Gustavo Santos (*et al.*, 2021), o **PNDH 1** (Programa Nacional de Direitos Humanos 1, aprovado pelo Decreto n.º 1.904/1996 no governo FHC), concedeu destaque "à segurança das pessoas, colocando-se em debate a violência policial e a impunidade dos crimes cometidos no Brasil"; abordou "o trabalho forçado, refúgio e *advocacy* em direitos humanos" [...]. Do ponto de vista de grupos socialmente vulnerabilizados, o PNDH 1 concedeu destaque às mulheres, crianças e adolescentes, sociedades indígenas, terceira idade e pessoas com deficiência.

O **PNDH 2** (Programa Nacional de Direitos Humanos 2, aprovado pelo Decreto n.º 4.229/2002 no governo Lula) reconheceu a necessidade de "Proteção do Direito à Vida"; deixou evidente a necessidade de garantir a segurança das pessoas e a luta contra a impunidade; mencionou a preocupação com a violência urbana e rural e reconheceu a necessidade de apoiar programas para prevenir a violência (de todos os tipos e níveis) contra "grupos em situação mais vulnerável". Em um incontestável reconhecimento daqueles grupos que ocupam o âmbito da exclusão social em nosso país, o PNDH 2 mostrou a "cara dos excluídos" ao falar explicitamente de crianças e adolescentes, idosas/os, mulheres, afrodescendentes, povos indígenas, estrangeiras/os, refugiadas/os e migrantes, ciganas/os, portadoras/es de necessidades especiais, gays, lésbicas, travestis, transexuais e bissexuais.

O **PNDH 3** (Programa Nacional de Direitos Humanos 3, aprovado pelo Decreto n.º 7.037/2009 e atualizado pelo Decreto n.º 7.177/2010, no governo Lula) foi discutido e construído com ampla participação social, com diversas conferências estaduais e municipais que culminaram com a 11ª Conferência Nacional em Direitos Humanos (Brasília, 15 a 18 de novembro de 2009).

Organizado em 6 eixos (1: Interação democrática entre Estado e sociedade civil; 2: Desenvolvimento e Direitos Humanos; 3: Universalizar Direitos em um Contexto de Desigualdades; 4: Segurança Pública, Acesso à Justiça e Combate à Violência; 5: Educação e Cultura em Direitos Humanos; 6: Direito à Memória e à Verdade), "[...] permitiu que temas como participação democrática, indivisibilidade dos direitos humanos, controle de ações da polícia, impunidade, acesso à Justiça, acesso à terra, formação e educação em direitos humanos fossem tratados a partir do olhar de grupos socialmente vulnerabilizados" (SANTOS, *et al.*, 2021).

O PNDH 3 causou muita controvérsia pois ousou propor mudanças em temas como a descriminalização do aborto (PNDH3, p. 91), a proibição de símbolos religiosos em locais públicos (PNDH3, p. 100), considerar o ponto de vista de invasores de terras (povos indígenas) (PNDH3, p. 210) antes das decisões judiciais sobre conflitos agrários (PNDH3, p. 148), discutir a liberdade dos meios de comunicação (PNDH3, p. 151), propor a criação da Comissão Nacional da Verdade (PNDH3, p. 170) para apurar torturas e desaparecimentos durante a ditadura (1964-1985) e voltou-se, em especial, à garantia dos direitos da população LGBT ao considerar os processos educacionais como fundamentais para a desconstrução da heteronormatividade (PNDH3, p. 99). Foram essas tensões políticas que levaram o presidente Luiz Inácio Lula da Silva ceder à religiosos, ruralistas e militares, alterando o PNLD3 em 2010, pelo Decreto n.º 7.177/2010.

No texto, "O Programa Nacional de Direitos Humanos 3 está em risco", Santos (*et al.*, 2021) analisa as medidas tomadas pelo governo Bolsonaro que extinguiram o Comitê de Acompanhamento e Monitoramento do PNDH 3 (pelo Decreto n.º 7.037, de 21 de dezembro de 2019) e criou um Grupo de Trabalho, no Ministério da Mulher, da Família e dos Direitos Humanos, para redefinir a Política Nacional de Direitos Humanos (Portaria n.º 457 de 10 de fevereiro de 2021, publicada no Diário Oficial em 11/02/2021). Para além do não cumprimento de acordos e compromissos internacionais, Santos (*et al.*, 2021) considera que a nova política poderá estar "impregnada de elementos ideológicos associados a posturas autoritárias".

A educação sexual baseada na abordagem dos direitos humanos é aquela que fala, explicita, problematiza e destrói as representações negativas socialmente impostas aos sujeitos subordinados e às suas identidades "excluídas", subalternas. Trata-se de um processo educacional que é assumidamente político e comprometido com a construção de uma sociedade melhor, menos desigual, mais humana – na totalidade semântica desse termo.

A abordagem dos direitos sexuais

A Declaração dos Direitos Sexuais foi elaborada no 13º Congresso Mundial de Sexologia, realizado em 1997, em Valência (Espanha). Posteriormente, foi revisada pela Assembleia Geral da Associação Mundial de Sexologia (WAS – *World Association for Sexology*), em 26 de agosto de 1999, e aprovada no 14º Congresso Mundial de Sexologia (Hong Kong, República Popular da China, de 23 a 27 de agosto de 1999). Em 2008, a Declaração foi reafirmada pela WAS, na declaração intitulada "Saúde Sexual para o Milênio". Em 2014 houve nova revisão que alterou a Declaração (que passou de 11 para 16 artigos). Esta Declaração revisada foi aprovada pelo Conselho Consultivo do WAS, em março de 2014.

A Declaração de 1997, embora tenha sido elaborada no sentido generalizado no que concerne às diversas identidades sexuais, a declaração pode ser vista como um documento político, de reivindicações e conquistas, de reconhecimento e respeito aos grupos e/ou sujeitos subordinados.

DECLARAÇÃO DOS DIREITOS SEXUAIS – 1997[13]

Os Direitos Sexuais são direitos humanos Fundamentais e Universais

Sexualidade é uma parte integral da personalidade de todo ser humano. Seu desenvolvimento total depende da satisfação de necessidades humanas básicas, quais sejam: desejo de contato, intimidade, expressão emocional, prazer, carinho e amor. A sexualidade é construída através da interação entre o indivíduo e as estruturas sociais. O total desenvolvimento da sexualidade é essencial para o bem-estar individual, interpessoal e social. Os direitos sexuais são direitos humanos universais baseados na inerente liberdade, dignidade e igualdade de todos os seres humanos. Uma vez que a saúde sexual é um direito fundamental, então a saúde sexual deve ser um direito humano básico. Para assegurarmos que os seres humanos e a sociedade desenvolvam uma sexualidade saudável, os direitos sexuais, a seguir, devem ser reconhecidos, promovidos, respeitados e defendidos por todas as sociedades de todas as maneiras. Saúde sexual é o resultado de um ambiente que reconhece, respeita e exercita estes direitos sexuais.

Artigo 1º. O DIREITO À LIBERDADE SEXUAL – A liberdade sexual está relacionada à possibilidade de os indivíduos expressarem sua plenitude sexual. Contudo, isso exclui todas as formas de coerção, exploração e abuso em qualquer época ou situações na vida.

Artigo 2º. O DIREITO À AUTONOMIA SEXUAL, À INTEGRIDADE SEXUAL E À SEGURANÇA DO CORPO SEXUAL – Este direito envolve a capacidade de tomar decisões autônomas sobre a sua própria vida sexual num contexto de ética pessoal e social. Também, relaciona-se com o controle e o prazer de nossos próprios corpos livres de tortura, mutilação e violência de qualquer tipo.

Artigo 3º. O DIREITO À PRIVACIDADE SEXUAL – Este envolve o direito às decisões individuais e aos comportamentos ou às condutas em relação à intimidade, desde que não interfiram nos direitos sexuais dos outros.

Artigo 4º. O DIREITO À JUSTIÇA (Equidade) SEXUAL – Este se refere à libertação de todas as formas de discriminação relacionadas a sexo, gênero, orientação sexual, idade, raça, classe social, religião ou incapacidades físicas ou emocionais.

Artigo 5º. O DIREITO AO PRAZER SEXUAL – Prazer sexual, incluindo o autoerotismo, é uma fonte de bem-estar físico, psicológico, intelectual e espiritual.

Artigo 6º. O DIREITO À EXPRESSÃO SEXUAL EMOCIONAL – A expressão sexual é mais do que prazer erótico ou atos sexuais. Os indivíduos têm o direito a expressar sua sexualidade através da comunicação, do toque, da expressão emocional e do amor.

Artigo 7º. O DIREITO À LIVRE PARCERIA SEXUAL – Isto significa a possibilidade de casamento ou não, de divórcio e do estabelecimento de outros tipos de associações sexuais responsáveis.

Artigo 8º. O DIREITO A FAZER ESCOLHAS REPRODUTIVAS LIVRES E RESPONSÁVEIS – Isto diz respeito ao direito em decidir ter ou não filhos, o número e o intervalo de tempo entre cada um e o direito ao pleno acesso aos métodos de controle da fertilidade.

Artigo 9º. O DIREITO À INFORMAÇÃO BASEADA NA INVESTIGAÇÃO CIENTÍFICA – Este direito implica que a informação sexual deve ser gerada por uma pesquisa científica ética e difundida por meios apropriados a todos os níveis sociais.

Artigo 10º. O DIREITO À EDUCAÇÃO SEXUAL INTEGRAL – Este é um processo vitalício que se inicia com o nascimento e perdura por toda a vida e deveria envolver todas as instituições sociais.

Artigo 11º. O DIREITO À ATENÇÃO À SAÚDE SEXUAL – A atenção com a saúde sexual deveria estar acessível para a prevenção e o tratamento de todas as preocupações, os problemas e as doenças sexuais.

DECLARAÇÃO DE DIREITOS SEXUAIS – 2014

(Tradução feita por Eliza Coral, em 2023, do original em inglês.)

Em reconhecimento de que os DIREITOS SEXUAIS são essenciais para o alcance do maior nível de saúde sexual possível, a Associação Mundial de Saúde Sexual:

DECLARA que os DIREITOS SEXUAIS estão fundamentados em DIREITOS HUMANOS universais e que já são reconhecidos em documentos internacionais e regionais de direitos humanos, em constituições e leis nacionais, padrões e princípios de direitos humanos, e no conhecimento científico relacionado à sexualidade humana e saúde sexual.

REAFIRMA que a SEXUALIDADE é um aspecto central do ser humano ao longo da vida, engloba sexo, gênero identidades e papéis, orientação sexual, erotismo, prazer, intimidade e reprodução. Sexualidade é vivenciada e se expressa em pensamentos, fantasias, desejos, crenças, atitudes, valores, comportamentos, práticas, papéis e relacionamentos. Embora a sexualidade possa incluir todas essas dimensões, nem todas elas são sempre experimentadas ou se expressam. A sexualidade é influenciada pela interação biológica, psicológica, social, por fatores econômicos, políticos, culturais, legais, históricos, religiosos e espirituais.

RECONHECE que a SEXUALIDADE é uma fonte de prazer e bem-estar e contribui para a realização pessoal e satisfação.

REAFIRMA que a SAÚDE SEXUAL é um estado de bem-estar físico, emocional, mental e social em relação a SEXUALIDADE; não é meramente a ausência de doença, disfunção ou enfermidade. A saúde sexual requer um resultado positivo e uma abordagem respeitosa da sexualidade e das relações sexuais, bem como a possibilidade de ter experiências sexuais prazerosas e seguras, livres de coerção, discriminação e violência.

REAFIRMA que a SAÚDE SEXUAL não pode ser definida, compreendida ou operacionalizada sem uma ampla compreensão da sexualidade.

REAFIRMA que para que a SAÚDE SEXUAL seja alcançada e mantida, os DIREITOS SEXUAIS de todas as pessoas devem ser respeitados, protegidos e cumpridos.

RECONHECE que os DIREITOS SEXUAIS baseiam-se na liberdade, dignidade e igualdade inerentes a todos os seres humanos e inclui um compromisso com a proteção contra danos.

DECLARA que a IGUALDADE e a NÃO DISCRIMINAÇÃO são fundamentais para toda a proteção e promoção dos DIREITOS HUMANOS e inclui a proibição de qualquer distinção, exclusão ou restrição com base na raça, etnia, cor, sexo, idioma, religião, opinião política ou outra, origem nacional ou social, propriedade, nascimento ou outro status, incluindo deficiência, idade, nacionalidade, estado civil e familiar, orientação sexual e identidade de gênero, estado de saúde, local de residência, situação econômica e social.

RECONHECE que as ORIENTAÇÕES SEXUAIS das pessoas, IDENTIDADES DE GÊNERO, expressões de gênero e diversidades corporais exigem proteção dos DIREITOS HUMANOS.

RECONHECE que todos os tipos de VIOLÊNCIA, assédio, discriminação, exclusão e estigmatização são violações dos DIREITOS HUMANOS e impactam o bem-estar de indivíduos, famílias e comunidades.

AFIRMA que as obrigações de respeitar, proteger e cumprir os DIREITOS HUMANOS se aplicam a todos os direitos E LIBERDADES SEXUAIS.

AFIRMA que os DIREITOS SEXUAIS protegem os direitos de todas as pessoas de cumprir e expressar a sua sexualidade e gozar da saúde sexual, respeitando os direitos dos outros. Os direitos sexuais são direitos humanos relativos à sexualidade:

1. O direito à igualdade e à não discriminação.
Todos têm o direito de desfrutar de todos os direitos sexuais estabelecidos nesta Declaração, sem distinção de qualquer tipo, como raça, etnia, cor, sexo, idioma, religião, opinião política ou outra opinião, origem nacional ou social, local de residência, propriedade, nascimento, deficiência, idade, nacionalidade, estado civil e familiar, orientação sexual, identidade e expressão de gênero, estado de saúde, situação econômica e social e outras condições.

2. O direito à vida, à liberdade e à segurança da pessoa.
Todas as pessoas têm direito à vida, à liberdade e à segurança que não podem ser arbitrariamente ameaçadas, limitadas ou tiradas por motivos relacionados à sexualidade. Isso inclui: orientação sexual, comportamento e práticas sexuais consensuais, identidade e expressão de gênero ou por causa do acesso ou prestação de serviços relacionados à saúde sexual e reprodutiva.

3. Direito à autonomia e integridade corporal.
Toda pessoa tem o direito de controlar e decidir livremente sobre as questões relativas à sua sexualidade e ao seu corpo. Isso inclui a escolha de comportamentos sexuais, práticas, parceiros e relacionamentos com o devido respeito aos direitos dos outros. A tomada de decisão livre e informada requer consentimento livre e informado antes de quaisquer testes, intervenções, terapias, cirurgias ou pesquisas relacionadas à sexualidade.

4. O direito de estar livre de tortura e tratamento ou punição cruel, desumano ou degradante.
Todos devem estar livres de tortura e tratamento ou punição cruel, desumana ou degradante relacionados à sexualidade, incluindo: práticas tradicionais nocivas; esterilização forçada, contracepção ou aborto; e outras formas de tortura, tratamento cruel, desumano ou degradante perpetrado por motivos relacionados ao sexo, gênero, orientação sexual, identidade e expressão de gênero e diversidade corporal.

5. O direito de estar livre de todas as formas de violência e coerção.
Todos devem estar livres de violência e coerção relacionada à sexualidade, incluindo: estupro, abuso sexual, assédio sexual, intimidação, exploração sexual e escravidão, tráfico para fins de exploração sexual, testes de virgindade e violência cometida por causa de práticas sexuais reais ou percebidas, orientação sexual, identidade e expressão de gênero e diversidade corporal.

6. Direito à privacidade.
Todas as pessoas têm direito à privacidade em relação à sexualidade, vida sexual e escolhas relativas ao próprio corpo e às relações e práticas sexuais consensuais, sem interferência e intrusão arbitrária. Isso inclui o direito de controlar a divulgação de informações pessoais relacionadas à sexualidade a terceiros.

7. O direito ao mais alto padrão de saúde possível, incluindo saúde sexual; com a possibilidade de experiências sexuais prazerosas, satisfatórias e seguras.
Todos têm direito ao mais alto nível possível de saúde e bem-estar em relação à sexualidade, incluindo a possibilidade de experiências sexuais prazerosas, satisfatórias e seguras. Isso requer a disponibilidade, acessibilidade, aceitabilidade de serviços de saúde de qualidade e acesso às condições que influenciam e determinam a saúde, incluindo a saúde sexual.

8. O direito de gozar dos benefícios do progresso científico e sua aplicação.
Todos têm o direito de gozar dos benefícios do progresso científico e de suas aplicações em relação à sexualidade e à saúde sexual.

9. Direito à informação.
Todos devem ter acesso a informações cientificamente precisas e compreensíveis relacionadas à sexualidade, saúde sexual e direitos sexuais por meio de diversas fontes. Essas informações não devem ser

censuradas arbitrariamente, retidas ou deturpadas intencionalmente.

10. O direito à educação e o direito a uma educação sexual integral.

Todas as pessoas têm direito à educação e a uma educação sexual integral. A educação sexual integral deve ser apropriada para a idade, cientificamente precisa, culturalmente competente e baseada nos direitos humanos, igualdade de gênero e uma abordagem positiva da sexualidade e do prazer.

11. O direito de unir, formar e dissolver casamento e outros tipos semelhantes de relacionamentos baseados na igualdade e consentimento total e livre.

Todos têm o direito de escolher se casar ou não e de entrar livremente e com consentimento total e livre no casamento, parceria ou outras relações semelhantes. Todas as pessoas têm direitos iguais ao unir, durante e na dissolução do casamento, parceria e outras relações semelhantes, sem discriminação e exclusão de qualquer tipo. Este direito inclui direitos iguais ao bem-estar social e outros benefícios, independentemente da forma de tais relacionamentos.

12. Direito de decidir se quer ter filhos, o número e espaçamento entre filhos, e de ter a informação e os meios para fazê-lo.

Todos têm o direito de decidir se querem ter filhos, o número e o espaçamento dos filhos. O exercício desse direito requer acesso às condições que influenciam e determinam a saúde e o bem-estar, incluindo serviços de saúde sexual e reprodutiva relacionados à gravidez, contracepção, fertilidade, interrupção da gravidez e adoção.

13. Direito à liberdade de pensamento, opinião e expressão.

Todos têm direito à liberdade de pensamento, opinião e expressão com relação à sexualidade e têm o direito de expressar sua própria sexualidade por meio, por exemplo, da aparência, da comunicação e do comportamento, com o devido respeito aos direitos dos outros.

14. Direito à liberdade de reunir grupo e associação pacífica.

Todos têm o direito de se organizar, se associar, se reunir, se manifestar e defender interesses, inclusive sobre sexualidade, saúde sexual e direitos sexuais.

15. O direito à participação na vida pública e política.

Todos têm direito a um ambiente que possibilite a participação e contribuição ativa, livre e significativa para os aspectos civil, econômico, social, cultural, político e outros da vida humana em nível local, nacional, regional e internacional. Especificamente, todas as pessoas têm o direito de participar do desenvolvimento e implementação de políticas que determinam seu bem-estar, incluindo sua sexualidade e saúde sexual.

16. Direito de acesso à justiça, recursos e reparação.

Todos têm direito ao acesso à justiça, recursos e reparação por violações de seus direitos sexuais. Isso requer medidas educativas, legislativas, judiciais e outras medidas eficazes, adequadas, acessíveis e apropriadas. Remediações incluem reparação por meio de restituição, compensação, reabilitação, satisfação e garantia de não repetição.

- Quais os efeitos desses entendimentos no campo da Educação?
- Como seria uma pedagogia baseada nos "direitos sexuais"?
- Quais os debates pertinentes numa educação sexual que procura basear sua discussão da sexualidade reconhecendo os "direitos sexuais" como legítimos?
- Quais as diferenças na pauta curricular dessa educação sexual quando se consideram diferentes interesses no interior de diferentes identidades culturais: gays e lésbicas, mulheres negras, feministas, crianças e adolescentes?

- Quais as identidades merecedoras de "direitos sexuais"?
- Para a educação sexual, como seria uma pedagogia baseada nos direitos sexuais?

Falar em direitos sexuais das mulheres é... Falar não só em questões de ordem biológica/reprodutiva (concepção, anticoncepção, aborto, tecnologias reprodutivas), mas também em questões de ordem afetiva/prazerosa (ligadas à representação de "liberdade sexual").

Quando falo em educação sexual entendo que os direitos sexuais não passam apenas pelas práticas sexuais ou pela identidade sexual (orientação hétero, homo, bissexual ou assexual), mas também pela incorporação do conceito de gênero e, neste sentido, pela equidade nas relações sociais entre homens e mulheres. Assim, numa análise das mudanças sociais que explicitam as conquistas por direitos sexuais das mulheres, destaco: o direito ao trabalho fora do lar; as discussões sobre equiparação salarial com os homens; o direito ao voto; a participação nos esportes; a participação no mercado de trabalho; a possibilidade de se divorciar; ter cidadania eleitoral plena (votar e ser votada para cargos públicos); planejar a gestação, evitar filhos e usar contraceptivo; ter acesso à educação em todos os níveis de escolaridade; ser reconhecida como "chefe de família" e ter, portanto, os mesmos direitos do homem na legislação civil; ter patrimônio em seu único nome; escolher adotar (ou não) o nome do marido; direitos nos modos e costumes (que hoje podem nos parecer anacrônicos, mas que já significaram grande avanço, como usar calças compridas, sair sozinha de casa, poder fumar e beber em locais públicos, dirigir automóveis, poder escolher o estilo de vida própria [casar ou não, viver solteira...]).

Mas os desafios da sociedade e das políticas públicas voltadas a outras conquistas para as mulheres são muitos e continuam. Por exemplo, a denúncia e o combate das muitas formas de violência e sua relação com a saúde integral da mulher são aspectos merecedores de atenção.

As mulheres vítimas de violência estão mais vulneráveis a dores crônicas, doença mental (estresse, depressão, angústia, etc.), ISTs, gravidez indesejada, aborto (espontâneos e/ou provocados), doença inflamatória pélvica, consumo de drogas, distúrbios gastrintestinais. O aumento nos índices de contaminação pelo HIV, e, em conseqüência, as enfermidades de aids, é outro aspecto preocupante. Segundo a Organização Mundial de Saúde, no Brasil, o HIV tem atingido mulheres cada vez mais jovens, de baixa escolaridade e renda e de todas as regiões do país. Como principais determinantes do crescimento da epidemia entre a população feminina, Simone Diniz (2006) destaca: 1º – a submissão sexual das mulheres aos homens e a repressão sexual que permeia a educação das meninas, gerando um desconhecimento geral sobre sexo e saúde sexual e fomentando fantasias e constrangimentos quando se abordam esses temas; 2º – o aumento de uso de drogas; 3º – o crescimento de comércio sexual entre meninas; 4º – o empobrecimento geral da população e a precariedade dos serviços de atenção à saúde.

Os direitos sexuais das mulheres (ou a ausência deles) também podem ser vistos no âmbito trabalhista em duas situações: em relação à maternidade e em relação ao estado soropositivo ao HIV. Há uma relação entre gravidez e desemprego na medida em que, em muitos setores, se exige o teste de gravidez negativo para admissão.

> No Brasil, mesmo contando com uma legislação que garante a estabilidade no emprego da gestante e a licença-maternidade, estes direitos são freqüentemente desrespeitados, sobretudo no crescente setor informal (Diniz, 2006).

Mulheres soropositivas, quando mães, enfrentam múltiplas dificuldades: o temor quotidiano da eminência na perda da guarda dos filhos, a possibilidade da "orfandade precoce das crianças, a preocupação com a saúde dos filhos e uma eventual sobrecarga gerada pela necessidade de sustentar a casa após o falecimento do parceiro" (Diniz, 2006).

Se aspectos reprodutivos reportam à heterossexualidade (mas não são exclusivos dela), outras identidades sexuais precisam ser enfrentadas quando o entendimento de direitos sexuais das mulheres pretende ser encarado de modo honesto. Por exemplo, **o lesbianismo** e todas as problematizações advindas das diversas posições de sujeitos ocupadas pelas mulheres em decorrência das intersecções entre raça, gênero, sexualidade, classe.

> Durante muitas décadas, o movimento feminista trabalhou com a idéia da "irmandade" das mulheres; que a opressão da mulher, ou, como se diz hoje, a opressão de gênero, atingia de forma igualitária e indiferenciada a todas as mulheres. Graças à presença e ao trabalho de feministas negras esta idéia está superada. Hoje, é ponto pacífico que, embora a opressão de gênero seja algo comum a todas as mulheres nas sociedades patriarcais, ela é sentida diferentemente porque entre nós, as mulheres, existem diferenças de classe e de raça. E o racismo só é comum às mulheres "não-brancas" (Brito, 2006).

> Podemos aplicar a mesma análise aos homens negros, mais especificamente ao movimento negro. Durante muitos anos, as mulheres negras que se assumiam feministas foram acusadas de dividir a luta anti-racista, tão-somente porque diziam que era impossível a irmandade entre os negros porque, parafraseando Elizabeth Lobo, a população negra, assim como a classe operária, tem dois sexos e um deles era oprimido. Faltava ao Movimento Negro considerar as especificidades das mulheres negras. Hoje, cresce nele a compreensão de que é preciso considerar a perspectiva de gênero para fortalecer a luta anti-racista (Brito, 2006).

O texto anterior descreve o que Stuart Hall (2000) chama de o "jogo das identidades":

> À medida que os sistemas de significação e representação cultural se multiplicam, somos confrontados por uma multiplicidade desconcertante e cambiante de identidades possíveis, com cada uma das quais poderíamos nos identificar – ao menos temporariamente (p. 13).

Os Estudos Culturais e os Estudos Feministas, sob a perspectiva pós-estruturalista de análise, têm apontado para a importância da identidade dos sujeitos e o vínculo que esta apresenta com as condições sociais e materiais. O modo como um grupo é "marcado" – e, portanto, representado culturalmente – terá efeitos reais sobre seus sujeitos (Woodward, 2000). Esses efeitos podem ser traduzidos em experiências concretas de inclusão, exclusão, legitimidade, preconceito, normatização, controle, hegemonia, discriminação. Os estudos de gênero têm mostrado a relação social e política entre muitos marcadores identitários, entre eles a articulação entre gênero, orientação sexual, raça e classe social.

Falar em direitos sexuais para o movimento TLGB[14] é... Alterar o contexto social que promove a exclusão social, a homofobia, a lesbofobia, a transfobia e a discriminação sexual. Garantir a visibilidade da diferença é uma estratégia mundial (as passeatas do Dia do Orgulho Gay – 28 de junho; no Brasil, o Dia do Orgulho Lésbico – 19 de agosto), bem como a aparição na mídia, em eventos culturais, em processos políticos, em eleições (lançando candidatas/os), forçando o "assumir" público de celebridades e artistas (para aquelas facções mais radicais do movimento).

A luta jurídica consiste em alterar as constituições federais dos países, incluindo a orientação sexual como um dos aspectos proibitivos à discriminação. No Brasil, a Câmara dos Deputados está apreciando, desde 1995, a Proposta de Emenda Constitucional n.º 139/1995, da ex-deputada Marta Suplicy, que visa incluir no Art. 5º. a expressão "orientação sexual". Se a não discriminação por orientação sexual não consta ainda na Constituição Brasileira, ela está prevista nas constituições de vários Estados e na Lei Orgânica de muitos municípios do país. O Grupo Gay da Bahia (GGB) é um exemplo de ONG que tem encabeçado a luta pelo reconhecimento da homofobia como crime inafiançável, a exemplo da lei do racismo.[15]

Outra agenda de luta política da comunidade TLGB brasileira passa pela aprovação do Projeto de Lei n.º 1.151/1995, que trata da "Parceria Civil entre Pessoas do Mesmo Sexo". Essa lei propõe que homens e mulheres gays, se assim o desejarem, tenham o direito à herança, à sucessão, aos benefícios previdenciários, ao seguro de saúde conjunto, à declaração de imposto de renda conjunta, ao direito à nacionalidade, no caso de estrangeiros que tenham como parceiro cidadã ou cidadão brasileiro; à renda conjunta na compra de imóvel. A criação dessa lei, além de preservar os valores patrimoniais e o respeito aos direitos humanos fundamentais dos sujeitos TLGB, daria garantias totais a esse grupo de cidadãs/os, hoje alijadas/os de seus direitos pela inexistência de um recuso jurídico legal – embora "garantidos" pela esparsa jurisprudência. Destaca-se a decisão do Supremo Tribunal Federal, que, em 05 de maio de 2011, a dez votos a zero, reconheceu a união homoafetiva como um tipo de família. Tal entendimento da Corte Suprema facilita a garantia de direitos a casais TLGB, mas não descarta a necessidade de aprovação de legislação específica para tal – tarefa para o Congresso Nacional.

A regulamentação da lei de redesignação de sexo e mudança de registro civil para transexuais é outro ponto reivindicatório da agenda TLGB. Até o ano 1997, no Brasil, era proibida a cirurgia de mudança de sexo. Naquele ano, o Conselho Federal de Medicina, através da Resolução n.º 1482/1997, regulamentou as condições para a cirurgia transgenital e definiu aspectos legais e éticos, atrelando-a somente aos hospitais universitários (hospital-escola) a título de pesquisa científica, sem o caráter financeiro. Hoje, após a cirurgia, processos judiciais específicos, visando à alteração do registro civil, permitem que transexuais obtenham nova carteira de identidade com nome adequado ao novo sexo e ao novo gênero.

Falar em direitos sexuais no âmbito da infância e da adolescência é discutir, como primeiro ponto, o "direito à educação sexual". Neste sentido, mesmo que reconheçamos que os cursos de formação não habilitem, adequadamente, professoras/es para o trabalho de Educação Sexual na escola, a formação continuada pode e deve buscar suprir essa lacuna. O contexto escolar pode articular discussões que reflitam como a exclusão social da infância e da adolescência tem sido apontada, mais enfaticamente, sob o ponto de vista da violência, seja ela econômica, física, emocional, moral ou material. Mais especificamente associada com as vivências da sexualidade, a vitimização sexual infantojuvenil tem ocupado a mídia e alertado a humanidade sobre situações sexuais como: exposição de seus corpos, submissão física, abuso sexual, pedofilia, pornografia, prostituição e turismo infantis.

Essas temáticas, juntamente com o entendimento dos 11 artigos da Declaração, podem estar presentes numa educação sexual baseada na abordagem dos Direitos Sexuais. Proponho que os direitos infantojuvenis sejam considerados a partir dos "Princípios para uma educação sexual na escola" que apresento no Capítulo 3 deste livro.

Os efeitos de um equívoco de tradução

A Declaração dos Direitos Sexuais, desde sua aprovação (em 1999), foi amplamente divulgada, difundida, impressa, discutida e utilizada por inúmeras/os profissionais. Sobretudo no campo da educação e nas políticas públicas de ações afirmativas aos grupos subordinados, seu uso foi evidente em áreas do conhecimento como a psicologia, a sociologia, a política, etc. São inúmeros os sites (institucionais ou pessoais), bem como as publicações, ainda hoje, que reproduzem a Declaração aprovada em 1999 e disponibilizada para todas/os a partir de uma tradução do inglês ao português.

Destaco um equívoco no Art. 10: *The right to comprehensive sexuality education* (original em inglês), que foi traduzido e utilizado, na quase totalidade das situações, como "O direito a uma educação sexual compreensiva".

Onde está o engano? A palavra "*comprehensive*" – que significa "integral, ampla, completa" – foi traduzida e tem sido entendida como "compreensiva, tolerante, aceitável". Tal equívoco, para a língua portuguesa, pode ser definitivamente confirmado quando se observa esse mesmo Art. 10 nas versões de países de outras línguas:

Espanhol: "*El derecho a la educación sexual **integral**".

Italiano: "*Il diritto all'educazione sessuale **integrale**".

Francês: "*Le droit à une éducation sexuelle **complete**".

Alemão: "*Das Recht zur **kompletten** Sexualitätausbildung*".

O texto explicativo, que explicita o entendimento de cada artigo, corrobora o entendimento de uma "educação sexual integral", ou seja, de um processo educacional capaz de ser visto como presente em todo o desenvolvimento humano:

> Este é um processo vitalício que se inicia com o nascimento e perdura por toda a vida e deveria envolver todas as instituições sociais (Artigo 10 – Declaração dos Direitos Sexuais).

Ao conceder ênfase na "educação sexual integral", a Declaração reconhece e admite não apenas a existência de uma sexualidade infantil (que deve ser trabalhada na escola, no meio social). Ela também reconhece que há uma vida sexual, por exemplo, na terceira idade (prerrogativa também negada pela histórica e pela hegemônica representação de uma sexualidade justificada na reprodução e concebida, portanto, somente na adolescência e na vida adulta).

Entendo que, ainda, a "integralidade" dessa educação pode também ser transferida ao conjunto dos conhecimentos, dos saberes e da multiplicidade de sujeitos que integram a vida social, ou seja, uma representação conceitual a favor do reconhecimento de uma abordagem interdisciplinar para essa educação sexual e voltada ao reconhecimento da diversidade sexual, de gênero e étnico-racial.

A Declaração dos Direitos Sexuais atual (versão de 2014) mantém no Artigo 10 a menção à Educação Sexual Integral, ou seja, ao longo de toda a vida da pessoa. Para isso, recomenda que se observe a aspectos culturais, a idade da pessoa e a sua cientificidade na adequação do processo educacional, que seja baseada nos direitos humanos, na igualdade de gênero e na promoção de uma abordagem positiva da sexualidade e do prazer.

Quais os efeitos semânticos desse equívoco na tradução ao trabalho de educação sexual? Qual é o efeito pedagógico e político quando trabalhamos com a representação de uma educação sexual que deve "ser compreensiva"?

Talvez possamos começar perguntando: qual seria o significado, o sentido da palavra "compreensiva" na educação? Ela seria sinônimo de uma educação sexual "tolerante"? Ser "compreensiva/o" com o quê? Com conteúdos, informações? Ou ser "compreensiva/o" com quem? Que sujeitos seriam merecedores de compreensão? A compreensão seria com estilos de vida, vivências da sexualidade, práticas sexuais? Em que medida a "compreensão", no sentido de "tolerância", pode ser problematizada na educação sexual?

Ensaiando uma crítica sobre a "Diferença e identidade: o currículo multiculturalista", Tomaz Tadeu da Silva (2001, p. 85), ao destacar o *status* que o mundo contemporâneo concede "à diversidade das formas culturais", define o multiculturalismo como "um movimento legítimo de reivindicação dos grupos culturais dominados [...] para terem suas formas culturais reconhecidas e representadas na cultura nacional". Em se tratando de grupos marcados pela identidade racial, étnica ou nacional, essa discussão não pode ser desvinculada das relações de poder e de exploração responsáveis pelas desigualdades sociais e civis vividas por esses sujeitos. O multiculturalismo, assim, é "um importante instrumento de luta política" (Silva, 2001, p. 86). Para o autor, é a visão liberal ou humanista que deve, aqui, ser questionada, uma vez que ela "enfatiza um currículo multiculturalista baseado nas idéias de tolerância, respeito e convivência harmoniosa entre as culturas" (p. 88).

A utilização dos termos "tolerância" e "respeito" (assim como "compreensão") tem suas implicações semânticas quando analisada sob referenciais pós-críticos.

> Apesar de seu impulso aparentemente generoso, a idéia de tolerância, por exemplo, implica também uma certa superioridade por parte de quem mostra "tolerância". Por outro lado a noção de "respeito" implica um certo essencialismo cultural, pelo qual as diferenças culturais são vistas como fixas, como já definitivamente estabelecidas, restando apenas "respeitá-las" (Silva, 2001, p. 88).

Parece que a questão traz para a educação sexual uma reflexão didático-metodológica e política, ou seja: uma vez que as diferenças sexuais, de gênero, étnico-raciais estão sendo permanentemente construídas, significadas e hierarquizadas nos processos discursivos da cultura, há fortes implicações numa educação que se pretende apenas "respeitá-las", "tolerá-las" ou "compreendê-las" (as diferenças e os sujeitos subordinados). É preciso insistir na explicitação das relações de poder existentes nesse contexto social.

> Insistir na [...] análise dos processos pelos quais as diferenças são produzidas através de relações de assimetria e desigualdade. Num currículo multiculturalista crítico, a diferença, mais do que tolerada ou respeitada, é colocada permanentemente em questão (Silva, 2001, p. 89).

Guacira Louro (2005) mostra como a escola costuma "contemplar" as chamadas "minorias" sexuais e raciais em atividades e/ou projetos pontuais que, no seu entendimento, estariam explicitando e/ou camuflando a preocupação com a "tolerância" e o "respeito". Buscando suprir a ausência dos currículos escolares desses sujeitos e de suas identidades, buscam-se datas comemorativas.

> [...] Professoras e professores bem-intencionados se esforçam para listar as "contribuições" desses grupos para o país. [...] Com tais providências, dá-se por atendida a tal ausência reclamada. [...] As atividades [...] não chegam a perturbar o curso "normal" dos programas, nem mesmo servem para desestabilizar o cânon oficial (p. 45).

Sem dúvida, podemos pensar que são apenas

> [...] estratégias que podem tranqüilizar a consciência dos planejadores, mas que, na prática, acabam por manter o lugar especial e problemático das identidades "marcadas" e, mais do que isso, acabam por apresentá-las a partir das representações e narrativas construídas pelo sujeito central (Louro, 2005, p. 45).

Portanto, uma educação sexual que tolera e/ou compreende não altera significativamente o *status* hierárquico e as relações sociais de poder que definem as desigualdades sociais. Devemos nos perguntar e perturbar o modelo que define "quem tolera/quem compreende", de um lado, e "quem é tolerado/quem é compreendido", de outro. Parece evidente que há efeitos políticos, distintos e marcantes, quando se buscam princípios educacionais, de um lado baseados numa "educação sexual compreensiva", ou, de outro, baseados num pressuposto de uma "educação sexual integral", múltipla, aberta, completa, diversa. Os efeitos dessa "escolha" não são apenas conceituais... Eles são políticos.

A abordagem emancipatória

No Brasil, foi a partir do debate sobre educação popular que começou a entrar na pauta pedagógica e política a ideia de uma "educação emancipatória". Paulo Freire formulou a "pedagogia do oprimido" baseada numa "educação libertadora" que foi amplamente utilizada, quer seja no âmbito da escolarização formal, quer seja nos sindicatos, nos partidos políticos ou nos movimentos sociais. As ideias freirianas serviram de inspiração às lutas por uma sociedade brasileira mais consciente e menos desigual... Uma teoria indissociada de uma prática política por mudança.

Na primeira de suas grandes obras (*Educação como prática da liberdade* [1967][16]), Paulo Freire desenvolveu ideias anteriormente propostas em sua tese intitulada *Educação e a atualidade brasileira*. A obra propôs uma prática dialógica e antiautoritária. Enfatizou que a primeira é uma ação pedagógica para a liberdade, mas que sua viabilização só é possível em uma sociedade em que as condições sociais, políticas e econômicas lhe sejam favoráveis. Portanto, sugeriu mudanças sociais. Foi o primeiro dos seus livros publicados no Brasil, e nele já se percebe o compromisso com uma "pedagogia do oprimido" e as bases de uma filosofia da educação.

Em *Pedagogia do oprimido* (1974),[17] "tornar-se sujeito pleno" é "aprender a pronunciar a sua própria palavra". A comunicação autêntica, estabelecida pelo diálogo, é que transforma a pessoa em "criadora e sujeito" de sua própria história. O processo educativo não é um empreendimento neutro. O processo educacional que leva à dominação foi denominado por Freire de "educação bancária" (rígida, autoritária e antidialógica). Nela a/o professora/or transfere seu saber às/aos alunas/os, que são passivas/os. No entanto, a educação pode, também, libertar e, para isso, ela deve ser crítica, flexível, participativa e dialógica. Essa é a "educação libertadora". Nela, professoras/es e alunas/os buscam, juntos, o conhecimento. Essa "pedagogia do oprimido" é que pode desvelar a realidade opressora em sua totalidade, tornando o sujeito consciente da situação da exploração em que vive, e, pela luta, transformar sua realidade.

Em 1987, juntamente com o educador americano Ira Shor, Paulo Freire publica *Medo e ousadia: o cotidiano do professor*. Os autores traçam um diálogo em que "conversam sobre o ensino libertador e o método dialógico, examinam os limites existentes entre educação e mudança social e traçam paralelos entre a pedagogia libertadora no Brasil e nos EUA" (Marrach, 1987). Tudo gira em torno da tentativa de responder: o que é ensino libertador e como a/o professora/or se transforma em educadora/or libertadora/or? Termos-chave da obra de Paulo Freire, como "diálogo e processo de conhecimento", "linguagem e transformação social", "medo e liberdade", "educação e consciência", são examinados à luz do cotidiano da sala de aula. Embora Paulo Freire defina sua pedagogia como "libertadora", ela se assenta na "consciência" como forma de "liberdade" como forma de "transformação social" (ele quase não utiliza a palavra emancipação). É possível ver como a teorização crítica marxista está presente em sua obra.

> A Teoria Crítica não pode se conformar senão na prática transformadora das relações sociais vigentes. As ações a serem empreendidas para a superação dos obstáculos à emancipação constituem-se em um momento da própria teoria (NOBRE, 2004, p. 11; 26; 32).

"A orientação para a emancipação é o primeiro princípio fundamental da teoria crítica" (NOBRE, 2004, p. 32). Essa orientação para emancipação "exige um comportamento crítico relativamente ao conhecimento produzido sob condições sociais capitalistas e à própria realidade social que esse conhecimento pretende apreender" (NOBRE, 2004, p. 33). Esse seria o segundo princípio fundamental da teoria crítica.

José Ayres (1997) afirma que a emancipação é o que deve nortear toda ação educativa e defende uma "pedagogia para a emancipação". Seus princípios básicos seriam:

> [...] 1. eleger como **principal adversário** não a ignorância, mas a barbárie, isto é, o impulso de **supressão violenta, inclusive intelectual** de toda **forma de alteridade**;
> 2. mover-se num equilíbrio entre adaptação e crítica, isto é, a **educação deve capacitar ao indivíduo o estar no mundo concretamente posto**, ao mesmo tempo em que **estimular seu inconformismo**, sua capacidade de recriação deste mundo;
> 3. orientar-se positivamente pelo ideal de **superação** da "auto-inculpável menoridade dos homens", ou seja, pelo propósito de favorecer em cada um a aptidão e a coragem de servir-se do entendimento sem a necessidade da tutela de outro (AYRES, 1997, p. 104, grifos meus).[18]

No Brasil, a partir dos anos de 1990, observou-se um crescimento da "educação emancipatória" em muitas áreas e níveis do conhecimento.

A primeira instituição escolar a assumir, oficialmente, o "paradigma emancipatório de educação sexual" foi a Universidade do Estado de Santa Catarina (UDESC), desde 1994, quando criou o curso de Especialização em Educação Sexual que teve na presença do Prof. Dr. César Aparecido Nunes (UNICAMP) a principal influência teórica. De formação filosófica, o docente construiu uma pedagogia emancipatória para discussão da sexualidade na escola. Hoje, essa abordagem também está presente na formação de pedagogas/os da UDESC, no Centro de Ciências Humanas e da Educação (FAED), na disciplina Educação e Sexualidade, no curso de graduação em Pedagogia (modalidades presencial e a distância). A produção acadêmica pelo grupo de pesquisa da UDESC, coordenado pela Profa. Dra. Sônia Maria Martins de Melo, tem sido significativa. Inúmeros trabalhos, oriundos de pesquisas com o enfoque emancipatório, têm sido apresentados em congressos e eventos universitários nacionais e internacionais.

Sônia Melo (2002), no encarte do Ensino a Distância referente à disciplina Educação e Sexualidade, em seu capítulo 2 ("Educação sexual e seus paradigmas"), afirma que esse é um modelo que pretende "compreender o ser humano em sua totalidade" em que a sexualidade é uma dimensão que o constitui "como cidadão pleno [...]" (MELO, 2002, p. 37). Sob o ponto de vista pedagógico, assim se manifesta: "[...] uma abordagem de Educação Sexual emancipatória é visualizada como uma intervenção qualitativa, intencional, no processo educacional [...] que busca desalojar certezas, desafiar debates e reflexões [...] contribuindo na busca pela cidadania para todos" (MELO, 2002, p. 37-38).

O documento não explicita os pressupostos teóricos que alicerçam tal episteme. No entanto, é possível perceber em seu texto a busca em caracterizar tal abordagem como sendo "sócio-histórico-crítica" (MELO, 2002, p. 38). Percebe-se a influência marxista em algumas passagens do documento, por exemplo, quando apresenta a compreensão de que [...] "somos seres humanos dialeticamente vistos como seres únicos [...]" (p. 37) ou quando chama a atenção para a forma de olhar para a realidade social que deve ser compreendida como uma "[...] dimensão estrutural dialética da produção da vida social" (p. 38). Essa abordagem entende o contexto social como sendo "repressor" da sexualidade, ao mesmo tempo que afirma haver a necessidade de se "lutar pela liberdade", admitindo-a como desejada e possível, ainda que o texto mencione a "busca da utopia da emancipação" (p. 38). A "emancipação" só seria possível a partir da "consciência":

> [...] devemos buscar o despertar da consciência crítica, possibilitando aos indivíduos escolherem seus caminhos sem amarras, sem medos, e com conhecimento de sua importância nas diversas relações sociais (MELO, 2002, p. 38).

A ideia de revelar/desvelar os mecanismos de opressão também está presente quando afirma:

> Uma abordagem emancipatória pressupõe desvendar esses modelos e projetar a ruptura de ordens estabelecidas, na busca de um novo que aponte para uma sociedade nova que (p. 39) estabeleça a igualdade, atendendo a diversidade cultural, como uma nova compreensão da dimensão sexualidade como parte indissociável dos direitos humanos no processo de construção da cidadania (MELO, 2002, p. 39-40).

Para essa abordagem, a construção da cidadania "se inicia com a formação da identidade – quem sou eu?" (p. 40), e a representação de sujeito-pleno está atrelada à "liberdade de escolha" (p. 41) que a educação sexual emancipatória deve proporcionar. Em linhas gerais, é possível afirmar que a ideia de emancipação preconizada por esta vertente acadêmica está associada ao esclarecimento (consciência) que remeterá à liberdade de escolha individual. Para Nunes (2003), a Filosofia deve ser considerada como "a expressão do máximo de consciência possível que uma época ou período histórico tem sobre si mesmo [...]" (grifos do autor) (p. 27; 36) e uma "ética da emancipação":

> A participação social e o princípio da liberdade foram reduzidos à dimensão do consumo e à virtualidade da era de comunicação global. [...] Importa recuperar o espaço político de ação transformadora da realidade e revitalizar os canais de participação e humanização do homem, a saber, a razão comunicativa, a reapropriação intersubjetiva da fala autêntica e a capacidade solidária e dialógica de construir formas de emancipação e dignidade humana (p. 47).

A Declaração dos Direitos Sexuais é então adotada por essa abordagem que se refere à Declaração como "a mais nova expressão de uma vertente pedagógica mundial de Educação Sexual emancipatória", assumindo, igualmente, "o entendimento dos direitos sexuais como direitos humanos universais" (MELO, 2002, p. 43). Assim, referindo-se à Declaração e "adotando-a", afirma que ela "é uma expressão coletiva mundial muito viva e marcante de um novo paradigma emancipatório de vida e de Educação Sexual" (p. 44).

Ao articular a Declaração dos Direitos Sexuais com a concepção emancipatória de educação sexual pretendida, Melo (2002, p. 48) reporta-se, sobretudo, ao Art. 10 da Declaração, entendendo-o como "O direito à educação sexual compreensiva". Toda a discussão apresentada em Melo (2002), iniciada na seção 4, intitulada "Direitos à educação sexual compreensiva na escola", procurará mostrar como uma educação sexual Compreensiva pode estar "calcada num paradigma emancipatório" (MELO, 2002, p. 50). Talvez aqui resida um ponto problemático desta abordagem, conforme discuti, anteriormente, no subtítulo "Os efeitos de um equívoco de tradução".

Outro aspecto dessa abordagem é admitir a sexualidade (e seus sujeitos) como uma dimensão "reprimida, histórica, social e politicamente", assumindo como válida a "hipótese repressiva" como base explicativa de seus argumentos (contestada por Michel Foucault). Sobre isso, Deborah Britzman (2000) se posiciona: "a hipótese repressiva está na base de modelos críticos de educação sexual, modelos que vinculam o **sexo com emancipação, libertação e domínio do próprio destino**" (p. 99, grifos meus). No entanto, a autora nos lembra que Michel Foucault assenta sua "História da Sexualidade" precisamente na crítica à hipótese repressiva, ou seja, ele questionou a ideia do sexo reprimido. O sexo, ao contrário, ao ser colocado no discurso, "[...] se tornou vinculado à dinâmica do aparato 'saber/poder/prazer'" (Britzman, 2000, p. 99).

Muitas têm sido as instituições de ensino superior no Brasil que, mesmo timidamente, possuem docentes que realizam pesquisas e produzem textos que aludem à pedagogia emancipatória. Mas há também enfoques mais amplos que consideram outras identidades culturais (além da classe social). É o que pode ser observado em trabalhos que problematizam o contexto econômico e educacional no capitalismo pós-moderno, como o de Neise Deluiz, Wânia Gonzalez e Beatriz Pinheiro, no artigo "Ongs e políticas públicas de educação profissional: propostas para a educação dos trabalhadores". As autoras afirmaram:

> Nessa perspectiva, uma concepção emancipatória da educação profissional envolve uma nova pedagogia: que enfoque as relações entre conhecimento e poder para além dos limites da produção econômica, incluindo a discussão das **formas de poder** manifestas no capitalismo contemporâneo, tais como as ligadas à **etnia**, **à raça**, **ao gênero**, **à sexualidade** e de sua **relação com o conhecimento** (Deluiz *et al.*, 2005, grifos meus).

Mesmo tendo como referência o contexto da produção econômica, o trabalho de Deluiz (*et al.*, 2005) considera outras categorias de análise da vida social (como etnia, raça, gênero e sexualidade) que aparecem como igualmente fundamentais à problematização desejada, mas não presentes na teorização marxista que origina a abordagem emancipatória.

Tal articulação possibilita que essas autoras definam "uma nova pedagogia" – o que parece apontar para a possibilidade de um caráter novo dessa teoria, ou seja, reconhecer a multiplicidade identitária dos sujeitos além da categoria classe social. E isso me parece um modo de aproximar uma abordagem crítica de abordagens pós-críticas –, o que será, ainda, discutido neste livro.

A abordagem *queer*

Ao apresentar essa abordagem de educação sexual devo reconhecer que tentar enquadrar a teoria *queer*, mesmo numa pedagogia que se proponha ser não normativa, pode não apenas parecer uma impossibilidade epistêmica e política mas uma heresia teórica. Louro (2004a, p. 47) nos dá a dimensão desse empreendimento questionando:

> Como um movimento que se remete ao estranho e ao excêntrico pode articular-se com a Educação, tradicionalmente o espaço da normatização e do ajustamento?[19]

A questão então está posta: a teoria *queer* pode tornar-se pragmática? Como seria uma educação sexual baseada nos pressupostos críticos da teoria *queer*? Como a teoria *queer* pode estar presente na formação das/os educadoras/es sexuais? Pode uma/um professora/or se autodenominar "educadora/or *queer*"?

Pode-se dizer que as reflexões e críticas advindas do movimento de liberação gay e do feminismo lésbico contribuíram para o surgimento da teoria *queer* na medida em que algumas de suas análises possibilitaram o rompimento com os modelos que buscavam definir e legitimar uma única identidade homossexual. A política da identidade, desenvolvida até então, passou a ser criticada pela perspectiva *queer*, ao passo que essa deixava de fora certos sujeitos que não faziam parte de um pretenso modelo identitário de homossexualidade, então hegemônico, construído pelo movimento gay e lésbico. Por exemplo, travestis, *drag queens*, sadomasoquistas, além de não possuírem um mesmo *status* de reconhecimento identitário, eram também vítimas de preconceito e exclusão dentro do próprio movimento homossexual. A teoria *queer* irá questionar, além do caráter fixo dessa suposta "identidade homossexual", seus limites e suas fronteiras. Com isso, substitui-se a visão de uma identidade fixa e única por uma **política da diferença** – conceito central também dentro do pós-estruturalismo –, caracterizando um novo momento: uma política pós-identitária.[20]

A análise foucaultiana das "inter-relações do conhecimento, poder e sexualidade foram o mais importante catalisador intelectual da teoria *queer*" (SPARGO, 1999, p. 08). Para a autora, Foucault demonstrou como discursos sobre a sexualidade foram construídos pela humanidade ao longo de sua história, proporcionando o movimento intelectual que "culminou no atual momento queer" (SPARGO, 1999, p. 10).

Portanto, a teoria *queer* surge da cultura intelectual gay e lésbica[21] a partir da metade da década de 1980, inspirada, especialmente, pela crítica aos modelos de definição das identidades sexuais e de gênero (como estáveis e fixas); ela é desenvolvida pela "vertente pós-estruturalista francesa" e inspirada "na desconstrução como um método de crítica literária e social" (SEIDMAN apud LOURO, 2001b, p. 546-547).

O termo *queer*, nos países de língua inglesa, sempre foi usado como expressão da homofobia para humilhar e envergonhar pessoas definidas como esquisitas, estranhas, ou seja, por apresentarem sua identidade sexual e de gênero fora dos padrões da "normalidade" instituída e esperada. O termo posicionava essas pessoas como "diferentes" dentro de uma estrutura discursiva baseada na heteronormatividade. Para Spargo (1999, p. 09), o termo "*queer*" pode ter a função de substantivo, adjetivo ou de verbo; "em cada caso é definido contra o 'normal' ou a normalidade".

A teoria *queer*, portanto, recusa, rejeita a posição de um essencialismo sobre a identidade sexual; ela admite os predicados normativos e homofóbicos construídos historicamente sobre o termo *queer*, fazendo disso uma humorada afirmação paródica dessa inscrição negativa. Ao utilizar o termo *queer* (a princípio negativo e pejorativo), esse grupo marca uma resistência e uma proposital ironia à heteronormatividade.

Por todo esse caráter irreverente, fora da norma, contra qualquer enquadramento e/ou classificação, é que pergunto: a teoria *queer* pode se constituir numa abordagem da educação sexual? (Ou pode sugerir uma abordagem?) Essa tentativa seria uma ousadia, uma presunção, uma incoerência ou uma impossibilidade?

Sob o ponto de vista conceitual, a teoria *queer* vai além da análise e da crítica das identidades e diferenças sexuais. Podemos falar em epistemologia *queer*, ou seja, "uma forma de pensar", "um modo de produzir, articular e problematizar o conhecimento".

> A teoria *queer* permite pensar a ambigüidade, a multiplicidade e a fluidez das identidades sexuais e de gênero, mas, além disso, também sugere novas formas de pensar a cultura, o conhecimento, o poder e a educação (LOURO, 2004a, p. 47).[22]

Esse processo de "provocar outro modo de conhecer e de pensar" torna a teoria *queer* "uma política de conhecimento cultural" (LOURO, 2004a, p. 60). Nesse sentido, a epistemologia *queer* pode ser transferida para qualquer categoria de análise sociocultural, uma vez que sua premissa básica (rejeitar qualquer forma de normatividade) se presta tanto às discussões sexuais (que a originaram) quanto às questões racial, étnica, colonial, de gênero, geracional. Trata-se de uma atitude intelectual, investigativa e crítica, de recusa a um sistema de significação normativo. Sobre isso, Britzman (1995, p. 153) é enfática "[...] o *queer* e a teoria, na Teoria *Queer*, significa ações, não atores. Ele pode ser entendido como um verbo ou como uma reação citacional que significa mais do que o significante".

Susanne Luhmann (1998, p. 141), ao considerar o espaço escolar como local das diferenças, pergunta: "O que a teoria *queer* oferece às pedagogias que desejam práticas emancipatórias?". Parece que o caráter polêmico, contestador e inconformado das teorias críticas emancipatórias encontra nas perturbadoras e irônicas proposituras *queer* uma convergência coerente. Sobre "classificações", Louro (2004a, p. 51) enfaticamente afirma que "são improváveis".

> Tal pedagogia não pode ser reconhecida como uma pedagogia do oprimido, como libertadora ou libertária. Ela escapa de enquadramentos. Evita operar com os dualismos, que acabam por manter a lógica da subordinação (Louro, 2004a, p. 47).

Entretanto, como, no âmbito pedagógico, entraria em ação um currículo *queer*?

Em seu livro *Um corpo estranho: ensaios sobre sexualidade e teoria queer*, Louro (2004a) joga com o significado cultural do verbo "estranhar". Para ela, a questão produtiva posta pela teoria *queer* à Educação é a possibilidade de "estranhar o currículo", ou seja, "um movimento de desconfiar do currículo (tal como ele se apresenta)". Desconcertá-lo, transtorná-lo. Ou seja,

> [...] colocar em situação embaraçosa o que há de estável naquele "corpo de conhecimentos"; enfim fazer uma espécie de enfrentamento das condições em que se dá o conhecimento [...]? (Louro, 2004a, p. 64).

Estranhamento é o processo de questionar e contestar os significados contidos nas representações.

> [...] processo que implica transformar as coisas mais comuns e rotineiras em acontecimentos esdrúxulos, através do distanciamento intencional do objeto estudado (Sabat, 1999, p. 39).

Os estudos feministas afirmam que as diferenças entre masculino e feminino, homens e mulheres, só podem ser analisadas num contexto relacional, inserida numa perspectiva social, cultural e política. Essa premissa, no contexto educacional, obriga o olhar às relações de gênero a partir do questionamento e da problematização do poder que as instaura como distintas formas de conhecimento. Mesmo que o olhar feminista se admita como intencionalmente comprometido com uma sociedade menos desigual, penso que o estranhamento como postura didática no trabalho em educação sexual é possível e desejado.

A instabilidade, proporcionada pela teoria *queer*, atua especialmente no sistema discursivo em que vivemos, onde cada identidade sexual (homo, hetero ou bissexual) é construída através do eixo sexo/gênero, claramente identificável e interdependente, pois se espera a convergência lógica entre um corpo sexuado (que deve ser macho-homem ou fêmea-mulher), sua identidade de gênero (masculina ou feminina) e seu objeto de desejo (dirigido ao sexo oposto). A teoria *queer* caracteriza-se por "uma coleção de compromissos intelectuais com a relação existente entre sexo, gênero e desejo sexual" (Spargo, 1999, p. 9).[23]

Penso que certa subversão, no âmbito social e escolar, já ocorre através da gradual visibilidade *queer*, quer seja ela do ativismo gay e lésbico, quer seja dos estilos de vida *queer*, das práticas sexuais *queer* e das identidades *queer*. Essa visibilidade é fundamental para subverter a dicotomia sexo/gênero heteronormativa, mostrando uma infinidade de estranhos arranjos de identidades e de estilos *queer*, o que possibilita uma desestabilização do entendimento de que as configurações de gênero e do desejo são únicas ou fixas, até mesmo no contexto das identidades marginais. Neste sentido, o "modo *queer* de pensar" tanto abalaria questões de ordem conceitual e reflexiva envolvidas na produção dos discursos que definem essas representações acerca das identidades quanto facilitaria seu processo de desconstrução.

Talvez, a partir do "olhar *queer*", pudéssemos perguntar: como cada representação (do normal e do anormal) é criada e/ou recusada? Como cada representação marca as posições dos sujeitos no âmbito escolar e social? Como seria possível subverter essas posições de sujeito? Seria o caso de redefinir sua representação?

Essa ênfase de "redefinição de representações" como estratégia, contudo, sofre limitações e esbarra na estratégia intelectual da própria teoria *queer* (ser contra qualquer imposição, norma ou padrão fixo). Portanto, parece que o que deve ser "ensinado" na educação sexual não é qualquer tipo de nova identidade (esse processo se mostraria interminável). O que interessa é discutir como cada identidade é construída, (des)valorizada, assumida ou não, e desconstruir o processo que estabelece a normalidade. Assim, uma postura pedagógica, baseada numa atitude *queer*, poderia ser, rigorosamente, contra qualquer forma de normatização da sexualidade. **Desconstruir** aqui significa desestabilizar, questionar, fragilizar, pôr em xeque. Os procedimentos didático-metodológicos buscariam intervenções críticas (reflexivas) ou subversivas das relações opressivas no âmbito do espaço escolar, entre a sexualidade heteronormativa e os regimes dos gêneros, na tentativa de demonstrar como a produção da normalidade é intencional, histórica, política e, sendo assim, instável, contingencial, questionável e mutável.

Penso ser importante reforçar o caráter reflexivo da teoria *queer*, que, no meu modo de ver, é anterior e superior a qualquer tentativa de definir posturas metodológicas fixas. Entendo que o foco da teoria *queer* na educação é o **constante questionamento e a crítica ao pensamento normativo** que permeia os currículos escolares, em geral, e às representações da sexualidade, do gênero e de raça-etnia, em particular. Neste sentido, posso dizer que a teoria *queer* pode ter uma lógica – a de problematizar as redes de poder e os interesses que definem as representações negativas, inferiores e propositadamente excluídas dos currículos acerca do gênero, das sexualidades, das raças e etnias.

Quando Britzman (1995) afirma que o "estudo dos limites" (visto como um método de reflexão) consiste em exercitar a capacidade de perceber como o pensamento é formado, ou seja, "o que torna algo pensável", sugere-me a necessidade de se duvidar, constantemente, da relevância e da valoração social de algumas identidades. Como, no âmbito da cultura, algo é considerado relevante/valorizado enquanto seu "diferente" é considerado irrelevante/desvalorizado?

Neste sentido, a teoria *queer* pode ser vista como aquela que apresenta (como método?) a estratégia de **confrontar explicações de ordem essencialista e construtivista** tão comuns nas explicações acerca das questões das diferenças. Isso porque são essas explicações e esses modos de pensamento e significados que tornam "reais" as representações que definem, segundo Judith Butler (2000), os "corpos que pesam" – aqueles que têm sua devida importância social, quer seja sob o ponto de vista sexual, quer seja de gênero, racial, étnico, geracional, e que são construídos nas relações de poder que podem ser problematizadas pela postura crítica (reflexiva) de uma pedagogia *queer* escolar, na atitude da/o educadora/or.

Para Britzman (1995), na teoria *queer*, a normalidade (o estado normal) é uma ordem conceitual que rejeita imaginar como real a possibilidade do "outro", precisamente porque a produção da diversidade é central para ela própria se autorreconhecer. Na ação pedagógica educacional, estar atento e apontar para essa produção da normalidade permite-nos considerar, de modo simultâneo, "as 'instáveis relações diferenciais' entre aqueles que transgridem o normal e aqueles que trabalham para ser reconhecidos como normal" (p. 157). Isso torna inevitável o entendimento de identidade como sendo aquilo que se estabelece sempre em um processo de relação, nunca isolada de seu outro.

Luhmann (1998, p. 142) lembra que "gays e lésbicas educam nossas crianças" quando introduz a reflexão sobre a possibilidade de a "teoria *queer* ser trazida à pedagogia". A existência de educadoras/es lésbicas e gays é tão convenientemente ignorado no espaço social e escolar quanto conteúdos gays e lésbicos nos currículos oficiais. Para Luhmann (1998), trata-se de uma evidência da

> [...] marginalização dos sujeitos gays e lésbicos na escola, em sua desigualdade e invisibilidade [...]. Os efeitos prejudiciais da representação ausente podem ser minimizados pela inclusão de conteúdos gays e lésbicos como remédio contra homofobia, auto-estima e presença segura dos/as *queer* em sala de aula (p. 143).

Provocando a constatação de uma aparente contradição nessa lógica, pergunto: como pode um currículo escolar excluir deliberadamente uma identidade por considerá-la inferior e negativa (a homossexual), se ela é fundamental para a consolidação da identidade normativa (a heterossexual)? Como pode a Educação discursar sobre sua importância nos processos de combate às desigualdades sociais, na busca pela proclamada cidadania plena, se o seu currículo não oferece as/aos alunas/os e às/aos professoras/es as representações de todas as identidades – inclusive as suas?

Sobre esse aspecto, Louro (2004a) manifesta-se:

> Uma pedagogia e um currículo *queer* se distinguiriam de programas multiculturais bem intencionados, onde as diferenças (de gênero, sexuais ou étnicas) são toleradas ou são apreciadas como curiosidades exóticas. Uma pedagogia e um currículo *queer* estariam voltados para o processo de produção das diferenças e trabalhariam, centralmente, com a instabilidade e a precariedade de todas as identidades (p. 48).

Quando falo em **incluir representações** da identidade gay, lésbica, travesti, transexual, transgênero nos currículos escolares, admito que possam surgir outros impasses: Que representação positiva é essa? Quem a define?

Para Luhmann (1998, p. 143), um caminho a seguir seria contestar a representação daquilo que se entende como "universo homossexual" como constituída de sujeitos "doentes, sexualmente pervertidos, infelizes e antissociais". Qual modelo de "representação positiva" seria apresentado, na medida em que há ampla diversidade na própria identidade homossexual? Isso torna qualquer modelo altamente contestável mesmo no interior dessas comunidades e, por certo, na própria teoria *queer*.

Mais do que combater a homofobia ou auxiliar na autoestima homossexual pela inclusão de temas (ou aumentar sua visibilidade, ou contribuir para representação da pluralidade sexual), a teoria *queer* pretende indagar que condições tornam possíveis as aprendizagens de certas identidades e não de outras. O que é possível "tolerar" de conhecimento e por que a ignorância é buscada como estratégia de defesa, de preservação e de deliberada recusa de outras identidades? No jogo das identidades, que "eu" é fixado e que "eu" é negado? Que "outro" é fixado e que "outro" é negado?

A pedagogia poderia começar questionando: como nós adquirimos o conhecimento e como este saber é produzido na inter-relação entre professora/or-texto-aluna/o? Penso que esta é uma representação pedagógica que aponta para o processo de "transmissão" do conhecimento, ou seja, a/o professora/or não é a/o única/o que detém o conhecimento. Segundo Felman (*apud* LUHMANN, 1998, p. 148), "ensinar é [...] não a transmissão do conhecimento já feito. Ela é, antes, a criação de uma nova condição do saber, a criação de uma disposição original de aprendizagem".

Na introdução de seu artigo, ao mencionar o estado generalizado de desconhecimento (ou surpresa) de seus colegas ao ouvirem a expressão "teoria *queer*", Britzman (1995, p. 151) questiona os motivos pelos quais, para muitos, é impensável que as experiências de gays e lésbicas possam estar presentes no currículo escolar. E pergunta:

> Que espécie de diferença poderia ela fazer para todos numa sala de aula se a escrita gay e lésbica fosse colocada livremente longe das confirmações da homofobia, das malícias da inclusão ou como um evento especial?

Essa teórica *queer* é enfática ao dizer que "[...] a ausência da teorização gay e lésbica na educação é colocada na tensão com a crítica cultural e trocas históricas que concerne a constituição dos corpos do conhecimento e do conhecimento dos corpos" (BRITZMAN, 1995, p. 151). Para ela (p. 152), a contribuição da teorização *queer*, demandada pelos movimentos de direitos humanos gays e lésbicos, tende a provocar uma "redefinição de família, das economias públicas do afeto e das representações e do direito de um dia a dia não organizado pela violência, exclusão, medicalização, criminalização". Essa teorização apontaria ainda para "a estabilidade e campos fundamentalistas de categorias como masculinidade, feminilidade, sexualidade, cidadania, nação, cultura, alfabetização, maioridade sexual,[24] legalidade, assim por diante; categorias que são completamente centrais nos caminhos nos quais a educação organiza o conhecimento dos corpos e os corpos do conhecimento" (p. 152).

Emmanuel Levinas (*apud* BRITZMAN, 1995) usa o termo "a dignidade da inteligibilidade" quando discute a possibilidade de postura prática de inserção da reflexão *queer* no âmbito escolar:

> [...] trabalhar dentro dos termos da teoria gay e lésbica permite a consideração de dois tipos de suporte pedagógico. Um é fazer pensar eticamente sobre que discursos da diferença, escolhas estão nas salas de aula, na pedagogia e como a educação pode pensar sobre isso. Um outro é pensar as estruturas da contradição/desaprovação/negação dentro da educação ou a rejeição – quer seja curricular, social ou pedagógica – para empenhar uma percepção traumática que produz o sujeito da diferença como uma quebra/ruptura/um rompimento com o exterior do estado normal (p. 152).

Para Britzman (1995, p. 152), a introdução da teoria *queer* na educação vai muito mais além de trazer e tornar acessível o conhecimento dos sujeitos gays e lésbicos. Ela "requer um projeto ético que se inicia ao engajar a diferença como um campo de politicalidade e comunidade". Neste sentido, parece-me que, talvez, o primeiro aspecto de uma pedagogia *queer* escolar consista na **crítica desconstrutiva da educação dominante** que apresenta a heterossexualidade como a identidade hegemônica, compulsória e incontestável. Segundo Louro (2001b, p. 551), "uma pedagogia e um currículo conectados à teoria *queer* teriam de ser, portanto, tal como ela, subversivos e provocadores".

Essa educação sexual poderia começar por se apresentar como perturbadora das "verdades" que definem os campos de produção e reprodução de relações desiguais de poder e de legitimação das hierarquias sexuais e de gênero.

Uma reflexão final

Essas oito abordagens são uma forma de classificação dos modos como a educação sexual pode ser compreendida, hoje, no Brasil, sob os pontos de vista teórico, prático e político. Esses múltiplos discursos são sugestivos de uma contingência histórica nas discussões da sexualidade e são percebidos, no contexto social, desde o início do século XXI. Eles podem ser vistos como uma demonstração da capacidade social de responder demandas dos grupos sociais contemporâneos numa dinâmica que (re)constrói as identidades culturais e as diferenças, (re)posicionando os sujeitos.

Educadoras e educadores comprometidos com mudanças sociais devem procurar perturbar, sacudir as formas de se posicionarem perante as discussões da educação sexual que, tradicionalmente, vêm sendo realizadas no Brasil. No entanto, fazer essa problematização requer referenciais, no mínimo críticos e, mais ousadamente, pós-críticos. Entendo que os Estudos Culturais e os Estudos Feministas (mormente aqueles ligados à perspectiva pós-estruturalista de análise) podem se constituir numa produtiva referência e serem adotados como bússola nas discussões acerca dos gêneros, das sexualidades, das diferenças étnico-raciais, tanto nos contextos acadêmicos dos cursos de formação de professoras/es, quanto na Educação Básica. Esses aportes teóricos distanciam-se das posturas que se comprometem com paradigmas estáveis e/ou universais e apontam para currículos pós-críticos para uma educação sexual – que explicitarei no capítulo a seguir.

Referências

ASSOCIAÇÃO NACIONAL PRÓ-VIDA E PRÓ-FAMÍLIA. 2002. Educação Sexual: Programa Frente à frente Rede Vida. Entrevista com o Ministro da Educação – Paulo Renato em novembro de 1996. Disponível em: <http://providafamilia.org/educacao.htm>. Acesso em: 21 ago. 2002.

AYRES, José Ricardo de Carvalho Mesquita. 1997. *Razão, ciência e pedagogia da emancipação*. Disponível em: <http://www.interface.org.br/dossie2.asp>. Acesso em: 21 fev. 2005.

BARRETO, Felipe Corazza. No Brasil, baixo quórum. Pequenos grupos militam pela castidade. *Carta Capital*. São Paulo: Confiança. 4 maio 2005, ano XI, n. 340, ISSN 0104-6438, 2005.

BRITO, Benilda Regina Paiva de (2006). Mulher negra pobre: a tripla discriminação. In: BRAGA, Ana Patrícia Araújo; BRAGA, Fabiana Araújo; LOPES, Maria do Socorro. *Os desafios e as conquistas das mulheres*. Disponível em: <http://www.dhnet.org.br/dados/cursos/dh/br/pb/dhparaiba5/mulher2.html>. Acesso em: 10 out. 2006.

BRITZMAN, Deborah. Is there a queer pedagogy? Or, stop reading straight. *Educational Theory*, v. 45 (02), 1995, p. 85-111.

BRITZMAN, Deborah. Curiosidade, sexualidade e currículo. In: LOURO, Guacira Lopes (Org). *O corpo educado: pedagogias da sexualidade*. Belo Horizonte: Autêntica, 2000, p. 85-111.

BUTLER, Judith. Corpos que pesam: sobre os limites discursivos do sexo. In: LOURO, Guacira Lopes (Org). *O corpo educado: pedagogias da Sexualidade*. Belo Horizonte: Autêntica, 2000, p. 151-172.

CARVALHO, Esly Regina. 2004. Os homossexuais podem mudar? *Exodus Latinoamérica*. Disponível em: <http://www.exodus.com.br>. Acesso em: 22 ago. 2004.

DELUIZ, Neise; GONZALEZ, Wânia; PINHEIRO, Beatriz. 2005. *Ongs e políticas públicas de educação profissional: propostas para a educação dos trabalhadores*. Disponível em: <http://www.senac.br/informativo/BTS/292/boltec292d.htm>. Acesso em: 19 fev. 2005.

DINIZ, Simone Grilo. A violência de gênero como questão de saúde. In: BRAGA, Ana Patrícia Araújo; BRAGA, Fabiana Araújo; LOPES, Maria do Socorro. *Os desafios e as conquistas das mulheres*. Disponível em: <http://www.dhnet.org.br/dados/cursos/dh/br/pb/dhparaiba/5/mulher2.html>. Acesso em: 10 out. 2006.

FREIRE, Paulo. *Educação como prática da liberdade*. Rio de Janeiro: Paz e Terra, 1967.

FURLANI, Jimena. *O Bicho vai pegar! Um olhar pós-estruturalista à Educação Sexual a partir de livros paradidáticos infantis*. 2005. Tese (Doutorado) Universidade Federal do Rio Grande do Sul, Programa de Pós-Graduação em Educação, Porto Alegre: PPG Edu/UFRGS. 2005.

FURLANI, Jimena. A narrativa ideologia de gênero: impactos na educação brasileira e nas políticas de identidade. In: SEFFNER, Fernando; FELIPE, Jane (org). *Educação, Gênero e Sexualidade: (im)pertinências*. Petrópolis: Vozes, 2022. p. 335-361.

HALL, Stuart. *Identidade cultural na pós-modernidade*. Rio de Janeiro: DP&A, 2000.

HELMINIAK, Daniel. *O que a Bíblia realmente diz sobre a homossexualidade*. São Paulo: Summus, 1998.

KOSTMAN, Ariel. Eles prometem, mas não agüentam... Campanha pró-virgindade cresce nos EUA, mas só um em dez cumpre o voto de abstinência. In: *Revista Veja*, São Paulo: abril, 24 mar. ano 37, 2004.

LÍRIO, Sérgio. No reino da alma. *Carta Capital*, São Paulo: Confiança, Ano X, n.º 296, junho, 2004.

LOURO, Guacira Lopes. *Gênero, sexualidade e educação: uma perspectiva pós-estruturalista*. 3. ed. Petrópolis: Vozes, 1999.

LOURO, Guacira Lopes. Pedagogias da Sexualidade. In: LOURO, Guacira (Org.). *O corpo educado: Pedagogias da sexualidade*. Belo Horizonte: Autêntica, 2000. p. 7-34.

LOURO, Guacira Lopes. Teoria queer: uma política pós-identitária para a Educação. *Revista Estudos Feministas – REF*, Florianópolis: UFSC/CCH/CCE, v. 09, n. 2, p. 541-553, 2001.

LOURO, Guacira Lopes. *O corpo estranho: ensaios sobre sexualidade e teoria queer*. Belo Horizonte: Autêntica, 2004a.

LOURO, Guacira Lopes. Sexualidades contemporâneas: políticas de identidade e de pós-identidade. In: UZIEL, Anna Paula; RIOS, Luís Felipe; PARKER, Richard Guy (Org.). *Construções da sexualidade: gênero, identidade e comportamento em tempos de aids*. Rio de Janeiro: Pallas: Programa de Gênero e Sexualidade IMS/UERJ e ABIA, p. 203-212, 2004b.

LOURO, Guacira Lopes. Currículo, gênero e sexualidade: refletindo sobre o "normal", o "diferente" e o "excêntrico". In: LOURO, Guacira Lopes; NECKEL, Jane Felipe; GOELLNER, Silvana Vilodre (Org.). *Corpo, gênero e sexualidade : um debate contemporâneo em educação*. 2. ed. Petrópolis, RJ, 2005, p. 41-52.

LUHMANN, Susanne. Queering/Queryng Pedagogy? Or, Pedagogy is a Pretty Queer Thing. In: PINAR, Willian (Org.). *Queer Theory in Education*. New Jersey & London: Lawrence Eribaum Associates Publishers, 1998. p. 141-155.

MARRACH, Sonia. 1987. *Jornal Folha de São Paulo*, 07.07.87, p. A35. Disponível em: <http://www.paulofreire.org/escritos.htm>. Acesso em: 20 fev. 2005.

MELO, Sônia Maria de. Educação e sexualidade. Florianópolis: UDESC, *Caderno Pedagógico*, v. 01, 2002.

NOBRE, Marcos. *A teoria crítica*. Rio de Janeiro: Jorge Zahar, 2004.

NUNES, César parecido. *Educar para a emancipação*. Florianópolis: Sophos, 2003.

PNDH 3. Programa Nacional de Direitos Humanos (PNDH-3). Secretaria Especial dos Direitos Humanos da Presidência da República. Brasília: SEDH/PR, 2009. 224p. CDU 341.231.14. Disponível em: <http://www.dhnet.org.br/dados/pp/a_pdf/pndh3_programa_nacional_direitos_humanos_3.pdf>. Acesso em: 22 out. 2021.

SANTOS, Gustavo Ferreira; CUNHA; Luis Emmanuel; ALMEIDA, Manoel Severino Moraes de. *O Programa Nacional de Direitos Humanos 3 está em risco*. Publicado em 02 março 2021. Disponível em: <https://www.conjur.com.br/2021-mar-02/opiniao-programa-nacional-direitos-humanos-risco>. Acesso em: 22 out. 2021.

SABAT, Ruth. *Entre signos e imagens: gênero e sexualidade na pedagogia da mídia*. 1999. Dissertação (Mestrado em Educação). Universidade Federal do Rio

Grande do Sul, Faculdade de Educação. Programa de Pós-Graduação em Educação, UFRGS/PPGEdu, Porto Alegre, p. 136, 1999.

SABINO, Mario. A mulher dos padres. *Revista Veja*, São Paulo: Abril, 11 agosto, ano 37, n. 32, edição 1866, 2004.

SILVA, Tomas Tadeu da. *Documentos de identidade: uma introdução às teorias do currículo*. Belo Horizonte: Autêntica, 2001.

SPARGO, Tamsin. *Foucault and Theory Queer*. New York: Books USA, 1999.

WEEKS, Jeffrey. O corpo e a sexualidade. In: LOURO, Guacira Lopes (Org.). *O corpo educado: pedagogias da sexualidade*. Belo Horizonte: Autêntica, 2000, p. 37-82.

WOOD, Gaby. A reação avança. *Carta Capital*. São Paulo: Confiança. 4 maio 2005, ano XI, n.º 340, ISSN 0104-6438, 2005, p. 16-18.

WOODWARD, Kathryn. Identidade e diferença: uma introdução teórica e conceitual. In: SILVA, Tomaz Tadeu da (Org). *Identidade & diferença*. Petrópolis: Vozes, 2000.

Notas

[1] Este artigo, intitulado "Abordagens contemporâneas para Educação Sexual", foi publicado no livro FURLANI, Jimena (Org.). *Educação Sexual na Escola: eqüidade de gênero, livre orientação sexual e igualdade étnico-racial numa proposta de respeito às diferenças*. Florianópolis: UDESC (Fundação Universidade do Estado de Santa Catarina); SECAD / Ministério da Educação, 2008. ISBN: 978-85-61136-05-5; p. 18-42. Os textos referentes às abordagens dos direitos humanos, direitos sexuais e abordagem *queer*, de autoria de FURLANI, Jimena (2008) foram publicados em artigo intitulado "'Direitos Humanos', 'Direitos Sexuais' e 'Pedagogia *Queer*': O que essas abordagens têm a dizer à Educação Sexual?" In: JUNQUEIRA, Rogério Diniz (Org.) *Diversidade sexual na educação: problematizações sobre a homofobia nas escolas*. Brasília: Ministério da Educação; Unesco, 2009. Coleção Educação para Todos, v. 32. ISBN: 978-85-6073135-0; p. 293-323.

[2] No Brasil, o Ministério da Saúde passou a adotar o termo IST (em vez de DST) a partir de novembro de 2016. A nova terminologia foi atualizada no regimento estrutural do Ministério da Saúde por meio do Decreto n.º 8.901/2016 (publicado no Diário Oficial da União em 11/11/2016, Seção I, páginas 3-17). Essa terminologia, também adotada pela Organização Mundial da Saúde (OMS), entende que IST é mais adequada, pois considera que indivíduos podem ter e transmitir uma infecção, mesmo sendo assintomático ou nem mesmo ter apresentado sinais da doença ao longo da vida.

[3] De 2001 a 2009, George Walker Bush foi presidente dos Estados Unidos da América, eleito pelo Partido Republicano, o mesmo partido de Donald John Trump, presidente de 2017 a 2021, que implantou um programa de promoção da abstinência sexual, denominado Educação de Resguardo de Risco Sexual (STAR). As informações acerca do Programa Abstinência Somente, apresentadas neste Capítulo foram obtidas através do referencial <https://www.semprefamilia.com.br/adolescencia/trump-investe-em-programas-de-abstinencia-sexual-para-prevenir-gravidez-na-adolescencia/>. Acesso em: 24 jan. de 2023.

[4] Essa cartilha foi uma publicação resultante das cláusulas do Termo de Cooperação Técnica e Financeira celebrado entre o Centro de Sexologia de Brasília (CESEX), a Fundação Emílio Odebrecht (FEO) e os Ministérios da Saúde e da Educação.

[5] Disponível em: <http://www.vaticom.va/roman-curia/pontificical_councils/family/documents/rc_pc_family_doc_08121995_human-sexuality_po.html>.

⁶ "Exodus Latinoamérica é uma rede cristã de recursos e ministérios, cujo propósito é proclamar que existe libertação para aqueles que quiserem deixar a homossexualidade e outros problemas sexuais que dominam suas vidas. Declaramos que todos que quiserem se libertar devem arrepender-se e colocar sua fé em Jesus Cristo. Acreditamos que tal liberdade se experimenta de forma gradual e crescente, enquanto a pessoa adquire maturidade por meio de sua contínua submissão ao Senhor Jesus e Sua Igreja. Esse processo de transformação ajuda o indivíduo a deixar sua antiga identidade com o pecado e a aprender novas maneiras de relacionar-se consigo mesmo e com outras pessoas. Também buscamos motivar e capacitar o corpo de Cristo, para que restaurem a integridade sexual dos homens e mulheres que lutam contra a homossexualidade. Aos que se interessar por maiores informações podem solicitá-las a Exodus Internacional Latinoamérica, P.O. Box 26202, Colorado Springs, CO 80936, ou no Brasil, Exodus Internacional Brasil, Caixa postal 222, Viçosa, MG 36571-000". Acesso em: 27 ago. 2004.

⁷ Entenda-se, aqui, terapia como sinônimo de educação sexual.

⁸ Para essa abordagem psicoterapêutica-religiosa "existem casos em que o problema tem uma origem oculta, isto é, um 'inquilino' demoníaco. Se a causa é espiritual, a solução também o será, e isto traz um alívio imediato. No entanto, muitas vezes a condição não é somente espiritual: uma vez resolvido o problema espiritual, expulso o demônio, os problemas emocionais continuam. Por isso, se os sentimentos voltam, a pessoa possuída (e os líderes cristãos) não devem duvidar de sua salvação. Simplesmente deve buscar ajuda a nível emocional" (CARVALHO, 2004).

⁹ *O padre*, produção inglesa de 1995 (103 min.); direção de Antonia Bird. Melhor filme inglês no Festival de Edimburgo; o melhor filme do Júri Popular no Festival de Toronto. O filme narra a história de Greg, um padre católico que chega numa comunidade e se depara com uma série de questões como: a não castidade de seu colega (o padre Matthew), incesto, o impasse do sigilo da confissão, a hipocrisia social e a descoberta pessoal e a revelação pública de sua homossexualidade

¹⁰ De 13 a 19 de junho de 2004, uma delegação da Conferência Nacional dos Bispos do Brasil (CNBB) esteve no Vaticano pedindo orientação sobre como proceder em relação aos sacerdotes formados por esses movimentos de Renovação Carismática. Além de sugerir que um Bispo acompanhe o surgimento dessas comunidades, Roma sugeriu restrições: à glossolalia (oração proferida pelos padres em grandes missas coletivas, na "língua do Espírito Santo"); ao exorcismo e ao fanatismo (cf. LÍRIO, 2004, p. 16-17)

¹¹ Canção Nova – com sede em Cachoeira Paulista, Estado de São Paulo, administra 19 casas de missão espalhadas por cidades do Brasil, de Portugal e da Itália. [...] Nos últimos cinco anos tornou-se um fenômeno de comunicação em massa. [...] Desde 1996 obteve o primeiro canal de TV via satélite. [...] Possui 27 rádios AM e FM e 354 retransmissoras de televisão, que alcançam 36% da população brasileira, além de chegar aos Estados Unidos países da Europa e da América do Sul (LÍRIO, 2004, p. 13-14).

¹² "Shalom" está localizada em Fortaleza, Ceará. Espalhou-se por quase todo o país (exceto os estados do RS, AM, RR, RO, MG, MS) e no Canadá, na França, na Suíça, na Itália e em Israel. No Ceará, administra três emissoras de rádio, uma escola, uma universidade e um hospital (cf. LÍRIO, 2004, p. 19).

¹³ Trata-se de uma tradução minha, do ano de 2004, revisada por Guacira Lopes Louro, quando eu cursava doutorado sob sua orientação. Essa tradução foi feita a partir do texto original em inglês. Disponível em: <http://www.tc.umn.edu/~colem001/was/wdeclara.htm>. Acesso em: 9 jul. 2004.

[14] Manifestei em FURLANI (2022) que passei a utilizar, em minhas publicações, a sigla TLGB a partir de 2020. Neste livro, passarei a usá-la a partir de agora. A mudança de GLBT para LGBT se deu na 1ª Conferência Nacional de Gays, Lésbicas, Bissexuais, Travestis e Transexuais (GLBT), realizada em Brasília em 2008, portanto cabe ao movimento tal iniciativa. Reconheço que a homofobia, a lesbofobia e a bifobia precisam ser problematizadas, sempre. No entanto, nos últimos anos, tenho usado TLGB em minhas aulas, cursos e reflexões para denunciar os níveis inadmissíveis que a transfobia tem apresentado, sobretudo em nosso país, e que precisam ser combatidos. Usar TLGB é uma forma de eu dar ênfase à necessária mudança do quadro de violência que sofre a população trans.

[15] PLC 122/2006 – Projeto de Lei Complementar de Combate as Formas de discriminação.

[16] Esse livro foi publicado, pela primeira vez, 1965, durante o seu exílio no Chile, e editado no Brasil em 1967.

[17] *Pedagogia do oprimido*, livro escrito no Chile, em 1968, e publicado pela primeira vez no Brasil em 1974. É o livro mais conhecido de Paulo Freire, traduzido para o sueco, o norueguês, o finlandês, o dinamarquês, o flamenco, o grego, o árabe e o chinês

[18] "Kant constantemente usava o conceito de 'menoridade' para designar o homem dominado ou submetido aos ditames da paixão sensível, da barbárie ou da ausência de uma ética e filosofia referenciada na racionalidade. A menoridade corresponderia o esclarecimento [...] Esse seria o papel da educação [...]" (NUNES, 2003, p. 12).

[19] No Brasil, a primeira publicação acerca da teorização *queer* voltada à Educação, em livro único, foi editada em 2004. Trata-se de *Um corpo estranho: ensaios sobre sexualidade e teoria queer*, da Profa. Dra. Guacira Lopes Louro, que pode ser considerada a pioneira neste assunto, sobretudo por "institucionalizar" a temática na Linha de Pesquisa: Educação, Sexualidade e Relações de Gênero, no Programa de Pós-Graduação em Educação da Universidade Federal do Rio Grande do Sul (UFRGS), mostrando como as questões levantadas por essa teorização podem ser consideradas politicamente relevantes aos cursos de formação de educadoras/es.

[20] Louro (2001, p. 544) apresenta um panorama histórico do discurso político e teórico no movimento homossexual, nas últimas três décadas, apontando para a tentativa reguladora de se determinar uma representação "positiva" para identidade gay baseada na "escolha do objeto amoroso" (alguém do mesmo sexo) como definidor da identidade sexual. Esse modelo parece não ter sido o suficiente para explicar, por exemplo, os grupos que se definem pelo tipo de práticas sexuais (as/os que praticam o sadomasoquismo) ou aqueles que escorregam nas fronteiras de gênero (as/os transexuais), ou o grupo que não direciona de modo fixo o seu objeto de desejo (como as/os bissexuais).

[21] Em especial, no interior dos estudos e teorizações gays e lésbicos, nos EUA e na Inglaterra, consolidando-se como campo de estudo nos anos de 1990.

[22] A autora afirma, em relação à teoria *queer*: "[...] Para educadores e educadoras [...] o caminho talvez seja o de ampliar o sentido da teoria para além da conotação sexual e de gênero e voltar-se para um jeito queer de pensar a educação, o conhecimento, o poder e a construção das identidades" (Louro, 2004b, p. 211).

[23] Sobre essa premissa que atrela um sexo a um gênero e este a uma dada sexualidade e suas implicações, ver LOURO (2004, p. 65 e p. 80).

[24] Maioridade Sexual, em alguns países, é entendida como idade do consentimento. A "idade do consentimento" se difere em muitos países: Holanda (12); Espanha (13); Itália, Alemanha e Canadá (14); França (15); Inglaterra e Japão (16); Estados Unidos (14 a 18, dependendo do Estado). No Brasil, o entendimento jurídico acerca da

"idade do consentimento sexual" se dá na legislação sobre o casamento; portanto, atrelado à heterossexualidade. Hoje, casamentos legais no Brasil são possíveis a partir dos 16 anos (quando autorizados ou consentidos por pais/mães ou autorizados por juiz); casamentos abaixo de 18 anos, se válidos, trazem emancipação automática pela Lei. A idade do consentimento (ou idade da maioridade sexual) indica a idade mínima legal a partir da qual uma/um adolescente pode ter sexo com parceira/o maior de 18 anos que, atualmente, no Brasil, é de 14 anos (se autorizado ou consentido pelas mães/pais). O Código Penal (Art. 225) estabelece que o Estado não pode iniciar uma ação legal em crimes sexuais; ela deve ser iniciada pela própria vítima ou pelos pais da vítima (quando for uma/um menor). Considerado um ato de natureza privada (não pública), o sexo é parte da vida privada do cidadão. Somente quando não aprovado pelas mães/pais é que a relação sexual com menores (14 a 18 anos) pode ser objeto de apreciação pela Justiça, sob o argumento de sedução (se direcionado à moça virgem) e/ou de corrupção de menores (em qualquer caso). Não há referência às relações homossexuais na Lei. A idade do consentimento refere-se não apenas à conjunção carnal (pênis na vagina), mas também a todas as formas de "atos libidinosos" (sexo oral, anal, manipulação e/ou contato da boca com os seios e a vagina, masturbação do outro). Alguém pode ser processado pelos pais de um menor em caso de realizar qualquer destes atos libidinosos com o menor (e não apenas no caso da conjunção carnal). Namorar e beijar são permitidos em todas as idades e não são suscetíveis à restrição legal (do namoro não se presume o sexo). Por outro lado, a prostituição e a pornografia (até atuar em cenas de sexo em filmes não pornô) são proibidas para todos os menores abaixo de 18 anos, mesmo quando emancipados por casamento ou por qualquer outro motivo. Fontes: Códigos Civil e Penal Brasileiros, disponíveis em: <http://www.planalto.gov.br/ccivil_03/leis/2002/L10406.htm> e <http://www.planalto.gov.br/ccivil/Decreto-Lei/Del2848.htm>. Acesso em: 27 ago. 2004.

CAPÍTULO 2

Pressupostos teóricos e políticos de uma educação sexual de respeito às diferenças – Argumentando a favor de um currículo pós-crítico[1]

Educação sexual – O currículo crítico[2]

Até meados do século XX o contexto das teorizações educacionais esteve marcado fortemente pela análise crítica social a partir de referenciais marxistas. A obra de Karl Marx (1818-1883) mudou drasticamente as opiniões sobre a sociedade humana, causando grande impacto nos pensamentos social e político contemporâneos. O marxismo (também conhecido como materialismo histórico, materialismo dialético ou socialismo científico) desenvolveu-se a partir de uma crítica à tradição racionalista. Para Marx, a análise social apenas no plano das ideias, do espírito e da consciência humana não era suficientemente crítica para explicar a sociedade e as relações humanas. Para o marxismo, "a verdadeira origem dessas idéias estaria na base material da sociedade, em sua estrutura econômica e nas relações de produção que esta mantém" (JAPIASSU; MARCONDES, 1990, p. 162).

Assim como a psicanálise de Sigmund Freud (1856-1939), o marxismo significou uma nova forma de compreender a natureza do conhecimento. O nome geral dado a esse tipo de pensamento (um revolucionário conceitual à estrutura epistêmica) foi **Teoria Crítica**.

A expressão Teoria Crítica surgiu, em 1937, no texto (Teoria Tradicional e Teoria Crítica) de Max Horkheimer (1895-1973) publicado na "Revista de Pesquisa Social" (editada de 1932 a 1942) – publicação oficial do Instituto de Pesquisa Social (fundado em 1923) em Frankfurt, Alemanha. Esse Instituto tinha como objetivo "promover, em âmbito universitário, investigações científicas a partir da obra de Karl Marx (1818-1883)" (NOBRE, 2004, p. 12-13).

Foram Max Horkheimer e Theodor Adorno, juntamente com Herbert Marcuse e outros, que desenvolveram uma revisão do pensamento marxista (no decorrer dos anos de 1930) que culminou com a chamada **Teoria Crítica da Sociedade**, da Escola de Frankfurt. Essa escola reforçou a ideia de que "a finalidade da Teoria Crítica é a emancipação e o esclarecimento. Ela busca tornar os agentes cientes de coerções ocultas, libertando-os; com isso, os deixa em condições de determinar onde se encontram seus verdadeiros interesses" (GEUSS, 1988, p. 91). A Teoria Crítica da Sociedade foi considerada uma das distintas correntes oriundas das diversas interpretações do marxismo.[3]

Para a reflexão que pretendo iniciar, sempre voltada à educação sexual que pretendo sugerir, pergunto:

- Qual a diferença entre um currículo crítico e um currículo pós-crítico?
- O que é uma pedagogia crítica?
- O que a distingue de uma pedagogia pós-crítica?
- Como essas perspectivas estão presentes no trabalho pedagógico da escola?

Essa problematização é extremamente pertinente, sobretudo quando observamos, numa análise da história social recente, o quanto alguns referenciais teóricos que se consolidaram no século XX perpassam as práticas docentes e as mais diversas concepções acerca da educação. Trago essa discussão para pensarmos a educação sexual porque entendo que, nem sempre, professoras/es têm consciência dessa "escolha" teórica ou possuem discernimento para identificá-la – garantindo, em seu trabalho, uma coerência teórico-prática.

Entendo que referenciais distintos não apenas expressam e constroem uma concepção de mundo, de educação ou de sujeitos, mas seu arcabouço conceitual e epistêmico explicita suas limitações, suas possíveis interfaces com outras teorias e práticas e suas possibilidades reflexivas para o campo a que se destinam problematizar. Quero argumentar a favor de uma educação sexual pós-crítica.

Para esse exercício teórico, inicialmente, me parece produtiva a classificação apresentada por José Carlos Libâneo (2005), no artigo "As teorias pedagógicas modernas revisitadas pelo debate contemporâneo na Educação". O autor organiza **correntes e modalidades pedagógicas modernas**, conforme o quadro a seguir. As teorias pedagógicas "críticas" na classificação do autor assumem a denominação de "sociocríticas" – perspectivas muito presentes nas escolas públicas brasileiras, universidades, cursos de formação e políticas públicas.

TEORIAS PEDAGÓGICAS MODERNAS	
CORRENTES	MODALIDADES
Racional-tecnológica	Ensino de Excelência Ensino Tecnológico
Neocognitiva	Construtivismo Pós-Piagetiano Ciências Cognitivas
Sociocríticas	Sociologia Crítica do Currículo Teoria Histórico-Cultural Teoria Sociocultural Teoria Sociocognitiva Teoria da Ação Comunicativa
Holísticas	Holismo Teoria da Complexidade Teoria Naturalista do conhecimento Ecopedagogia Conhecimento em Rede
Pós-Modernas	Pós-Estruturalismo Neopragmatismo

Fonte: Libâneo, 2005, p. 30

O conjunto das correntes definidas como "sociocríticas" (Libâneo, 2005), bem como suas modalidades, é originário das **TEORIAS CRÍTICAS**, ou seja, aquelas inspiradas no marxismo. São elas:

- Sociologia Crítica do Currículo
- Teoria Histórico-Cultural
- Teoria Sociocultural
- Teoria Sociocognitiva
- Pedagogia Histórico-Cultural
- Pedagogia Histórico-Crítica
- Pedagogia Sócio-Histórica
- Pedagogia Histórico-Social
- Pedagogia Libertária
- Pedagogia Libertadora
- Pedagogia da Emancipação
- Pedagogia Crítico-Social

Convém lembrar alguns conhecidos pensadores contemporâneos que tiveram no marxismo sua inspiração teórica e política e contribuíram para o surgimento de uma tradição crítica na educação: no Brasil, Dermeval Saviani (1943-), Moacir Gadotti (1941-) e Paulo Freire (1921-1997); em Portugal, Boaventura de Sousa Santos (1940-); na França, Jean-Claude Forquin (1922-), Louis Althusser (1918-1990) e Pierre Bourdieu (1930-2002); nos Estados Unidos, Jennifer Gore (1957-), Michael Apple (1942-) e Peter Mclaren (1948-); na Espanha, José Gimeno Sacristán; na Inglaterra, Basil Bernstein (1924-2000), Henry Giroux (1943-) e Michael Young.

No Brasil, nas décadas de 1970 e 1980, o marxismo já se constituía numa corrente de pensamento muito presente no campo da formação de educadoras/es e ainda o é nos dias de hoje. Especialmente nas Ciências Humanas e Ciências Pedagógicas, a Teoria Crítica buscou resgatar a concepção materialista da história (transformar a realidade e as mentalidades) utilizando, para isso, a dimensão cultural. No entanto, esse enfoque cultural não foi tratado de maneira aprofundada por Marx, e isso se explica uma vez que o marxismo ortodoxo enfatizou excessivamente o aspecto econômico, sobretudo no momento histórico de sua formação, quando definiu como base a discussão das forças industriais de produção e a crítica da sociedade capitalista de consumo.

Sem dúvida, o marxismo teve (e tem) grande contribuição na análise social e foi/é uma teoria impactante. Contudo, para a educação sexual que proponho neste livro, as teorias críticas apresentam significativas limitações teóricas e, consequentemente, políticas. Umas dessas limitações é exatamente o entendimento de que o poder opressor é central – o capitalismo; e "os conflitos desapareceriam" da sociedade caso não houvesse divisão de classes. Há duas questões nesse entendimento merecedoras de investimento explicativo: a primeira refere-se ao modo de entender a constituição dos **sujeitos sociais**, e a segunda, ao entendimento de **poder**.

Educação sexual – O currículo pós-crítico

Aqui posso, então, apresentar os motivos teóricos e políticos que me fazem escolher o pós-estruturalismo como recurso teórico-analítico na educação sexual. Os argumentos a seguir se aproximam do pensamento pós-crítico.

Primeiro motivo – O sujeito social

O pós-estruturalismo é uma forma particular de teorização cultural que faz a crítica do sujeito centrado, autônomo e universal (do modernismo e do humanismo); aquele sujeito que, ao longo da história, teve o reconhecimento, a representação positiva e o privilégio social: homem, branco, ocidental, cristão, burguês, masculino, heterossexual.

As teorizações marxistas (críticas) viam as pessoas apenas como sujeitos de classe social. Para Marx, esse era o marcador da condição humana que definia as experiências dos sujeitos, seus processos de opressão, sua condição de desigualdade e seu grau de hierarquia na vida em sociedade. Esse olhar, a partir da tradição marxista de análise social, foi/tem sido responsável pelo apego de muitas/os educadoras/es em depositar sobre a "classe social" o principal aspecto constituidor dos sujeitos.

Teorizações pós-críticas, como os Estudos Culturais, por exemplo, vão partir do entendimento de que os sujeitos são interpelados por muitas **identidades culturais**, ou seja, cada pessoa apresenta distintos e múltiplos aspectos identitários. Essas identidades são construídas discursivamente nos processos que instituem a diferença. Não somos apenas sujeitos "de classe" e, para muitos de nós, não é a posição econômica o fator determinante de nossa existência, de nossa privação social, das circunstâncias de exclusão ou de reconhecimento social, de nosso acesso ou nossa negação aos bens materiais, etc.

A educação sexual que estou apresentando neste livro entende que as diferenças individuais, visíveis em crianças, jovens e adultos (sejam eles estudantes ou educadoras/es, dirigentes escolares, etc.) não expressam apenas sua condição econômica. Marcadores sociais distintos constituem os sujeitos da educação e podem ter como referência sua condição física, seu gênero, sua sexualidade, sua raça, sua etnia, sua origem social, sua religião, sua classe social, sua geração, seu estado civil, etc. Hoje, no momento histórico atual, sobretudo como resultado das reivindicações e das conquistas dos movimentos sociais do século XX (as Políticas de Identidade), outros sujeitos (além dos grupos populares) têm reivindicado direitos e merecem ser considerados na Educação, nos currículos escolares.

> "Para cada sujeito (homem ou mulher, menino ou menina), em específicos momentos de sua vida, as narrativas sociais constroem diferentes 'posições-de-sujeito' (WOODWARD, 2000) que podem ser investidas de positividade ou de negatividade; podem ser posições centrais ou marginais que carregam atributos desejados ou atributos marginalizados, exemplos a serem seguidos ou a serem evitados. Esse caráter de provisoriedade permite-nos afirmar que 'as identidades são, pois, pontos de apego temporários às posições-de-sujeito que as práticas discursivas constroem para nós' (HALL, 2000, p. 112) e, na dinâmica social, um mesmo indivíduo pode experimentar situações de identidade marginalizada ou central, estigmatizada ou aceita como normal.
>
> Somos sujeitos de múltiplas identidades e, ao longo da vida, vivemos diferentes experiências sociais em decorrência dessa convergência identitária. Por exemplo, ser mulher, lesbiana, negra, idosa e pobre pode significar uma experiência de vida diferente de alguém que é mulher, lesbiana, branca, rica e jovem. As identidades culturais interagem e nos colocam em diferentes posições-de-sujeito. Essas diferentes posições modificam as experiências de preconceito, de discriminação e de violência experimentadas, por cada uma de nós, ao longo da vida. Portanto, não há uma identidade cultural que possa ser tida, genericamente e universal a todos os sujeitos, como central ou a mais importante."

(Texto extraído de FURLANI, 2005b)

Karl Marx (e, por conseguinte, as teorizações críticas) não se utilizou da palavra "diversidade" e/ou "diferença" e tampouco reconheceu que outras dimensões humanas pudessem ser tão importantes para as pessoas como a classe social. Marx não considerou que as pessoas também podiam ser marcadas socialmente por aspectos como seu sexo (ser menino, menina, homem, mulher), seu gênero (masculino, feminino, travesti), sua raça (ser branca, negra, parda), sua origem étnica (ocidental, oriental). Marx não considerou as pessoas quanto ao seu estado físico (cega, surda, cadeirante), sua sexualidade (heterossexual, homossexual, bissexual, assexual), sua geração (criança, adolescente, pessoa adulta, idosa/o), sua religião ou crença (cristã, muçulmana, espírita, umbandista), etc. O entendimento de diversidade humana e social, no contexto marxista, não tinha cabimento como o entendemos hoje.

Na pauta da escola do século XXI e das políticas públicas voltadas à educação, encontramos preocupações com o respeito ao diferente, à inclusão escolar, à diminuição das desigualdades sociais. É possível afirmar que "o respeito à DIVERSIDADE" tem sido apresentado como desejado e visto como uma estratégia "politicamente correta" para incluir na agenda educacional a inclusão de identidades e sujeitos subordinados. Todos os níveis da escolarização brasileira têm repensado o entendimento de "uma escola inclusiva", que promova a inclusão social.

Segundo motivo – O entendimento de poder

Para as teorizações críticas o poder é central, estrutural, está no "capitalismo centrado nas instituições do Estado"; portanto, é vertical e "derivado, relativamente, às relações sociais de produção" (Silva, 2000, p. 91). Para as teorizações pós-críticas, que se baseiam no entendimento de Michel Foucault, "o poder é concebido como descentralizado, horizontal e difuso" (Silva, 2000, p. 91). Para Foucault (1997), o poder apresenta um domínio de relações estratégicas entre indivíduos ou grupos – relações que têm como questão central a conduta do outro ou dos outros e que podem recorrer a técnicas e procedimentos diversos, dependendo dos casos, dos quadros institucionais em que ele se desenvolve, dos grupos sociais ou das épocas (p. 11).

Foucault reconhece o poder central e totalizador do Estado, mas chama a atenção para as formas de sujeição (assujeitamento) que interpelam as pessoas pelas relações de dominação [...] "força de produção, luta de classe e estruturas ideológicas que determinam a forma de subjetividade" (Foucault, 1995, p. 236). Para ele, o mais importante são as **relações de poder** que se estabelecem entre os indivíduos. Ele chama de "poder disciplinar" aquele que aciona uma série de procedimentos e mecanismos que interferem na vida das pessoas, não para aniquilá-las ou destruí-las, mas para disciplinar os corpos e as mentes.

O entendimento de poder, em Foucault, portanto, é oposto ao entendimento marxista. O poder não é algo que se possui ou que está fixo, tampouco emana de um centro (o Estado ou o capitalismo). O poder é resultante de relações, é móvel e fluido, está em toda parte. Por exemplo, mesmo que houvesse distribuição de renda equitativa no país, que não houvesse mais miseráveis nem pobres, que a renda *per capita* das/os brasileiras/os fosse uma média boa a muito boa, mesmo que toda a população fosse classe média, média alta, etc.; mesmo assim, ainda a sociedade brasileira apresentaria disputas de poder, ainda a sociedade brasileira apresentaria sujeitos subordinados por gênero, sexualidade, nacionalidade... Ainda assim a sociedade seria machista, racista, homofóbica, xenófoba... Ainda assim existiriam pessoas sendo discriminadas, sofrendo violência, coação...

Gênero, sexualidade, raça e etnia são conceitos que devem ser compreendidos no campo da cultura e da história, estando, portanto, relacionados ao poder. "Não apenas como campos nos quais o poder se reflete ou se reproduz, mas campos nos quais o poder se exercita, por onde o poder passa e onde o poder se faz" (Louro, 2007, p. 211).

Terceiro motivo – Saber-poder, a linguagem e os processos de significação

Foucault criou a expressão **saber-poder** para enfatizar seu entendimento de que todo poder é uma expressão de determinada verdade, ou seja, o poder utiliza "um saber que se expressa como conhecimento das populações e dos indivíduos submetidos" a ele (Silva, 2001, p. 120). Este saber, quando hegemônico, quando tido como verdade absoluta, exerce, sobre aqueles sujeitos de que fala, poder sobre eles. Esse efeito pode ser positivo ou pode ser negativo à existência desses sujeitos.

O louco, o prisioneiro, o homossexual **não foram/não são** expressões de um estado prévio, original... Eles receberam/recebem sua identidade a partir dos **aparatos discursivos e institucionais** que os definem como tais. O sujeito é o resultado dos dispositivos que o constroem como tal (Silva, 2001, p. 120-121).

Aqui está mais um motivo, teórico e político, de minha escolha por esse referencial: o pós-estruturalismo partilha com o estruturalismo a mesma ênfase na linguagem como sistema de significação, mas amplia a sua centralidade – como a noção de "discurso" de Michel Foucault e a noção de "texto" de Jacques Derrida –; portanto, é uma reação ao estruturalismo. No pós-estruturalismo o significado é fluido, indeterminado e incerto, enquanto que para o estruturalismo o significado é fixo. O pós-estruturalismo rejeita a dialética – tanto hegeliana quanto a marxista. No marxismo o sujeito é resultado da ideologia que, uma vez removida (sobretudo a estrutura capitalista), faz surgir um novo sujeito. Para Foucault, "não existe sujeito a não ser como simples e puro resultado de um processo de produção cultural e social" (Silva, 2001, p. 120).

Guacira Louro (2007), ao assumir o pós-estruturalismo como referencial teórico aos seus estudos de gênero e sexualidade, afirma:

> Empreender tal escolha teórica implica lidar com contradições sim, mas implica deixar de lado a lógica da dialética, que supõe a síntese e a superação da contradição. Nessa perspectiva, buscamos superar o raciocínio do tipo ou isso ou aquilo e ensaiamos a produtividade de pensar que algo pode ser, ao mesmo tempo, isso e aquilo (2007, p. 215).

São representantes da primeira geração do pós-estruturalismo francês: Jacques Derrida, Michel Foucault, Julia Kristeva, Jean-François Lyotard, Gilles Deleuze, Luce Irigaray, Jean Baudrillard, entre muitos (Peters, 2000, p. 34). Os pensadores pós-estruturalistas desenvolveram formas peculiares e originais de análise (gramatologia, desconstrução, arqueologia, genealogia, semioanálise), com frequência dirigidas para a crítica de instituições específicas (como a família, o Estado, a Igreja, a prisão, a clínica, a escola, a fábrica, as forças armadas, a universidade e até mesmo a própria filosofia). Também dirigem críticas para a teorização de uma ampla gama de diferentes meios (a "leitura", a "escrita", o ensino, a televisão, as artes visuais, as artes plásticas, o cinema, a comunicação eletrônica) (Peters, 2000, p. 34).

A escola de hoje não pode, apenas, querer "transmitir os conhecimentos sistematizados, historicamente, pela humanidade" – até porque, como esses conhecimentos foram construídos em relações desiguais de poder, eles, certamente, não incluem todos os sujeitos humanos nem são conhecimentos representativos de todas as identidades culturais. A escola precisa incluir na sua agenda pedagógica a multiplicidade cultural, os saberes populares advindos de movimentos sociais e os saberes advindos das experiências subjetivas dos sujeitos. A educação sexual deve considerar a diferença como produtiva para vida social. Surgem, então, algumas questões à escola:

Como visibilizar essa diferença nos currículos escolares? Uma forma é a inclusão, no currículo, de identidades subordinadas. Essa inclusão não se traduz apenas na garantia do acesso desses sujeitos aos bancos escolares (negras, negros, gays, lésbicas, estrangeiras/os, deficientes físicos, etc.). Essa inclusão se traduz na visibilidade de sua cultura e de sua história no currículo escolar e na ressignificação positiva dessas identidades e desses sujeitos.

No lançamento dos PCNs (1997), o então ministro Paulo Renato de Souza se dirigiu aos professores e às professoras enfatizando o objetivo do novo documento (o de auxiliar na execução do trabalho docente) e reconheceu que só se exerce a cidadania plena tendo acesso "[...] **aos recursos culturais relevantes** [...]", ou seja, "[...] tanto os domínios do saber tradicionalmente presentes no trabalho escolar quanto as preocupações contemporâneas com o **meio ambiente**, com a **saúde**, com a **sexualidade** e com as **questões éticas** relativas à **igualdade de direitos**, **à dignidade** do ser humano e à **solidariedade** [...]"(Brasil, 1997, p. 5, grifos meus).

Parece-me, então, que considerar os problemas que as crianças, os jovens e os adultos enfrentam ao longo de sua existência é admitir que a sociedade é, muitas vezes, machista, homofóbica, racista, misógina, etnocêntrica. Preconceitos e atos de discriminação marcam os sujeitos e estão presentes na escola, em seu currículo.

> Seria a intolerância uma expressão da dificuldade humana em aceitar a diferença?
>
> Seria a imposição de padrões ditos normais uma demonstração do quanto a humanidade é limitada em considerar a multiplicidade – quer seja ela sexual, de gênero, religiosa, étnica, racial, etc. – como algo bom, positivo e desejável?

Como a educação sexual pode transitar de um currículo crítico para um pós-crítico? Que arranjos são necessários? Que efeitos pedagógicos têm cada escolha conceitual?

Tomaz Tadeu da Silva (2001, p. 17), no livro *Documentos de identidade: uma introdução às teorias do currículo*, nos apresenta uma forma de classificação das teorias educacionais acerca dos modos de pensar o currículo. Para ele, elas podem ser divididas em três abordagens: as **teorias tradicionais**, as **teorias críticas** e as **teorias pós-críticas**.

TEORIAS DO CURRÍCULO		
TEORIAS TRADICIONAIS	TEORIAS CRÍTICAS	TEORIAS PÓS-CRÍTICAS
Ensino Aprendizagem Avaliação Metodologia Didática Organização Planejamento Eficiência Objetivos	Ideologia Reprodução Cultural e Social Poder Classe Social Capitalismo Relações Sociais de Produção Conscientização Emancipação e Libertação Currículo Oculto<in>Resistência	Identidade, alteridade, diferença Subjetividade Significação e discurso Saber-poder Representação Desconstrução (FURLANI, 2008) Cultura Gênero, Sexualidade, Raça e Etnia Multiculturalismo

Fonte: SILVA, 2001, p. 17.

O quadro conceitual anterior, elaborado por Silva (2001a), mostra, de modo objetivo, como cada teoria traz consigo uma lógica. Cada teoria explicita categorias conceituais que apontam para o modo como ela pensa e problematiza o meio social e educacional. Nesse sentido, esses termos conceituais levam a uma coerência definida a partir dos seus princípios teóricos fundacionais.

Outras categorias (fracasso escolar, dialética, superação das contradições, desconstrução) que não foram apresentadas por Silva (2001) são acrescentadas por mim no referencial Furlani (2008), por entender que são integrantes dessas três concepções de currículo, seguindo a mesma lógica conceitual. Dessa forma, o quadro apresentado por Silva (2001), com os acréscimos de Furlani (2008), seria:

TEORIAS DO CURRÍCULO		
TEORIAS TRADICIONAIS	TEORIAS CRÍTICAS	TEORIAS PÓS-CRÍTICAS
Ensino Aprendizagem Avaliação Metodologia Didática Organização Planejamento Eficiência Objetivos Fracasso Escolar (FURLANI, 2008)	Ideologia Reprodução Cultural e Social Poder Classe Social Capitalismo Relações Sociais de Produção Conscientização Emancipação e libertação Currículo Oculto Resistência Dialética (FURLANI, 2008) Superação das contradições (FURLANI, 2008)	Identidade, alteridade, diferença Subjetividade Significação e Discurso Saber-poder Representação Desconstrução (FURLANI, 2008) Cultura Gênero, Sexualidade, Raça e Etnia Multiculturalismo

Fonte: Tomaz Tadeu da Silva (2001, p. 17) e Jimena Furlani (2008, p. 53).

A educação sexual que tenho pensado nos últimos anos e que apresento neste capítulo tem como bússola teórica e política os Estudos Culturais, os Estudos Feministas e a perspectiva pós-estruturalista de análise. Vamos entendê-las um pouco melhor...

A perspectiva pós-estruturalista e o currículo da educação sexual

O pós-estruturalismo é uma perspectiva teórica que se comporta como categoria descritiva de análise. Originada nos EUA, em reação ao estruturalismo de Ferdinand Saussure, rejeita a dialética e a análise social baseada no essencialismo e no enfoque a-histórico. "Limita-se a teorizar sobre a linguagem e o processo de significação" (SILVA, 2001, p. 117). Tem em Foucault e Derrida seus principais alicerces teóricos: o primeiro ampliando a centralidade da linguagem através da noção de discurso; e o segundo, com a noção de textualidade. O pós-estruturalismo admite o conceito foucaultiano de poder, que o "concebe não como algo que se possui, nem como algo fixo, e tampouco partindo de um centro, mas como uma relação, como móvel e fluido, como capilar e estando em toda parte" (SILVA, 2001, p. 120).

Essa perspectiva supõe que as relações de poder encontram-se no cerne dos processos de significação que instituem e marcam as diferenças entre identidades. Os diversos significados que são atribuídos às identidades são decorrentes de posições específicas de poder.

Para Silva (2001), "sob a influência do pós-estruturalismo, uma análise do caráter do currículo, baseada nos ESTUDOS CULTURAIS, enfatizaria o papel da linguagem e do discurso nesse processo de construção [...]" (p. 135). Nesse referencial, **DISCURSO** "refere-se tanto à produção de conhecimento através da linguagem e da representação, quanto ao modo como o conhecimento é institucionalizado, modelando práticas sociais e pondo novas práticas em funcionamento" (HALL, 1997, p. 29). **Discurso**, segundo Michel Foucault, é o "conjunto de expressões verbais amplos, identificados com certas instituições ou situações sociais" (SILVA, 2000, p. 43), como o discurso médico, discurso midiático, discurso jurídico, discurso religioso, discurso pedagógico, discurso machista, etc. "O termo é utilizado para enfatizar o caráter lingüístico no processo de construção do mundo social" (p. 43). Esse entendimento de discurso (como institucional) não deve ser confundido com a fala pessoal, narrativas individuais, retórica, mensagem oral, sermão, alocução, nota, palestra, preleção.

Uma possibilidade de abordagem, no contexto pós-estruturalista de análise do discurso e da linguagem, é o conceito de poder, de Michel Foucault (assumido, igualmente, pelos Estudos Feministas). Uma vez que "o poder social não é unificado, coerente e centralizado" (SCOTT, 1995, p. 86), o papel da linguagem na produção e na representação dos gêneros e das sexualidades adquire importância fundamental para constituição das identidades culturais.

As sociedades e as culturas delimitam "lugares", posicionam sujeitos e demarcam fronteiras entre indivíduos com base no jogo diferença *versus* identidade através da construção de representações que promovem qualificações, hierarquias e desigualdades. Guacira Louro (1995) chamou esse movimento social de contínuos processos de generificação nos sujeitos que são, a partir deles, formados, socializados e educados (p. 103).

O pós-estruturalismo traz a crítica de Jacques Derrida ao pensamento filosófico ocidental. Para Derrida, a episteme ocidental se articula a partir de oposições binárias definidas por uma nítida hierarquia de pares opostos, como corpo/alma, sagrado/profano, Deus/diabo, feminino/masculino, ativo/passivo, homem/mulher, heterossexual/homossexual, ocidente/oriente, ciência/natureza, "homem"/máquina, razão/emoção, etc. Segundo o autor, é possível desmantelar o jogo das dicotomias por meio de um processo de **DESCONSTRUÇÃO**. Desconstruir é questionar (e com isso desestabilizar) as operações e os processos envolvidos na construção de determinada ideia, ou seja, duvidar das explicações que envolvem "a naturalização, o essencialismo, a universalização ou o fundacionismo" (Silva, 2000, p. 36).

Os Estudos Culturais e o currículo da educação sexual

Os últimos 50 anos do século XX viram o florescer de uma série de campos não disciplinares do conhecimento, além das já clássicas Ciências Humanas, Sociais e Físicas. Esses novos campos tornaram o pensamento contemporâneo marcado pela articulação e/ou confluência de distintas abordagens, entre elas: os Estudos de Gênero e Sexuais, os Estudos Literários, os Estudos sobre Etnias e Raças e os Estudos Culturais.

Nelson, Treichler e Grossberg (1995, p. 8) definem algumas principais categorias da pesquisa atual em Estudos Culturais: gênero e sexualidade; nacionalidade e identidade nacional; colonialismo e pós-colonialismo; raça e etnia; cultura popular e seus públicos; ciência e ecologia; política de identidade; pedagogia; política da estética; instituições culturais; política da disciplinaridade; discurso e textualidade; história e cultura global numa era pós-moderna. Embora os Estudos Culturais possam ser identificados por essas categorias, elas não os limitam e tampouco conferem seus limites. Quaisquer campos do conhecimento podem ser articulados aos *"cultural studies"*, entre eles os movimentos sociais, sexuais e de gênero, o marxismo, a psicanálise, o pós-estruturalismo.

Para Stuart Hall (1997), é a partir da metade do século XX que a cultura passou a ter uma expressão central na análise e intervenção de todos os aspectos da vida social, em razão de seu caráter associativo e constituinte. Na teorização social, o conceito de cultura adquiriu um amplo poder analítico e explicativo, ao mesmo tempo que se tem aprimorado seu uso na regulação social. Essa abordagem da análise social contemporânea – que coloca (colocou) a cultura num status de centralidade – provocou o que muitas/os intelectuais denominaram de "**virada cultural**".

Interessa-me, sobremaneira, o potencial que os **estudos culturais** possuem de impacto político, na medida em que são capazes de fazer a crítica social das desigualdades culturais e, com isso, "conferir" certa importância e influência sobre **políticas públicas**. Um exemplo desse potencial crítico pode ser visto nas questões sobre HIV/aids: a questão da aids mostra-nos um terreno de estudo, denúncia e contestação dos modelos hegemônicos e tradicionais da sexualidade humana. Uma crítica à luz dos Estudos Culturais pode apontar para a necessidade de se questionar, entre outras coisas, as representações sociais acerca da política sexual do desejo e do prazer; as representações discriminatórias religiosas e a homofobia; as relações de gênero; o sexo seguro; os valores morais (fidelidade, promiscuidade); a hétero e a homossexualidade; a prostituição; as campanhas de redução de danos/riscos; questões de classe e raça.

Mesmo partindo do pressuposto de que toda ação social é cultural, o que significa dizer que "as práticas sociais expressam um significado – são práticas de significação" (Hall, 1997, p. 16), nem sempre as ciências humanas e sociais conferiram à cultura um status epistemológico (conhecimento e conceitualização) central.

Hall (1997) mencionou haver dois aspectos de interpretar a cultura e de ver sua centralidade: um como "substantivo" – que compreende "o lugar da cultura na estrutura empírica real e na organização das atividades, instituições e relações culturais na sociedade, em qualquer momento histórico particular" e outro como uma dimensão "epistemológica" – a "posição da cultura em relação às questões de conhecimento e conceitualização, explicando os modelos teóricos do mundo" (p. 16). Portanto, é a partir da "virada cultural" que a cultura passa a ter uma função de destaque, tanto na análise social quanto na produção do conhecimento científico, compreendida como "campo de luta em torno da significação social" (Silva, 2001, p. 133).

Nesse processo de compreensão da dimensão cultural, a análise do discurso[4] tornou-se especialmente importante, uma vez que possibilitou apreender os diversos significados contidos na prática social, vislumbrando, com isso, as relações de poder e seus modos de regulação. A "virada cultural", assim, "está intimamente ligada a esta nova atitude em relação à linguagem, pois a cultura não é nada mais do que a soma de diferentes sistemas de classificação e diferentes formações discursivas aos quais, a língua recorre a fim de dar significado às coisas" (Hall, 1997, p. 29).

No âmbito intelectual e acadêmico, esse novo campo interdisciplinar de estudo, tendo a cultura como conceito central, passou a ser reconhecido como Estudos Culturais, a partir da década de 1960. Essa nova abordagem passou a considerar que todas as formas de produção cultural necessitam de investigação à luz de outras práticas culturais e das instituições sociais e históricas.[5]

A nova compreensão de cultura passa a reconhecer todas as experiências vividas por uma sociedade, abrangendo "a 'cultura popular', isto é, as manifestações da cultura de massa – livros, tablóides, rádio, televisão, a mídia em geral" (Silva, 2001, p. 132). A concepção de cultura, desenvolvida por Raymond Williams, em *Culture and Society*, publicado em 1958 – conceito este que conferiu ao Centro de Estudos Culturais e Contemporâneos, em Birmingham, "as bases de sua teorização e metodologia", afirmava, em contraste com a tradição literária, que a "cultura deveria ser entendida como o modo de vida global de uma sociedade,[6] como a experiência vivida de qualquer grupamento humano. Nessa visão, não há nenhuma diferença entre, de um lado, as 'grandes obras' da literatura e, de outro, as variadas formas pelas quais qualquer grupo humano resolve suas necessidades de sobrevivência" (Silva, 2001, p. 131). Dessa forma, os Estudos Culturais, ao recusarem a ideia de cultura como aquela que reconhece apenas a "alta cultura", comprometem-se com outras práticas culturais, como as artes, as crenças, os valores, a vida familiar, as relações de gênero, as instituições e as práticas comunicativas da sociedade, relacionando-as às estruturas sociais e históricas.

O conceito de "cultura", apresentado por Stuart Hall como "o terreno real, sólido, das práticas, representações, línguas e costumes de qualquer sociedade histórica específica, bem como as formas contraditórias de 'senso comum' que se enraizaram na vida popular e ajudaram a moldá-lo", adquire especial importância na problematização do estudo das identidades sexuais e de gênero. Isso principalmente se considerarmos que é a cultura o campo social objeto das significações sexuais, objeto de análise dessa representação (como objeto de estudo) e local da crítica e da intervenção política.

Mais recentemente, sob influência do feminismo, os Estudos Culturais têm repensado noções de subjetividade, política, gênero e desejo, mostrando como é potencialmente possível essa possibilidade de articulação das naturezas constitutivas e políticas dos sujeitos e das suas representações, questionando as complexas formas pelas quais as identidades são articuladas, experienciadas e rearticuladas.

Nos anos 1980, os Estudos Culturais, no Centro de Birmingham, mudaram a influência teórica marxista pelo pós-estruturalismo de Michel Foucault e Jacques Derrida. Sob o ponto de vista metodológico, o Centro se dividiu entre duas tendências: as pesquisas de terreno, sobretudo etnográficas, de origem na Sociologia, utilizadas especialmente nos estudos das chamadas subculturas humanas, e, de outro, as interpretações textuais, de origem nos estudos literários, usadas nas análises dos programas de televisão e dos textos de obras consideradas "populares" (cf. Silva, 2001, p. 132).

Hoje, há uma diversidade de perspectivas teóricas e de influências disciplinares nos Estudos Culturais, nos diversos países e centros de estudo, quer sejam por influências marxistas ou pós-estruturalistas, da mesma forma em que as abordagens sociais transitam entre as análises de gênero, ou de raça, ou de sexualidade, ou nas suas interfaces.

Esse novo esforço epistemológico – os Estudos Culturais – não se caracteriza por possuir uma metodologia própria. Para Nelson, Treichler e Grossberg (1995), "a análise textual, a semiótica, a desconstrução, a etnografia, entrevistas, a análise fonêmica, a psicanálise, a rizomática, a análise de conteúdo, o *survey* – todas podem fornecer importantes *insights* e conhecimentos" (p. 10).

Wortmann e Veiga-Neto (2001) afirmam que os diversos campos não disciplinares do conhecimento, surgidos na segunda metade do século XX, podem estar associados a uma área denominada Estudos Culturais do Conhecimento Científico ou Estudos Culturais da Ciência, que abrangeria "uma multiplicidade de investigações em História, Filosofia, Sociologia, Antropologia, Teoria Feminista e Crítica Literária" (p. 8). De modo distinto, cada uma dessas áreas conferiria específico destaque à cultura na construção e produção do conhecimento científico. Nos anos 1970 e 1980, as discussões sobre ciência, tecnologia e sociedade intensificaram-se. Observa-se, cada vez mais, os modos como a Ciência é moldada e influenciada pelos valores sociais, definindo uma área denominada, muitas vezes, de "construcionismo social",[7] em especial por pesquisadoras/es oriundas/os da História e da Antropologia.

Silva (2001) explicita melhor, o entendimento tão comum no campo das ciências humanas, acerca daquilo que é construído socialmente.

> Por influência da chamada "virada lingüística", que caracteriza o pós-estruturalismo, o construcionismo social dos Estudos Culturais está centrado na linguagem. É isso precisamente que o distingue do construcionismo social em geral. Não se trata de uma construção social qualquer, mas daquelas que resultam de práticas e de atos lingüísticos e que resultam em produtos também lingüísticos, discursivos, textuais (p. 98).

Ao evocar Foucault, Silva (2001) articula sexualidade, construção social e discurso.

> [...] Na análise de Foucault, o que interessa na crítica da sexualidade contemporânea, por exemplo, são as formas pelas quais se "fala" a sexualidade. Na perspectiva de Foucault, a sexualidade contemporânea é socialmente construída por meio dos discursos sobre a sexualidade. [...] Foucault estava interessado, sobretudo, não no processo de construção social em geral, mas na construção social de uma coisa bem particular e específica: a verdade (Silva, 2001, p. 98).

Para Wortmann e Veiga-Neto (2001), "na perspectiva dos Estudos Culturais da Ciência, não se atribui às comunidades científicas, sob nenhuma hipótese, autoridade para falar para as demais como uma voz unitária, ou dotada de qualquer tipo de superioridade advinda de suas práticas epistêmicas" (p. 18). Os recentes estudos nessa perspectiva têm deslocado esforços em objetos de investigação – a diferença, significados contestados e identidades –, objetos particularmente importantes na problematização do gênero e da sexualidade, que podem ser vistos tanto como conhecimentos quanto como práticas e formação externas ao conhecimento.

Em todas as discussões empreendidas no campo dos Estudos Culturais, estão, "sempre e necessariamente, implicadas e problematizadas relações assimétricas de poder, força, dominação, controle e prestígio". Essas assimetrias "[...] devem ser entendidas como intrínsecas às relações sociais e culturais" (WORTMANN; VEIGA-NETO 2001, p. 21) que tornam "a cultura um campo contestado de significação" [...] "um jogo de poder" (SILVA, 2001, p. 134).

Neste sentido, os Estudos Culturais apresentam-se como um "local onde a nova política da diferença – racial, sexual, cultural, transnacional – pode ser combinada e articulada em toda sua intensa pluralidade" (LATA MANI *apud* NELSON; TREICHLER; GROSSBERG, 1995, p. 7). Sobre isso, Tomaz Tadeu da Silva (2001) admite que, para concepção pós-estruturalista, a diferença, seja ela considerando o gênero, a sexualidade, a geração, a raça, a nacionalidade, etc., "é essencialmente um processo lingüístico e discursivo", não sendo, portanto, natural, mas "discursivamente produzida". Transportando para a área educacional, nos currículos escolares [...] "as diferenças estão sendo constantemente produzidas e reproduzidas através das relações de poder [...] e não devem ser simplesmente respeitadas ou toleradas" (SILVA, 2000, p. 88). É preciso analisar os "processos pelos quais as diferenças são produzidas através de relações de assimetria e desigualdade" [...]. A diferença deve ser "colocada permanentemente em questão" (p. 89).

Quando Nelson, Treichler e Grossberg (1995, p. 15-16) afirmam que as sociedades e as culturas do pós-guerra e da modernidade foram moldadas por distintos processos, que, mesmo caracterizando condições históricas gerais, tiveram distintas expressões nacionais, enfatizando, nos Estudos Culturais, a noção de transformação social, eles mostram o quanto essa provisoriedade social pode também ser transferida para compreensão da própria teorização cultural. Destacam como fatores dessa transformação a industrialização, a modernização, a urbanização, o surgimento da comunicação de massa, a crescente mercantilização da vida cultural. Há ainda o colapso dos impérios colonialistas e o desenvolvimento de novas formas de imperialismo, a criação de uma economia global e a disseminação mundial da cultura de massa, a emergência de novas formas de migração (por razões econômicas e políticas) e a emergência do nacionalismo e das hostilidades raciais e religiosas.

É exatamente essa articulação sócio-histórica dos Estudos Culturais que faz com que sua problematização seja considerada provisória, mas não menos importante, reflexiva e perturbadora para a escola de hoje.

A análise feminista, o conceito de "relações de gênero" e o currículo da educação sexual

Os estudos feministas, em especial no âmbito acadêmico, no Brasil, consolidaram-se a partir das décadas de 1970 e 1980. No início, os estudos sobre a mulher passaram a se utilizar da categoria "gênero" inspirados no artigo de Joan Scott ("Gênero: uma categoria útil de análise histórica").

O feminismo possibilitou a crítica aos modelos de dominação e subordinação da mulher; demonstrou as desigualdades sociais entre homens e mulheres no acesso ao direito à educação, ao voto, ao patrimônio familiar, à justiça, ao trabalho, a bens materiais etc.; questionou as representações acerca do "ser mulher" e do "ser feminino"; estudou o patriarcado, o machismo e a heteronormatividade e vem demonstrando o caráter de construção social e cultural dessas representações numa sociedade misógina e sexista. Hoje há muitos feminismos. Entretanto, independentemente da abordagem teórica ou da estratégia política, o estudo do poder é central nos Estudos Feministas – quer sejam eles estudos de gênero ou estudos das mulheres.

Sob influência do feminismo, os Estudos Culturais têm repensado noções de subjetividade, política, gênero e desejo, mostrando como é potencialmente possível se estabelecerem pontos convergentes entre os processos constitutivos e políticos dos sujeitos e das suas representações, questionando as complexas formas pelas quais as identidades são articuladas, experienciadas e rearticuladas. Se as identidades sociais são produzidas nas práticas culturais, e essa produção se dá nos processos de produção da diferença, então os significados, sejam eles quais foram (positivos e/ou negativos) podem ser contestados, negociados, transformados.

O campo teórico em que me baseio para discussão do "gênero" – e, portanto, nos trabalhos de educação sexual – é aquele oriundo dos Estudos Feministas (e, portanto, marcadamente político e contemporâneo), que, a partir da chamada "segunda onda" (década de 1960), voltou-se a produções teóricas referentes a questões sociais. Inicialmente (antes do surgimento do termo "gênero"), as estudiosas procuraram explicitar a segregação da mulher no contexto da sociedade patriarcal, descrevendo o espaço doméstico, a opressão e a subordinação femininas. Isso de certa forma acentuou a noção da existência de um "universo feminino" comum, bem como restringiu esses estudos a setores que foram excluídos da vida universitária, acadêmica, científica. Entretanto, Louro (1999) reconhece a importância desses estudos pioneiros:

> [...] eles tiveram o mérito de transformar as até então esparsas referências às mulheres – as quais eram usualmente apresentadas como a exceção, a nota de rodapé, o desvio da regra masculina – em tema central. Fizeram mais, ainda: levantaram informações, construíram estatísticas, apontaram lacunas em registros oficiais, vieses nos livros escolares, deram voz àquelas que eram silenciosas e silenciadas, focalizaram áreas, temas e problemas que não habitavam o espaço acadêmico, falaram do cotidiano, dos sentimentos (Louro, 1999, p. 19).

Os estudos feministas iniciais (assim como os atuais) buscavam mostrar que a desigualdade tinha uma trajetória história marcada por assimétricas relações de poder que construíram (e constroem) o "lugar" social das mulheres. Tais estudos e as questões levantadas por eles buscavam (buscam), assumidamente, a mudança social. Estiveram ancorados em diferentes referenciais explicativos: na psicanálise; no marxismo, no patriarcado, em teorias próprias... Entretanto, o **determinismo biológico** perdurou, em muitas dessas vertentes argumentativas, quase que intocável e inquestionável, ou seja, o entendimento de que "a diferença biológica remetia à diferença sexual e esta, por sua vez, 'justificava' a desigualdade social" (Louro, 1999, p. 20-21).

O conceito "gênero" e o modo como o termo é empregado na educação sexual aqui proposta:

a) entende gênero como estudos relacionados a homens e mulheres, masculinidades e feminilidades;

b) rejeitará o determinismo biológico e concederá ênfase cultural na distinção entre os "sexos", as "sexualidades", as "raças" as "etnias";

c) enfatizará "deliberadamente, a construção social e histórica produzida sobre as características biológicas" (Louro, 1999, p. 22) abandonando, portanto, o conceito de "papéis sexuais";

d) apontará para o caráter relacional e binário entre o masculino e o feminino, entre os homens e as mulheres num processo de

construção social que é recíproco, excludente e assimétrico;
e) questionará o caráter universalizante das explicações ancoradas no determinismo biológico. As condições históricas e culturais de cada sociedade passam a ser determinantes na construção do gênero;
f) assumirá que a constituição dos sujeitos e de suas experiências sociais se combina com outras identidades culturais igualmente importantes (a raça, a etnia, a classe social, a sexualidade, a nacionalidade, a geração, etc.) que posicionam os sujeitos em identidades plurais, não fixas, efêmeras, temporárias, provisórias;
g) assumirá as formulações produzidas por feministas que estabelecem articulações com a perspectiva pós-estruturalista de análise.

Segundo Guacira Lopes Louro (1999), aquelas e aqueles que assumem uma **perspectiva pós-estruturalista** em pesquisa ou em qualquer atitude intelectual,

- criticam os sistemas explicativos globais da sociedade;
- criticam as explicações universais e essencialistas acerca das identidades, dos gêneros, das sexualidades;
- problematizam os modos convencionais de produção e divulgação do que é admitido como ciência;
- questionam a acepção de um poder central e unificado regendo o todo social e
- buscam "desconstruir" o caráter permanente das oposições binárias que constituem a episteme ocidental (dicotomizada, polarizada e hierarquizada) que se refletem no gênero e na sexualidade (Louro, 1999, p. 29).

Uma significativa contribuição dos Estudos Feministas tem sido a crítica à **linguagem de referência no masculino**, especialmente porque oculta as mulheres do cenário social e, indiscutivelmente, dos currículos escolares.[8]

Ao pensarmos no papel das instituições públicas, a escola, por exemplo, foi apontada como um local que contribuiu e contribui para aprofundar as desigualdades e injustiças sociais: primeiro, por "esconder" de seus currículos a multiplicidade das diferenças culturais, e, segundo, por insistir em manter o entendimento de uma normalidade singular.

Em especial, esse ocultamento tem sido mais expressivo em relação aos sujeitos que se constituem em distintas expressões de gênero, das muitas possibilidades de sua sexualidade, dos diferentes modos de assumir seu pertencimento étnico-racial. Referenciais, como a teorização pós-estruturalista, ao problematizar o social, evidenciaram as relações de poder existentes nos processos de construção dos significados culturais chamando a atenção para os múltiplos "aparatos discursivos e lingüísticos" da cultura (Silva, 1994, p. 249) que definem os saberes que interpelam os sujeitos.

Os Estudos Culturais mostraram a cultura como um campo de criação, de movimento, de produção de significados e de expressão de identidades. Marcadores sociais como sexo, gênero, raça, etnia, nacionalidade, sexualidade, religião, etc. passaram a ser vistos como convergentes, em homens e mulheres, tornando-os sujeitos de múltiplas identidades que se agregam, distintamente, em cada pessoa, proporcionando-lhes distintas experiências materiais e subjetivas na vida social.

Se, hoje, mais facilmente, podemos trazer para o interior da escola a educação sexual, devemos isso, em grande parte, às problematizações (e aos efeitos delas) advindas dos muitos movimentos sociais que, mais efetivamente, se organizaram e obtiveram resultados reais, a partir do século XX.

Contribuições dos movimentos sociais e o currículo da educação sexual

1. OS MOVIMENTOS DE MULHERES e os movimentos feministas explicitaram a trama social, histórica e política, que legitima (legitimou) o patriarcado, o sexismo, o machismo, a misoginia. Os estudos de gênero marcaram a sistematização acadêmica e militante de reflexões sobre a hierarquia presente nas relações sociais entre homens e mulheres, homens e homens, mulheres e mulheres.

2. OS MOVIMENTOS LGBTTT – de lésbicas, gays, bissexuais, travestis, transexuais e transgêneros – denunciaram a homofobia, a lesbofobia e a transfobia, organizando a luta por direitos civis, pelo princípio da isonomia nas leis, por dignidade e direitos humanos.

3. OS MOVIMENTOS DE NEGRAS, NEGROS E POPULAÇÕES QUILOMBOLAS discutiram o racismo, questionaram as representações acerca da "democracia racial" e implementaram políticas afirmativas de visibilidade e de inclusão social dessas populações.

4. OS MOVIMENTOS DE POPULAÇÕES INDÍGENAS reivindicaram a demarcação e a regularização fundiária de suas terras; explicitaram a necessidade da promulgação de leis que estabeleçam as relações dos povos indígenas com o Estado e a sociedade brasileira, bem como a formulação e implantação de políticas indigenistas estruturadas junto à Funai.

5. OS MOVIMENTOS DE TRABALHADORAS/ES RURAIS E SEM-TERRA resgataram a discussão sobre as desigualdades sociais na distribuição de renda e de terra, bem como nos efeitos de modelos econômicos para concentração da riqueza, principalmente nos países do Terceiro Mundo.

6. O SURGIMENTO DO HIV/AIDS possibilitou o surgimento de redes de solidariedades que direcionaram políticas públicas de saúde e de educação, com impacto nas práticas sexuais de homens e mulheres, independentemente de sua orientação sexual.

7. OS MOVIMENTOS ECOLÓGICOS enfatizaram a necessidade de se estabelecerem formas alternativas no uso dos recursos naturais e do meio ambiente, denunciando a irracionalidade na ocupação e na exploração do planeta.

8. OS MOVIMENTOS PRÓ-CRIANÇA E ADOLESCENTE concederam a estes o *status* de "sujeitos de direito", trazendo ao cenário social as discussões sobre trabalho infantil, prostituição infantojuvenil, pedofilia, turismo sexual, acesso à educação, mortalidade infantil, idade de responsabilidade penal.

9. OS MOVIMENTOS ÉTNICOS alertaram para a xenofobia crescente e a discriminação expressa na violência contra estrangeiros e "diferentes" de todas as ordens, bem como a íntima relação entre atributos identitários (como origem social, raça e etnia).

10. OS MOVIMENTOS PACIFISTAS E ANTIBELICISTAS têm questionado as inúmeras formas de violência e intolerância, cada vez mais presentes no mundo globalizado, bem como o jogo de interesses econômico e político nos processos de estabelecimento da paz (local e global).

Esses movimentos sociais foram fundamentais não apenas para explicitarem a diferença e as desigualdades, mas para marcarem a contestação e a resistência aos modelos excludentes, singulares e autoritários, possibilitando aos seus sujeitos demandas próprias de reivindicações e de construção de saberes, sobretudo a partir do ato de "falar de si" – a autorrepresentação.

Mas por que "falar de si" tornou-se tão importante na construção de uma sociedade menos desigual? Porque, à medida que mulheres, negros, índias, travestis, gays, lésbicas, quilombolas, profissionais do sexo, cegas/os, cadeirantes, etc. se autorrepresentam e reivindicam seus direitos, estabelece-se um processo cultural de desconstrução dos conceitos negativos que marcavam aqueles sujeitos como inferiores, anormais e subordinados. Todos são sujeitos da História e merecedores de "contar" sua história.

Para Michel Foucault, poder é algo difuso. Todas as pessoas possuem poder em muitos e alternados momentos de sua existência. São os discursos e as muitas narrativas sociais que constroem o status (superior, inferior ou igualitário) de cada identidade. E a escola pode ajudar na construção de uma sociedade mais justa e equânime.

Afinal, para esse contexto de possibilidades históricas, que escola queremos? De que escola precisamos? Como o currículo escolar de hoje reflete as características sociais de um mundo multicultural? Como a educação institucionalizada contemporânea lida com a diferença e, sobretudo, com a afirmação de identidades subordinadas? Como, na educação sexual em todos os níveis de ensino, essas questões podem ser visibilizadas e problematizadas nos currículos? Eis aí nosso desafio para pensar e agir!

Referências

BRASIL. SEF/MEC. *Parâmetros Curriculares Nacionais*. Livro n. 8, Pluralidade Cultural e Orientação Sexual. Brasília: MEC/SEF, 1997.

FOUCAULT, Michel. O sujeito e o poder. In: DREYFUS, H.; RABINOW, P. Michel Foucault. *Uma trajetória filosófica: para além do estruturalismo e da hermenêutica*. Rio de Janeiro: Forense Universitária, 1995, p. 231-249.

FOUCAULT, Michel. *Resumo dos cursos do Collège de France (1970-1982)*. Rio de Janeiro: Jorge Zahar, 1997.

FURLANI, Jimena. *O Bicho vai pegar! Um Olhar pós-estruturalista à Educação Sexual a partir de livros paradidáticos infantis*. 2005. Tese (Doutorado em Educação) Universidade Federal do Rio Grande do Sul, Programa de Pós-Graduação em Educação, Porto Alegre: PPG Edu/UFRGS. 2005a.

FURLANI, Jimena. Gêneros e sexualidades: políticas identitárias na Educação Sexual. In: GROSSI, Miriam Pillar; BECKER, Simone; LOSSO, Juliana C. M.; PORTO, Rozeli M. e MULLER, Rita de C. F. (Orgs.). *Movimentos sociais, educação e sexualidade*. Rio de Janeiro: Garamond, Coleção Sexualidade, Gênero e Sociedade, 2005b, p. 219-238.

FURLANI, Jimena. Pressupostos teóricos e políticos de uma Educação Sexual de respeito às diferença: argumentando a favor de um currículo pós-crítico. Capítulo 3. In: FURLANI, Jimena (Org.). *Educação Sexual na escola: equidade de gênero, livre orientação sexual e igualdade étnico-racial numa proposta de respeito às diferenças*. Florianópolis: UDESC (Fundação Universidade do Estado de Santa Catarina); SECAD / Ministério da Educação, ISBN: 978-85-61136-05-5. 2008, p. 43-57.

GEUSS, Raymond. *Teoria Crítica: Habermas e a Escola de Frankfurt*. São Paulo, Campinas: Papirus, 1988.

HALL, Stuart. A centralidade da cultura: notas sobre as revoluções culturais no nosso tempo. *Educação & Realidade*, Porto Alegre, 22(2), 15-46, jul./dez., 1997.

HALL, Stuart. *Identidade cultural na pós-modernidade*. Rio de Janeiro: DP&A, 2000.

JAPIASSU, Hilton; MARCONDES, Danilo. *Dicionário básico de filosofia*. Rio de Janeiro: Zahar, 1990.

LIBÂNEO, José Carlos. As teorias Pedagógicas Modernas revisitadas pelo debate contemporâneo na Educação. In: LIBÂNEO, José Carlos; SANTOS, Akiko. *Educação na era do conhecimento em rede e transdisciplinaridade*. Campinas: Alínea, 2005, p. 19-62.

LOURO, Guacira Lopes. Gênero, História e Educação: construção e desconstrução. *Educação & Realidade*. Porto Alegre: UFRGS, v. 20, n. 2, p. 101-132, jul-dez. 1995.

LOURO, Guacira Lopes. *Gênero, sexualidade e educação: uma perspectiva pós-estruturalista*. 3. ed. Petrópolis: Vozes, 1999.

LOURO, Guacira Lopes. Gênero, sexualidade e educação: das afinidades políticas às tensões teórico-metodológicas. *Educação em Revista*. Universidade Federal de Minas Gerais. Faculdade de Educação, n. 46, dez., 2007, p. 201-218.

NELSON, Cary; TREICHLER Paula A.; GROSSBERG, Lawrence. Estudos Culturais: uma introdução. In: SILVA, Tomaz Tadeu da (Org.) *Alienígenas em sala de aula: uma introdução aos estudos culturais em educação*. Petrópolis: Vozes, 1995.

NOBRE, Marcos. *A Teoria Crítica*. Rio de Janeiro: Jorge Zahar, 2004.

PETERS, Michael. *Pós-Estruturalismo e filosofia da diferença: uma introdução*. Belo Horizonte: Autêntica, 2000.

SCOTT, Joan Wallach. Gênero: uma categoria útil de análise histórica. *Educação & Realidade*, Porto Alegre, v. 20 (2), p. 71-99, jul./dez., 1995.

SILVA, Tomas Tadeu da. *Documentos de identidade: uma introdução às teorias do currículo*. Belo Horizonte: Autêntica, 2001.

SILVA, Tomas Tadeu da. *Teoria Cultural e Educação: um vocabulário crítico*. Belo Horizonte: Autêntica, 2000b.

SILVA, Tomas Tadeu da. O adeus às metanarrativas educacionais. In: SILVA, Tomaz Tadeu da. (Org.). *O sujeito da educação: estudos foucaultianos*. Petrópolis: Vozes, 1994, p. 247-258.

TASCA, Jádina M. D.; DONATO, Maria Albertina; MACHADO, Maristela dos Santos. Proposta Curricular da Rede Municipal de Criciúma: currículo para diversidade: sentidos e práticas. *Ciências Naturais*. Secretaria Municipal de Educação, p. 146-167, 2008.

WOODWARD, Kathryn. Identidade e diferença: uma introdução teórica e conceitual. In: SILVA, T. T. (Org.). *Identidade & Diferença*. Petrópolis: Vozes, 2000.

WORTMANN, Maria Lúcia Castagna; VEIGA-NETO, Alfredo. *Estudos Culturais da Ciência & Educação*. Belo Horizonte: Autêntica, 2001.

Notas

[1] Este capítulo, de mesmo título, foi publicado no livro FURLANI, Jimena (Org.). *Educação Sexual na escola: eqüidade de gênero, livre orientação sexual e igualdade étnico-racial numa proposta de respeito às diferenças*. Florianópolis: UDESC (Fundação Universidade do Estado de Santa Catarina); SECAD/Ministério da Educação, 2008. ISBN: 978-85-61136-05-5; p. 43-57.

[2] Muitas das reflexões a seguir, acerca das teorizações marxistas, são de minha autoria e estão igualmente contidas no texto da Reforma Curricular da Rede Municipal de Criciúma/SC - 2008, onde atuei como consultora da área temática "Ciências Naturais". Ver TASCA; DONATO, MACHADO (2008).

[3] "**Correntes Políticas do Marxismo**: Marxismo-leninismo (leninismo ou marxismo ortodoxo ou materialismo dialético, a doutrina oficial da União Soviética, após a revolução de 1917); Trotskismo (de Leon Trotsky, defendeu contra o leninismo a teoria da revolução permanente); Manoísmo (desenvolvida por Mao Tsé-Tung, que chegou ao poder na China após a revolução de 1947). **Correntes Teóricas (pensadores e escolas)**: Karl Kautsky (alemão, 1854-1938, defensor de um marxismo revolucionário, contra tendências revisionistas como a de Eduard Bernstein); Georg Lukács (húngaro, 1885-1971, propõe uma interpretação de Marx valorizando suas raízes hegelianas); Karl Korsch (alemão, 1889-1961, enfatiza a base filosófica da teoria social e política de Marx); Max Adler (1873-1937, austro-marxismo, incorporou elementos kantianos à interpretação de Marx); Ernst Bloch

(alemão, 1885-1977, insere o marxismo na tradição do idealismo alemão); Antônio Gramsci (italiano, 1891-1937, fundador do Partido Comunista italiano, desenvolveu uma filosofia da práxis); Louis Althusser (francês, 1918-1990, leitura de Marx numa perspectiva estruturalista); o marxismo de Sartre; o marxismo da Escola de Frankfurt de Adorno, Horkheimer, Benjamin e posteriormente Marcuse e Habermas – análise da sociedade industrial, do capitalismo avançado e de sua produção cultural" (JAPIASSU; MARCONDES, 1990, p. 162).

[4] O termo discurso "refere-se tanto à produção de conhecimento através da linguagem e da representação, quanto ao modo como o conhecimento é institucionalizado, modelando práticas sociais e pondo novas práticas em funcionamento" (HALL, 1997, p. 29).

[5] Segundo Stuart Hall (1997), foi nos anos 1960, com o trabalho de Lévi-Strauss e Roland Barthes, na França, e de Raymond Williams e Richard Hoggart, no Reino Unido, que a "virada cultural" começou a ter um impacto maior na vida intelectual e acadêmica (p. 31). Segundo Silva (2001), os Estudos Culturais, como campo de investigação e teorização, surgiram em 1964, no Centro de Estudos Culturais Contemporâneos, da Universidade de Birmingham, a partir do questionamento da compreensão de cultura dominante na crítica literária britânica. Cultura era sinônimo de "alta cultura" – grandes obras... uma visão elitista e burguesa, privilégio restrito de alguns, que mostrava a incompatibilidade entre cultura e democracia (p. 131).

[6] Stuart Hall (1997), afirmou que passamos, desde a Revolução Industrial, por significativas transformações resultantes de questões sociais, de gênero, de raça, geográficas, históricas e não apenas de classe. Essas mudanças nas culturas da vida cotidiana seriam "o declínio do trabalho na indústria e o crescimento dos serviços e outros tipos de ocupação, com seus diversos estilos de vida, motivações, ciclos vitais, ritmos, riscos e recompensas; o aumento dos períodos de folga e o relativo vazio do chamado 'lazer'; o declínio das perspectivas de 'carreira' e dos empregos vitalícios dando lugar ao que tem sido chamado de 'flexibilidade no emprego', mas que freqüentemente constitui uma questão de desemprego não planejado; as mudanças no tamanho das famílias, nos padrões de diferenças de geração, de responsabilidade e autoridade dos pais; o declínio do casamento numa época de incremento do divórcio, o aumento das famílias uniparentais e a diversificação de arranjos familiares; o envelhecimento da população, com seus dilemas acerca de uma terceira idade mais longa sem a ajuda do cônjuge, sustentada por generosos programas nacionais de seguros, sistemas públicos da saúde e outros sistemas de benefícios estatais; a redução das tradicionais idas à igreja da autoridade dos padrões morais e sociais tradicionais e das sanções sobre as condutas dos jovens; o conflito de gerações em conseqüência da divergência entre jovens e adultos, entre o declínio da ética puritana, de um lado, e o crescimento de uma ética consumista hedonista, de outro" (p. 21-22).

[7] Wortmann e Veiga-Neto (2001, p. 13) posicionam-se favoráveis à utilização do termo "construcionista", em vez de "construtivista", para evitar confusões com a teorização piagetiana sobre a inteligência humana. Neste referencial, os autores discutirão, com base em Hess (1997), que o construcionismo pode adquirir a forma conservadora, moderada (construcionismo cultural e construcionismo social) ou radical (idealismo social ou construcionismo relativista) (p. 14).

[8] Uma análise desconstrutiva acerca da hegemonia da linguagem genérica no masculino é apresentada em Furlani (2003), no artigo "Educação Sexual: possibilidades didáticas" e na página 99 deste livro.

CAPÍTULO 3

Educação sexual para/na infância[1]

Crianças sexualmente saudáveis – Um entendimento

Se considerarmos que a sexualidade (se referindo aqui a suas manifestações e seu desenvolvimento) é um componente humano e, portanto, um assunto de interesse infantil e jovem, então, da escola se espera uma atitude no sentido de garantir, em todos os níveis da escolarização brasileira, seu assumir pedagógico, possibilitando a sua discussão e inclusão curricular.

Na história da educação brasileira, sobretudo nos últimos 30 anos, percebemos que a agenda pedagógica mais crítica alternou as discussões sobre o papel da educação formal, em momentos distintos. [...] Nos anos 1980 prevaleceu a tônica por uma "pedagogia libertadora" que possibilitasse "o desenvolvimento integral da criança"; os anos 1990, definitivamente, "transformam" a criança em "sujeito de direitos" cabendo à escola proporcionar-lhe não apenas o "desenvolvimento para vivência de uma cidadania plena", mas a minimização da exclusão social. A inclusão curricular dos chamados "recursos culturais relevantes" veio ao encontro desta necessidade (FURLANI, 2003, p. 67).

Podemos dizer que a "função social da escola" é tornar-se significativa para a vida das pessoas. Traduz-se essa "função" no "desenvolvimento integral" da criança, na contribuição para vida de uma "cidadania plena", no "minimizar as desigualdades e promover a inclusão social", ou ainda, "democratizar o conhecimento". Independentemente desse ou daquele paradigma pedagógico e político, a inclusão nos currículos escolares da educação sexual me parece óbvia, necessária, desejosa e coerente com uma escola útil à formação integral de crianças e jovens e à sociedade. "As escolas que não proporcionam a educação sexual a seus alunos e alunas estão educando-os parcialmente" (FURLANI, 2003, p. 68).

Quero dar continuidade a esse meu empenho em "justificar" a educação sexual escolar, a partir de Debra Haffner (2005) – uma educadora sexual que, em seu livro *A criança e a educação sexual*, nos apresenta um entendimento sobre o que ela denomina ser:

> Crianças sexualmente saudáveis:
> - São aquelas que se sentem bem com seus corpos;
> - Que respeitam os membros da família e outras crianças;
> - Que entendem o conceito de privacidade;
> - Que tomam decisões adequadas à sua idade;
> - Que ficam à vontade para fazer perguntas;
> - Que se sentem preparadas para a puberdade.
>
> (Fonte: HAFFNER; DEBRA, 2005, p. 20).

- Podemos imaginar que tipo de escola é essa que precisamos ter para que nossas crianças sejam sexualmente saudáveis?

- O que nós, educadoras/es, precisamos proporcionar de atividades para que os conceitos acima possam ser discutidos com nossas crianças?

- "Sentir-se bem", "respeitar", "tomar decisões", "estar preparada"... São aspectos formativos que requerem que tipo de planejamento didático?

- Que tipo de professoras/es precisamos ser? Como deveria ser nossa formação inicial e que direções deveria tomar nossa formação continuada?

- E o que isso tudo tem a ver com o currículo? E com o Projeto Político Pedagógico da escola?

Penso que posso partir do entendimento de Haffner (2005) e perguntar provocativamente a você – professora/or:

Como seria uma escola sexualmente saudável?

Professora/or escreva, abaixo, seu entendimento, antes de prosseguir:

_____
_____
_____
_____
_____
_____
_____
_____

> Uma escola sexualmente saudável discute, dialoga sobre educação sexual com as/os alunas/os, entre as/os professoras/es e demais funcionários e com a família. A equipe escolar inclui esse tema em suas reuniões pedagógicas, cursos e capacitações. A educação sexual está presente no currículo e é trabalhada ao longo do ano, e não apenas quando surge alguma manifestação que leva a direção a chamar alguma/um midiático/o ou especialista para conversar ou ministrar uma palestra. As crianças e os jovens conversam com as/os professoras/es e tiram suas dúvidas. As crianças aprendem a conhecer seu corpo e suas características. A educação sexual é trabalhada no espaço escolar de forma participativa e interdisciplinar, a partir de reflexões decorrentes de experiências e trabalhos teóricos-práticos.
>
> (Texto elaborado por Cláudia Jung - aluna da 7ª fase do curso de Pedagogia, habilitação Educação Infantil, FAED/UDESC, Maio de 2008)

Oito princípios para uma educação sexual na Escola de respeito às diferenças

Mencionei, anteriormente, que procuro fazer a reflexão da educação sexual a partir de referenciais teóricos, como os Estudos Culturais e Feministas, sob a perspectiva pós-estruturalista de análise. O pós-estruturalismo não possui qualquer pretensão em ser propositivo, pragmático. Pelo contrário. Apontar caminhos únicos, dentro deste referencial, pode ser visto por muitas/os de suas/seus tóricas/os como completa incoerência teórica.

Mesmo assim, ao pensar nesses princípios, objetivei "perturbar" aqueles e aquelas que buscam desenvolver uma educação sexual na escola. Longe de terem qualquer pretensão de finitude ou de "receita", são entendimentos que procuram mostrar o quanto os trabalhos pedagógico e docente estão rigorosamente articulados. Essa articulação aponta para "certa coerência" teórica e política. Esses muitos aspectos do trabalho devem ser pensados e permanentemente problematizados a partir de algumas questões:

1ª. Qual a representação que temos sobre o papel da educação e o que deve conter um currículo escolar?

2ª. Qual o nosso entendimento e significados com relação à sexualidade humana?

3ª. O que tem sido discursivamente aceito como sendo próprio para infância e para juventude?

4ª. Com que noção filosófica de existência humana convivemos?

5ª. Qual concepção de vida em sociedade pode ser considerada hegemônica?

6ª. Como a compreensão sobre direitos humanos e respeito às diferenças pode estar presente na escola?

A **LINGUAGEM** utilizada para a explicitação desses oito princípios é (e foi) afirmativa e, propositadamente, escolhida para demonstrar que:

- educar não é um ato neutro;
- há uma íntima relação entre o que pensamos e nossa prática pedagógica;
- toda prática docente é amparada por uma teorização (mesmo que não tenhamos consciência dela);
- a formação docente (os cursos de formação) e a educação continuada deveriam refletir esses pressupostos teóricos e práticos;
- o ato pedagógico é permeado de decisões, escolhas e, portanto, por disputas de saberes e significados;
- precisamos estudar teórica e politicamente o processo educacional para decidir "que tipo de educador/a sexual eu vou ser".

Tudo isso torna a educação sexual uma ação escolar permanentemente pessoal e política.

Princípio 1 – A educação sexual deve começar na infância e, portanto, fazer parte do currículo escolar

Os assuntos discutidos na educação sexual são conhecimentos imprescindíveis à formação integral da criança e da/o jovem. O sexo, o gênero, a sexualidade, a raça, a etnia, a classe social, a origem, a nacionalidade, a religião, por exemplo, são identidades culturais que constituem os sujeitos e determinam sua interação social desde os primeiros momentos de sua existência. A sexualidade é construída discursivamente e se manifesta na infância, na adolescência, na vida adulta e na terceira idade. Educadoras/es parecem aceitar o entendimento hegemônico de que a abordagem da sexualidade deve acontecer apenas na adolescência (5º ao 9º anos do Ensino Fundamental). Esse entendimento educacional é limitado e parece se amparar na ideia de que a "iniciação sexual" só é possível a partir da capacidade reprodutiva (puberdade) pois considera essa "iniciação" apenas o "ato sexual" com parceiras/os. As expressões da sexualidade (entendidas como curiosidade corporal, sensações prazerosas, descobertas individuais e com outras crianças, imitação dos adultos etc.) se iniciam e estão presentes desde as/os bebês. Entender a educação sexual apenas a partir do Ensino Fundamental faz com que a escola esteja sempre atrasada pedagogicamente: primeiro, em relação às expectativas e às práticas sociais das crianças e jovens, e, segundo, em relação à capacidade de o ensino escolar mudar comportamentos a partir da relevância da informação e da discussão que oferece (a informação chega tarde demais).

Princípio 2 – As manifestações da sexualidade não se justificam, apenas, pelo objetivo da "reprodução"

É recente, na história humana, o entendimento de que a criança possui uma sexualidade que pode e deve se expressar. Considerar que esta é uma fase da vida em que a sexualidade está presente é, necessariamente, rever e repensar os objetivos da sexualidade que, até então, aprendemos e/ou nos vêm sendo ensinados. O principal paradigma a ser desconstruído é o entendimento de que a sexualidade, para as pessoas, se justifica pela reprodução. Se a capacidade reprodutiva é uma maturação biológica adquirida no período denominado de puberdade, então o que justifica a sexualidade antes disso – na infância?

A vivência da sexualidade desde a infância está inserida num processo permanente, que inicialmente se justifica pela descoberta corporal, vista como um ato de autoconhecimento. À medida que descobertas sexual-afetivas ocorrem, aumentamos nossa capacidade de socialização e interação interpessoal. As crianças brincam, umas com as outras, experimentam situações, imitam adultos e imitam aquilo que veem no social. As manifestações da sexualidade em crianças, jovens e adultos produzem efeitos. Esses efeitos nos permitem compreender os significados culturais dessas práticas e as normas e regras da vida em sociedade, construídas discursivamente na cultura. A descoberta corporal e afetiva, individual ou com parceiras/os, permite a obtenção de sensações prazerosas. A presença dessas sensações prazerosas é fator importante para que cada um de nós alcance um estado de gratificação física, psíquica e emocional. A permanência desse estado possibilita a realização pessoal pelo estabelecimento de relacionamentos adultos, duradouros e felizes (tanto entre pessoas do sexo oposto quanto entre pessoas do mesmo sexo).

A maternidade e a paternidade são escolhas pessoais e integram o projeto de vida de cada pessoa, e isso é independente de ela ter ou não capacidade reprodutiva.

Princípio 3 – A descoberta corporal é expressão da sexualidade

Brincar com os genitais é uma etapa desse aprendizado, presente na infância. Comumente, na educação infantil, as crianças manipulam seus genitais – o que causa, muitas vezes, embaraço e constrangimento na escola. Este ato faz parte de um processo universal, esperado e benéfico do aprendizado infantil da sexualidade. A escola pode educar a criança a aprender noções acerca de intimidade e privacidade pessoal, entendendo o momento e o local apropriado para tais manifestações. Há uma grande diferença entre "educar para a negação-proibição" da sexualidade e "educar para a positividade-consentimento" das expressões sexuais. Consentir significa orientar a criança e a/o jovem para que entendam e aprendam o local e o momento adequados para manifestar sua sexualidade e os efeitos coletivos dessas escolhas. A sexualidade da criança pode ser, sempre, educada (e não reprimida). A repressão é sempre um ato autoritário adulto que pode significar: sua escolha política e ideológica por um tipo de educação; ou sua ignorância (desconhecimento) pedagógico de como essa educação sexual pode ser realizada.

A atitude de uma vida sexual responsável e preventiva, em relação a uma suposta gravidez indesejada na adolescência ou a vulnerabilidades às ISTs, por exemplo, é algo extremamente desejável, hoje, para as gerações jovens. Penso que essa atitude futura, sem dúvida, é mais possível quando questões sobre corporalidade, diferenças pessoais, diversidade corporal-estética, autonomia sobre o desejo, responsabilidade nas práticas sexuais, relações de poder nos relacionamentos (questões de gênero) são abordadas com crianças, nos anos finais da Educação Infantil (4 e 5 anos) e nos primeiros anos do Ensino Fundamental (6 e 7 anos).

Princípio 4 – Não deve haver segregação de gênero nos conhecimentos apresentados a meninos e meninas; portanto, a prática pedagógica da educação sexual deve acontecer sempre em coeducação

Coeducação significa um ensino misto onde se prioriza a convivência entre meninas e meninos, que desenvolvem as atividades pedagógicas, juntos. A coeducação garante a existência de momentos específicos para cada sexo, mas, assumidamente, entende como fundamental a convivência mútua. É por meio da socialização do conhecimento, sem nenhuma restrição decorrente do sexo, que a escola pode ser, inquestionavelmente, democrática. A convivência mútua e o compartilhamento de experiências subjetivas e materiais são um modo de meninos e meninas, rapazes e moças, homens e mulheres conhecerem e questionarem as desigualdades de gênero, respeitando-se mutuamente e colocando em xeque os pressupostos que legitimam o sexismo, o machismo e a misoginia. Considerar que certos assuntos e/ou informações dizem respeito apenas a meninas (ou a meninos) é contribuir para um modelo de educação parcial e fragmentado que tende a legitimar as desigualdades nas relações de gênero, privar as crianças de informações e fragilizar o entendimento de "uma escola que desenvolve integralmente suas crianças". Volto a essa discussão no Capítulo 5 deste livro.

Princípio 5 – Meninas e meninos devem/podem ter os mesmos brinquedos

Para que servem os brinquedos infantis?

Eles estão relacionados, primeiro, com o aprendizado específico de habilidades e de atitudes nas crianças, e, segundo, com a socialização e com a imitação de atividades humanas adultas. Portanto, a principal função dos brinquedos infantis é o seu caráter pedagógico, ou seja, o conjunto de aprendizados que eles proporcionam para o desenvolvimento integral de meninas e meninos.

Quando as crianças, meninas e meninos, têm a oportunidade de interagir, de manipular, de recriar os mais variados brinquedos (como brincar de "casinha" ou de "carrinho"), elas:

a) adquirem aptidões específicas, por exemplo: coordenação motora, reflexos, visão lateral...;
b) exercitam capacidades como desenvoltura no trânsito, controle das emoções, iniciativa, segurança, assertividade, responsabilidade, confiança...;
c) experimentam atividades sociais adultas de "ser": mãe, pai professora, professor, irmã mais velha, irmão mais velho, tutor, responsável, etc.

Assim, como na prática de diferentes esportes, os brinquedos infantis, definidos como sendo "de meninas" ou "de meninos", são construções culturais arbitrárias. É a cultura que "define" que meninas e meninos possuem brinquedos específicos/diferentes, e muitas mães e pais, professoras e professores, acreditam que essa definição lúdica determina, por exemplo, a sexualidade futura da criança (em especial, aquilo que alguns adultos consideram "mais problemático", ou seja, a orientação sexual da criança). Essa relação não é verdadeira? Não é o brinquedo infantil que determina a orientação sexual de uma criança.

O contexto social, ao construir o que é próprio do sexo (menina ou menino), inventa os atributos de gênero (feminino ou masculino). Essa construção cultural, geralmente, é limitada e engessa o aprendizado das crianças, sobretudo quando nós, professoras e professores (ou mães, pais, responsáveis), nos apegamos às construções rígidas de gênero, considerando não adequado que meninos brinquem "de casinha", por exemplo. Ao sucumbir às construções de gênero arbitrárias, ao limitar a interação das crianças com os diferentes brinquedos, nós promovemos uma **segregação pedagógica ao aprendizado** e ao desenvolvimento da criança. Acreditar que os brinquedos infantis possuem gênero é limitar o acesso das crianças a eles; repito: é segregar, pedagogicamente, meninas e meninos do aprendizado, do desenvolvimento de habilidade, da experimentação de papéis adultos, da interação com a tecnologia, etc. Brinquedos devem ser vistos como "brinquedos de criança", e não "de meninas" ou "de meninos".

> *Princípio 6 – A linguagem plural, usada na educação sexual, deve contemplar tanto o conhecimento científico quanto o conhecimento familiar/popular/cultural*

A escola deve considerar igualmente válidos os **saberes populares** (inclusive o senso comum) e os saberes sistematizados pela humanidade ao longo de sua história (o **saber científico**). Ambos são constituintes das experiências dos sujeitos e são expressões da multiplicidade linguística sociocultural humana. Na educação sexual as crianças e jovens aprendem os nomes dos genitais e das partes do corpo, numa associação com a nomenclatura ensinada na família. Esse entendimento, de respeito e de reconhecimento da multiplicidade, é um primeiro e simples passo para a compreensão da diferença como algo positivo. Nesse sentido, a escola pode pensar em utilizar a **linguagem sempre no plural**, para se referir, por exemplo, aos muitos tipos de famílias, às muitas formas de amar, aos muitos modos de ser mulher e homem, etc.

> *Princípio 7 – Há muitos modos de a sexualidade e o gênero se expressarem em cada pessoa; portanto, eu posso ter alunas/os se constituindo homossexuais*

O afeto e a atração erótica entre pessoas do mesmo sexo (conhecido como orientação sexual da pessoa) talvez seja o aspecto da sexualidade humana, ainda hoje, mais difícil de ser aceito e compreendido por muitas pessoas, entre elas educadoras/es. A homossexualidade, a partir do século XVIII, foi enfaticamente significada por discursos e instituições (ciência médica e Igreja) que estiveram voltados a legitimar, como normais, apenas a heterossexualidade e a reprodução. Hoje, a instituição médica (que considerou a homossexualidade doença e desvio sexual no século XVIII) afirma ser o sentimento afetivo entre pessoas do mesmo sexo uma possibilidade de expressão legítima da sexualidade humana (ver Furlani, 2009).

Ressignificar esse sentimento negativo (de preconceito e discriminação) e considerar essa sexualidade como positiva são um desafio para a escola. Essa tentativa, somada aos esforços de questionar o racismo (por exemplo), é uma atitude política daquelas/es que buscam uma sociedade mais igual, de paz, de solidariedade, menos violenta, que reconhece os direitos humanos e as diferenças pessoais como positivos e benéficos.

> *Princípio 8 – A educação sexual pode discutir valores como respeito, solidariedade, direitos humanos*

...E, assim, questionar preconceitos. Sempre que possível, as atividades programadas devem levar as crianças e os jovens a refletirem sobre a importância de considerar "o outro", "o diferente" como algo bom, desejável. Essa educação pode ser vista como uma forma de a escola contribuir para a diminuição das desigualdades sociais, na busca pela paz, contra as muitas formas de exclusão baseadas:

- no sexo (o sexismo e o machismo);
- no gênero (a misoginia, a transfobia);
- na raça (o racismo);
- na etnia (o etnocentrismo);
- na sexualidade (a homofobia, a lesbofobia);
- na origem e na classe social (a xenofobia).

Resgatar valores humanos e considerar a diferença como positiva é contribuir para uma sociedade onde as pessoas sejam, efetivamente, mais felizes. Portanto, o conceito de "valores" pode ser visto como o conjunto de preceitos ou princípios humanos definidos na sociedade e baseados em entendimentos éticos, coletivamente tidos como válidos, bons. Em certa medida, pode ser entendido como "direitos humanos" ou sentimentos relevantes para o bem comum.

Referências

FURLANI, Jimena. Educação sexual: possibilidades didáticas. In: LOURO, Guacira Lopes; NECKEL, Jane Felipe; GOELLNER, Silvana V. (Orgs). *Corpo, gênero e sexualidade: um debate contemporâneo na educação.* Petrópolis: Vozes, 2003, p. 66-81.

FURLANI, Jimena. *Mitos e tabus da sexualidade humana: subsídios ao trabalho em Educação Sexual.* 3. ed. 1. reimp. Belo Horizonte: Autêntica, 2009.

HAFFNER, Debra W. *A criança e a educação sexual.* Lisboa: Presença, 2005.

Nota

[1] Este capítulo, de mesmo título, foi publicado no livro FURLANI, Jimena (Org.). *Educação Sexual na escola: eqüidade de gênero, livre orientação sexual e igualdade étnico-racial numa proposta de respeito às diferenças.* Florianópolis: UDESC (Fundação Universidade do Estado de Santa Catarina); SECAD / Ministério da Educação, 2008. ISBN: 978-85-61136-05-5; p. 58-63.

CAPÍTULO 4

Meu nome tem uma origem, e eu me orgulho dela – As crianças do livro explicitam diferenças identitárias[1]

Orgulho... Tenho orgulho do que sou e dos meus atributos identitários!

Durante o processo de concepção e produção deste livro, defini que este material didático seria destinado às professoras e aos professores, e também às crianças e aos jovens. Para isso, ele aproveitaria para visibilizar as crianças de que falava e suas diferenças identitárias.

Além desse entendimento de multiplicidade, as inúmeras identidades culturais que marcam os distintos sujeitos sociais seriam apresentadas como uma assumida estratégia política de construir, sobre elas, uma representação positiva. Promover a visibilidade positiva de mulheres e homens, negras, negros, homossexuais, feministas, pacifistas, ativistas políticos, indígenas, etc. é um primeiro passo para a reflexão e a superação dos mecanismos objetivos e subjetivos que constroem as mais diversas formas de preconceitos, discriminação e exclusão sociais.

Da esquerda para a direita: Lélia, Renato, Alfredo (com a cachorrinha Tami-Tami), Patrícia, Eliane (com a cachorrinha Sapeca) e Herbert.

No momento em que as representações negativas começam a ser fragilizadas é que as pessoas começam a considerar que a convivência múltipla na sociedade pode ser algo bom, benéfico e igualmente positivo. Ao mostrar que cada sujeito possui um nome que tem uma história – a história de vida de seu personagem –, busco promover uma cultura de respeito às diferenças, pautada por uma ética educacional, acima de tudo, garantida pelo direito à vida, pelo direito à integridade física, pelo direito à dignidade humana, pelo direito de ser diferente.

A Lei n.º 10.639/2003 incluiu no currículo oficial da Rede de Ensino (educação fundamental e média, escolas públicas e particulares) a obrigatoriedade do ensino de História e Cultura Afro-Brasileira (Art. 26-A). Em 2008, a Lei n.º 11.645/2008 altera a abrangência da lei, estabelecendo novas diretrizes e bases da educação nacional, para incluir no currículo oficial da Rede de Ensino a obrigatoriedade da temática História e Cultura Afro-Brasileira e Indígena.

> § 1º O conteúdo programático [...] incluirá diversos aspectos da história e da cultura que caracterizam a formação da população brasileira, a partir desses dois grupos étnicos, tais como o estudo da história da África e dos africanos, a luta dos negros e dos povos indígenas no Brasil, a cultura negra e indígena brasileira e o negro e o índio na formação da sociedade nacional, resgatando as suas contribuições nas áreas social, econômica e política, pertinentes à história do Brasil (Lei n.º 11.645, de 10 de março de 2008, Art. 26-A, § 1o).

"Resgatar a contribuição" é visibilizar sujeitos e seus feitos sociais a partir de representações positivas. Toda visibilidade está relacionada a um processo complexo; um processo de reconhecimento identitário, de desenvolvimento de um positivo senso de pertencimento, de valorização humana e de resgate da autoestima, de construção de um orgulho pessoal e coletivo capaz de impulsionar as pessoas. Essas pessoas são múltiplas em gênero, em sexualidade, em raça, em etnia, em condição física, em origem social. Essas pessoas são crianças, são jovens, são adultos, e a representação identitária positiva é um passo importante à resistência dos modelos excludentes e à construção de uma sociedade mais justa, mais diversa, mais equânime na oferta e na exigência de direitos e deveres civis e políticos para todas/os.

Entendo que a educação sexual de respeito às diferenças pode contribuir para construção dessa sociedade da paz, da justiça, da igualdade política e representacional... de cidadãos e cidadãs felizes.

Ao encontro desse entendimento sugiro para o trabalho na escola, o livro *Na minha escola todo mundo é igual*, de Rossana Ramos (2004). Trata-se de um recurso paradidático que apresenta, através de interessantes ilustrações (de Priscila Sanson), o universo da diversidade na escola. O texto explicita crianças com deficiências físicas, auditivas e de fala; crianças com dificuldades de aprendizagem, com síndrome de down, autista; crianças de diferentes padrões estéticos (magra, gorda); de diferentes classes sociais (rica, pobre); de diferentes nacionalidades, e até "um que gosta do outro igual" – fazendo uma alusão à homossexualidade.

A autora conclui com uma reflexão para todas/os nós: "Aqui vai um belo conselho... Que só leva um segundo... Quem não respeitar o outro... Não tem lugar neste mundo" (Ramos, 2004, p. 18).

> Na minha escola se aprende
> Que não existe perfeição
> E o que todos nós precisamos
> É de carinho e atenção
> Que bom se todo o mundo
> Pudesse entender direito
> Que tudo fica mais fácil
> Sem esse tal do preconceito
>
> (RAMOS, 2004, p. 17)

A seguir, as seis crianças deste livro contam a origem de seus nomes com orgulho e sensibilidade, visibilizando sujeitos de diferentes identidades, diferentes histórias de vida e importância para o nosso país.

Referências

HAFFNER, Debra W. *A criança e a educação sexual*. Lisboa: Presença, 2005.

LUNA, Maria; PIRES, Thereza. Mulheres II. Patrícia Galvão. Disponível em: <http://www.lunaeamigos.com.br/cultura/mulherespatriciagalvao.htm>. Acesso em: 20 jun. 2011.

RAMOS, Rossana. *Na minha escola todo mundo é igual*. 4. ed. São Paulo: Cortez, 2004.

Nota

[1] Este capítulo, de mesmo título, foi publicado no livro FURLANI, Jimena. (Org.). *Educação Sexual na escola: eqüidade de gênero, livre orientação sexual e igualdade étnico-racial numa proposta de respeito às diferenças*. Florianópolis: UDESC (Fundação Universidade do Estado de Santa Catarina); SECAD / Ministério da Educação, 2008. ISBN: 978-85-61136-05-5; p. 58-63.

Olá, pessoal! Meu nome é **Lélia**

Meu pai e minha mãe escolheram este nome para homenagear **Lélia de Almeida Gonzalez**. Ela nasceu em 1º de fevereiro de 1935, em Belo Horizonte, Minas Gerais. Filha de um homem negro e de uma mulher de origem indígena. Foi em 1942 para o Rio de Janeiro onde, mais tarde, se graduou em História e Filosofia, pela Universidade do Estado do Rio de Janeiro (UERJ). Fez mestrado em Comunicação pela Universidade Federal do Rio de Janeiro (UFRJ) e doutorado em Antropologia Social pela Universidade de São Paulo (USP). No espaço acadêmico desenvolveu pesquisas temáticas relacionadas às mulheres e às populações de negros e negras. Foi professora de várias universidades e escolas.

Destacou-se na vida política, nos anos de 1970, como participante na fundação do Movimento Negro Unificado (MNU) e do Instituto de Pesquisas das Culturas Negras (IPCN). Fundou, com outras companheiras o Nzinga – Coletivo de Mulheres Negras e foi membro do primeiro Conselho Nacional dos Direitos da Mulher. Participou ativamente de inúmeros congressos nacionais e internacionais e foi primeira-suplente de deputado federal (PT) em 1982, e suplente de deputado estadual (PDT), em 1986. Engajou-se na luta contra o racismo e sexismo na década de 1970 – um período histórico marcado pela forte repressão do governo militar brasileiro.

Nas inúmeras viagens, no Brasil e no exterior (EUA, países da África, da América Central, do Caribe e da Europa), denunciou o mito da democracia racial brasileira e o regime de exclusão perpetrado para o povo negro no Brasil. Sua meta era, enquanto intelectual e ativista, oferecer instrumentos práticos e teóricos questionadores das muitas opressões vividas pela maioria da população negra brasileira. Incentivadora ardorosa das manifestações culturais de raízes africanas participou de carnavais do Grêmio Recreativo de Arte Negra e Escola de Samba Quilombo. Ajudou a fundar o Olodum (bloco afro de Salvador), com o qual mantinha intercâmbio constante. Jurada de escolas de samba no Rio de Janeiro.

Lélia Gonzalez morreu de problemas cardíacos aos 59 anos, em 10 de julho de 1994.

Texto elaborado pela Profa. Jimena Furlani e gentilmente revisado por Ana Maria Felippe (Coordenadora-Geral) e Vilma Piedade (Coordenadora de Gênero e Raça) do Memorial Lélia Gonzalez, em 30 de junho de 2008.

"Lélia foi, sem dúvida, responsável pela introdução do debate sobre o racismo nas universidades brasileiras, além de ter entoado a palavra negra brasileira nos mais importantes fóruns internacionais de luta contra o racismo. Tornou-se referência não só da luta negra como também da luta feminista no Brasil e no exterior. Com fundamentação e determinação, Lélia Gonzalez sabia, como ninguém, conjugar filósofos, sociólogos, antropólogos, psicanalistas, integrando o pensamento de Malcolm X, Frantz Fanon, Steve Biko, Nelson Mandela e muitos outros em suas reflexões, palestras, conferências nacionais e internacionais. Com voz firme e forte, falando em bom 'pretoguês' (como fazia questão de afirmar), em inglês, francês e espanhol, quando necessário, Lélia conduzia seus ouvintes a uma viagem através dos antigos Impérios egípcios, gregos, romanos, passando pela cosmopolita Nova York e, muitas vezes, terminando na favela da Rocinha ou da Mangueira. Fazia isso no sentido de demonstrar uma articulação universal do próprio ser humano, ao mesmo tempo que identificava e ressaltava a grandiosidade do povo negro."

(FELIPPE, 2005. Disponível em: <http://www.leliagonzalez.org.br>).

Fonte: Acervo do Memorial Lélia Gonzalez. Gentilmente cedida por Januário Garcia.

Axé Muntu!*

*Expressão de saudação criada por Lélia, misturando as línguas ioruba ("axé" – poder, força, energia, tudo de bom) e kimbundo ("muntu" – gente) (FELIPPE, 2005).

Olá, pessoal! Meu nome é **Herbert**

Minha mãe escolheu este nome para mim para homenagear **Herbert José de Souza, o Betinho**. Assim como ela, Betinho era sociólogo. Ele nasceu em 3 de novembro de 1935, em Minas Gerais.

Sua vida foi marcada pela militância nos movimentos estudantis (anos 1960), nos pioneiros impulsos de renovação do cristianismo, nas campanhas contra a fome e na reforma agrária, na luta contra os regimes militares latino-americanos. Esteve exilado, lutou pela anistia política e contra o vírus da aids. Betinho sempre abriu caminhos contra diversas formas de medo e autoritarismo. Com o golpe de 1964, passou a atuar na resistência contra a ditadura militar, dirigindo organizações de cunho democrático. No começo da década de 1970, foi para o exílio. Morou no Chile: deu aula na Facultad Latinoamericana de Ciencias Sociales, em Santiago, e atuou como assessor do presidente Allende. Conseguiu escapar do golpe militar do general Pinochet, indo para a embaixada do Panamá, em 1974. Seguiu depois para o Canadá e o México.

Exerceu, nessa época, diversos cargos, como o de diretor do Conselho Latino-Americano de Pesquisa para a Paz (IPRA), consultor para a Food and Agriculture Organization of the United Nations (FAO – Organização para Alimentação e Agricultura das Nações Unidas) sobre projetos e migrações na América Latina e coordenador do Latin American Research Unit (LARU), entre outros. Com o crescimento dos movimentos pela democratização dos meios de comunicação no Brasil, seu nome tornou-se um dos símbolos da campanha pela anistia. Em 1979, voltou ao Brasil e entrou nas lutas sociais e políticas, sempre se propondo a ampliar a democracia e a justiça social.

Desempenhou um papel decisivo na articulação da Campanha Nacional pela Reforma Agrária, em 1983. Em 1992, assumiu uma das lideranças do Movimento pela Ética na Política, que culminou no impeachment do então presidente Fernando Collor de Mello, em setembro do mesmo ano. Terminada a batalha do impeachment, Betinho abraçou a Ação da Cidadania contra a Miséria e Pela Vida. A campanha contra a fome ganhou as ruas em 1993 e chegou ao final daquele ano com total aprovação da sociedade – 96% de concordância, segundo o Ibope.

Betinho nasceu hemofílico, como seus dois irmãos, o cartunista e humorista Henfil e o compositor Francisco Mário. Os três contraíram o vírus da aids por transfusão de sangue. No começo de 1988, seus dois irmãos morreram, mas Betinho agregou, em sua luta pela liberdade, a denúncia de uma epidemia que mexe em temas como medo, sexualidade e morte. Sua presença nos meios de comunicação transformou-o em símbolo das vítimas da aids e da luta pela saúde da população. Em 1986, fundou a Associação Brasileira Interdisciplinar de aids (ABIA).

Dois momentos marcantes: a "Caminhada pela Paz" do Movimento Reage Rio, em novembro de 1995; e o desfile no carnaval de 1996, quando Betinho foi enredo da escola de samba Império Serrano, cujo tema foi: "E verás que um filho teu não foge à luta".

Herbert de Souza morreu em sua casa, no bairro do Botafogo, no Rio de Janeiro, dia 9 de agosto de 1997, com 61 anos de idade, vítima da hepatite C. Em 11 de agosto, o corpo do sociólogo foi cremado a seu pedido, e as cinzas espalhadas em seu sítio em Itatiaia.

Ele é o símbolo da determinação e do trabalho incansável pela cidadania, pela restauração da verdadeira democracia participativa, pela valorização da solidariedade e dos direitos humanos em uma sociedade injusta. Nunca deixou de pautar a sua vida pela simplicidade e honestidade de propósitos na participação política, no envolvimento social e na defesa dos direitos humanos.

Fonte: bp2.blogger.com

Biografia escrita pela Profa. Jimena Furlani. Texto final gentilmente revisado e autorizado por Maria Nakano (viúva de Betinho) e Henrique Nakano, em 3 julho 2008.

Olá, pessoal! Meu nome é **Eliane**

Minha mãe e meu pai escolheram este nome para homenagear **Eliane Potiguara.**

Ela nasceu em 1950; é escritora indígena, mulher da etnia potiguara. Formada em Letras (Português-Literatura), licenciada em Educação pela Universidade Federal do Rio de Janeiro, com especialização em Educação Ambiental pela UFOP. Participou de vários seminários sobre Direitos Indígenas na ONU, em organizações governamentais e ONGs nacionais e internacionais. Eliane, foi nomeada uma das Dez Mulheres do Ano de 1988, pelo Conselho das Mulheres do Brasil. Em 2005, foi uma das 52 brasileiras indicadas para o Projeto Internacional Mil Mulheres Para o Prêmio Nobel da Paz, juntamente com três outras mulheres indígenas.

Criou a primeira organização de mulheres indígenas no país – o Grupo Mulher-Educação Indígena (GRUMIN); trabalhou pela educação e integração da mulher indígena no processo social, político e econômico no país e na elaboração da Constituição Brasileira de 1988. Seu trabalho político-social teve o reconhecimento e o apoio: da ASHOKA (Empreendedores Sociais) em 1989; de Betinho/Instituto Brasileiro de Análises Sociais e Econômicas (IBASE) e de recursos do Programa de Combate ao Racismo (o mesmo que apoiava Nelson Mandela).

Em 1990, foi a primeira mulher indígena a conseguir uma Petição n. 47 – Congresso dos Índios Norte-Americanos, no Novo México, para ser apresentado às Nações Unidas. Nesse Congresso, havia mais de 1.500 índios, e sua presença lhe credenciou a participar da elaboração da Declaração Universal dos Direitos Indígenas, na ONU, em Genebra. Graças a isso, recebeu, em 1996, o título Cidadania Internacional, concedido pela filosofia Iraniana "Baha'i" – uma entidade que trabalha pela implantação da Paz Mundial. Sempre foi defensora dos direitos humanos. Foi criadora do primeiro jornal indígena, de boletins conscientizadores e cartilhas de alfabetização indígena, com o referencial de Paulo Freire, trabalho este que teve o apoio da UNESCO.

No final de 1992, por seu espírito de luta, traduzido em seu livro *A terra é*

a mãe do índio, foi premiada pelo PEN CLUB da Inglaterra, no mesmo momento em que Caco Barcellos (autor do livro Rota 66) e ela estavam sendo citados na lista dos "Marcados para Morrer", anunciados no Jornal Nacional da Rede Globo de Televisão, para todo o Brasil, por terem denunciado esquemas duvidosos e violação dos direitos humanos e indígenas. Em 1995, na China, no Tribunal das Histórias Não Contadas e Direitos Humanos das Mulheres/Conferência da ONU, Eliane Potiguara narrou a história de sua família, que emigrou das terras paraibanas nos anos 1920 por ação violenta dos neocolonizadores, e as consequências físicas e morais dessa violência à dignidade histórica de seu bisavô, avós e descendentes. Contou, também, o terror físico, moral e psicológico pelo qual passou ao buscar a verdade, além de sofrer abuso sexual, violência psicológica e humilhação, por ser levada pela Polícia Federal, por estar defendendo os povos indígenas, seus parentes, do racismo e exploração.

Eliane, no governo de Fernando Henrique Cardoso, foi Conselheira da Fundação Palmares/Minc, é Fellow da organização internacional Ashoka, dirigente do Grumin e membro do Women's Writes World. Eliane esteve presente em 56 fóruns internacionais e em mais de 100 nacionais. Em 2001, participou da Conferência Mundial contra o Racismo, na África do Sul, e em 2004, do Fórum sobre Povos Indígenas, em Paris. Em 2005, recebeu do governo brasileiro o Título de Cavaleiro da Ordem ao Mérito Cultural. Em 2021, foi a primeira mulher indígena, no Brasil, a receber o título de Doutora *Honoris Causa*, pela UFRJ. É autora de vários livros infantis e textos, pensamentos e poesias em antologias nacionais e internacionais. Seu livro *A Terra é a mãe do índio* (GRUMIN EDIÇÕES, 2019) ganhou o Prêmio PEN CLUB, na Inglaterra. Para acessar seus livros: www.elianepotiguara.org.br.

Foto: Ana Marina Coutinho/Departamento Comunicação da UFRJ.

Biografia organizada pela Profa. Jimena Furlani. Texto biográfico conferido e autorizado pela própria Eliane Potiguara, em 25 de janeiro de 2023.

Olá, pessoal! Meu nome é **Alfredo**

Minhas duas mães escolheram este nome para homenagear um grande e importante artista brasileiro: **Alfredo da Rocha Vianna Filho – o Pixinguinha**. Ele nasceu no Rio de Janeiro em 23 de abril de 1897. Seu nome mistura palavras do dialeto africano "Pizin" "Din" ("menino bom"). Neto de africanos, tocou primeiro cavaquinho, depois uma flautinha de folha, acompanhando o pai que tocava flauta. Aos 12 anos, compôs sua primeira obra, o choro "Lata de Leite". Aos 13, gravou seus primeiros discos no conjunto Choro Carioca. Aos 14, estreou como diretor de harmonia e passou a fazer parte do grupo Trio Suburbano. Aos 15, já tocava profissionalmente em casas noturnas, cassinos, cabarés e teatros. Em 1917, gravou a primeira música de sua autoria, a valsa "Rosa", sendo que esta se tornou mais conhecida em 1937, quando foi gravada por Orlando Silva.

Aos 20 anos (em 1919), formou o conjunto Os Oito Batutas (flauta, viola, violão, piano, bandolim, cavaquinho, pandeiro e reco-reco), criado para sonorizar os cinemas. O povo aglomerava-se na calçada só para ouvi-los. Além de ter sido pioneiro na divulgação da música brasileira no exterior, adaptando para a técnica dos instrumentos europeus a variedade rítmica produzida por frigideiras, tamborins, cuícas e agogôs, Os Oito Batutas popularizou instrumentos afro-brasileiros, até então conhecidos apenas nos morros e terreiros de umbanda, e abriu novas possibilidades para os músicos populares.

Em 1937, quando Orlando Silva gravou suas músicas "Rosa" e "Carinhoso", ele já era um personagem famoso nacional e uma das figuras principais das rodas de choro na famosa casa de Tia Ciata (Hilária Batista de Almeida), onde o choro ocorria na sala e o samba, no quintal. Os Oito Batutas em janeiro de 1922, embarcaram para a França, tocando em casas como o cabaré Sheherazade. Em Paris Pixinguinha ganhou de Arnaldo Guinle o saxofone que iria substituir a flauta no início da década de 1940.

No Brasil, o extraordinário músico brasileiro casou-se (1927) com Albertina da Rocha, a D. Betty, então estrela da Companhia Negra de Revista. Tiveram um filho em 1935, Alfredo da Rocha Vianna Neto, o Alfredinho. Como flautista, arranjador e regente do Grupo Velha Guarda (1932), fez gravações com grandes cantores, como Carmen Miranda, Sílvio Caldas e Mário Reis. Diplomou-se em Teoria Musical no Instituto Nacional de Música (1933). Foi nomeado para o cargo de Fiscal de Limpeza Pública (1933).

Em novembro de 1957, foi um dos convidados do presidente Juscelino Kubitschek para almoçar com o grande trompetista Louis Armstrong no Palácio do Catete. Em 1958, seu conjunto da Velha Guarda foi o escolhido pela revista *O Cruzeiro* para recepcionar os jogadores da Seleção brasileira – campeões na Copa do Mundo da Suécia. Pixinguinha recebeu o Prêmio da Cidade de São Sebastião do Rio de Janeiro (1958), diploma concedido ao melhor arranjador pelo Correio da Manhã e pela Biblioteca Nacional. Durante sua vida, recebeu cerca de 40 troféus. Recebeu a Ordem de Comendador do Clube de Jazz e Bossa (1967), o Diploma da Ordem do Mérito do Trabalho, conferido pelo Presidente da República e o 5º lugar no II Festival Internacional da Canção, onde concorreu com o choro "Fala baixinho" (1964), feito em parceria com Hermínio B. de Carvalho.

Pixinguinha morreu no dia 17 de fevereiro de 1973.

Fonte: Coleção Pixinguinha. Acervo do Instituto Moreira Salles.

Biografia elaborada pela Profa. Jimena Furlani e conferida e autorizada por Fernando Vianna (filho de Alfredinho, neto de Pixinguinha), em 10 de julho de 2008.

Olá, Pessoal! Meu nome é **Patrícia**

Minha mãe e meu pai escolheram este nome para homenagear uma mulher admirável pela sua história de luta por direitos humanos. Ela tinha um apelido: Pagu.

Pagu era **Patrícia Rehder Galvão**, que nasceu em São João da Boa Vista, São Paulo, em 09 de junho de 1910. Durante a juventude já se destacava por sua insolência, seu linguajar, seu modo de vestir e suas atitudes extravagantes. Pelo seu talento de poetisa e por sua audácia, foi logo apadrinhada pelo escritor Oswald de Andrade e sua mulher Tarsila do Amaral. O casal projeta Pagu como musa da poesia surrealista brasileira, que começou a escrever para a *Revista Antropofágica*.

Em 1931, é criado o jornal tabloide chamado *O Homem do Povo*, no qual Pagu assinava a coluna "Mulher do Povo". Ela também começou a participar intensamente da vida política na militância do Partido Comunista.

Na década de 1930, escreveu o livro *Parque industrial: romance proletário*, um dos livros mais importantes da década; um romance modernista, urbano, feminista e marxista. Para a época, é um livro com uma linguagem totalmente desabusada e que aborda questões tabu para o leitor burguês, mas particularmente para a militância partidária. Pagu mostra a exploração do proletariado, fazendo uma comparação dos sofrimentos dessa classe e as terríveis explorações sexuais que sofrem as mulheres, e denuncia, veementemente, a moral hipócrita da sociedade paulista da época.

Em 1935, num comício, foi presa, tornando-se a primeira mulher presa política torturada no Brasil. Fugiu do presídio em 1937. Presa novamente, foi condenada a mais 2 anos e meio de prisão, em 1938, pelo Tribunal Nacional de Segurança da ditadura do Estado Novo. Ao sair da prisão, viajou pelo mundo: na China, cobriu a coroação do primeiro imperador da Manchúria, Pu-Yi, de quem recebeu as sementes de soja que entregou a Raul Bopp (chefe do Consulado do Brasil em Kobe, de 1932 a 1934), o qual as trouxe para o país – hoje um dos maiores produtores de soja do mundo. Entrevistou Sigmund Freud. Viajou pela Transiberiana para Moscou. Em Paris, insurgiu-se contra a determinação da Frente Popular de não cantar a Internacional nos festejos de 14 de julho. Ferida na manifestação de rua, Pagu ficou hospitalizada por três meses. Voltou ao Brasil. O Tribunal Militar do Rio a condenou 2 anos e meio de prisão, onde ficou até 1940.

Pagu passou a frequentar a Escola de Arte Dramática/São Paulo. Promoveu espetáculos em Santos, lutando pela construção de um teatro na cidade e formou grupos amadores e de teatro de vanguarda. Depois da passagem pela prisão, Pagu passou a viver com seu companheiro, o jornalista Geraldo Ferraz, com quem ficou até o fim de seus dias. Pagu morreu no dia 12 de dezembro de 1962, pedindo: "Abram as janelas, desabotoem minha blusa, quero respirar".

> "Patrícia Rehder Galvão, a Pagu, fez de sua vida um campo de batalha contra a intolerância, os desmandos e os grilhões impostos por senhores de uma sociedade retrógrada e, nos mais diversos aspectos, injusta. Mais do que isso, ela se fez mulher. Um espírito batalhador que foi capaz de ir muito além dos limites impostos por seu corpo físico. Bem adiante de sua época, ela inovou e revolucionou costumes. Uma revolucionária que teve na sua atividade política seu maior algoz. Uma mulher inquieta e atenta a seu tempo, que optou pelo uso da palavra escrita para transmitir suas idéias e pelo jornal, como meio de fazê-las chegar a um maior número possível de pessoas."
>
> (LUNA; PIRES, 2008).

Fonte: <http://www.universiabrasil.net>.

Biografia elaborada pela Profa. Jimena Furlani, a partir de SCHUMAHER, Schuma. *Dicionário de mulheres do Brasil: de 1500 até a atualidade*. Jorge Zahar Editor, 2000; FURLANI, Lucia Maria Teixeira. *Pagu: Patrícia Galvão livre na imaginação no espaço e no tempo*. 4. ed. Santos: Editora Unisanta, 1999. Texto final gentilmente conferido por Iara Beleli (pesquisadora do Núcleo de Estudos de Gênero – Pagu/Unicamp e Editora Executiva dos *Cadernos Pagu*), em 10 de setembro de 2008.

Olá, pessoal! Meu nome é **Renato**

Meu pai e minha mãe sempre foram fascinados por uma banda da juventude deles: a Legião Urbana. **Renato Manfredini Júnior (o Renato Russo)** era um dos compositores e o vocalista daquela banda que fez músicas incríveis. Com seus refrões melodiosos e fortes e letras que falavam de inseguranças emocionais e da descrença da geração crescida durante o regime militar, a Legião Urbana se identificou com a juventude brasileira, nos anos de 1980 e ainda hoje. Renato Russo, antes de virar um símbolo do rock da década de 1980, foi professor de inglês, tendo aprendido o idioma quando morou em Nova Iorque, dos sete aos dez anos.

No Distrito Federal, ele passou toda a adolescência. Aos 12 anos, começou a ter aulas de violão. Aos 13 anos, mudou-se para Brasília. Aos 15 anos, ele dava aulas de inglês na Cultura Inglesa e foi escolhido para recepcionar o Príncipe Charles quando ele inaugurou uma das filiais da escola. Nessa época, ele também contraiu epifisiólise, uma doença rara que ataca os ossos. Renato passou por diversos tratamentos e operações. Essa doença o manteve preso à cama e à cadeira de rodas até os 17 anos. Nesta época, lia bastante e ouvia muita música, fatores que trouxeram o sonho e a vontade de montar uma banda de rock. O "Russo" que adotou como sobrenome artístico foi uma homenagem a Jean-Jacques Rousseau e Bertrand Russell, personalidades que admirava muito.

Em 1989, o álbum *As quatro estações* foi considerado a fase mais madura da banda. As letras falavam de temas como aids, drogas e homossexualidade. Aos 18 anos, Renato Russo havia revelado para sua mãe que era homossexual, mas, até então, declarava-se heterossexual. Confessou que sempre teve atração física por homens e escondia isso por causa da família e da sociedade. Teve um filho, Giuliano, com 19 anos (em 2008). Em 1990, Renato Russo assumiu publicamente ser homossexual e descobriu ser portador do vírus da aids.

Em carreira solo, Renato realizou dois projetos: o primeiro, o CD *The Stonewall Celebration Concert* (1993), cantado em inglês; foi uma homenagem ao grande amor de sua vida (um ativista gay norte-americano). Renato explicitou sua simpatia pela militância e pelo orgulho de ser gay; este disco teve 50% da vendagem para os projetos sociais da Ação da Cidadania contra a Miséria e a Fome. O segundo, o CD *Equilíbrio distante* (1995), só canções italianas.

Em 11 de outubro de 1996, Renato Russo morreu de aids. Foi cremado e suas cinzas foram espalhadas no sítio de Burle Marx, em Barra de Guaratiba, na zona oeste do Rio de Janeiro.

"Renato sempre foi indignado com a falta de ética, preconceitos e injustiças. Buscou durante seu trabalho o resgate de valores morais (sem ser panfletário)". Ele era um artista da juventude, um poeta que cantou a indignação social de uma geração, a ansiedade existencial, o preconceito aos diferentes... Renato cantou o amor...

> Ainda que eu falasse a língua dos homens
> E falasse a língua dos anjos
> Sem amor eu nada seria
> É só o amor, é só o amor
> Que conhece o que é verdade
> O amor é bom, não quer o mal
> Não sente inveja ou se envaidece
> O amor é o fogo que arde sem se ver
> É ferida que dói e não se sente
> É um contentamento descontente
> É dor que desatina sem doer
>
> (parte da letra de "Monte Castelo" – Legião Urbana)

Fonte: <http://www.palcoprincipal.com>.

Texto elaborado pela Profa. Jimena Furlani. Dados biográficos disponíveis em <http://www.casadobruxo.com.br/renato>; <http://www.cliquemusic.uol.com.br>; <http://www.jovempanfm.com.br>; <http://www.jornallivre.com.br; <http://www.skooter.no-ip.org:8081>. Acesso em: mar. 2008.

CAPÍTULO 5

Educação sexual – Possibilidades didáticas a um começo na Educação Infantil e no Ensino Fundamental[1]

Se a Educação Formal pretende contribuir para o "desenvolvimento integral do indivíduo" e para sua inserção numa vida de "cidadania plena", a educação sexual é assunto que não pode ficar ausente dos currículos escolares. Embora, didaticamente, possamos estudar e abordar, por exemplo, a sexualidade infantil separada da adolescente (e de outras fases da vida), considero importante compreendê-las de modo abrangente, não fragmentado.

Ao longo da vida, passamos por distintos momentos: gestação (vida intrauterina), nascimento, infância, puberdade, adolescência, fase adulta, climatério e terceira idade. Esses diferentes momentos se sucedem e podem ser vistos (sob os pontos de vista tanto biológico como social) como mudanças graduais e contínuas, diferencialmente vividas por cada pessoa. A sexualidade é uma dimensão humana; ela, portanto, estará presente em todas essas fases, apresentando mecanismos próprios de manifestação, de significação social e de vivência pessoal. Assim como o desenvolvimento humano, a sexualidade deve ser vista como um processo contínuo, porém reconhecidamente diferenciado. Atividades e temáticas trabalhadas na Educação Infantil podem ser complementadas, aprofundadas e/ou retomadas no Ensino Fundamental, Médio, na universidade, na formação continuada.

Mas "como iniciar?". É para muitas pessoas um ato difícil. Quando se trata de dar início a uma prática docente de planejamento e de implementação de atividades no campo da educação sexual, muitas/os educadoras/es "não sabem por onde começar". Dentro de um conjunto de entendimentos que considero importantes para as crianças, vou apresentar algumas possibilidades para um início na educação sexual.

As atividades a seguir são sugestões a um começo e foram pensadas com a pretensão de estarem articuladas e coerentes com os "Oito princípios para uma educação sexual na escola de respeito às diferenças", apresentados no Capítulo 3, deste livro. Essas atividades devem e podem ser vistas como integrantes do currículo escolar, intencionalmente planejadas para permitirem conversas e reflexões sobre a temática (sexualidade) e sobre as identidades culturais que constituem os sujeitos sociais e escolares (especialmente, gênero, raça, etnia, orientação sexual, classe social e condição física). Tal articulação identitária se justifica na medida em que observamos, no cenário social contemporâneo, como muitos dos mecanismos de desigualdades e exclusões sociais estão baseados nesses marcadores. Isso coloca a escola como uma importante e estratégica instituição na problematização dos preconceitos e na busca de uma sociedade da paz e da igualdade (em seu sentido político).

Etapas didáticas de atividades planejadas para educação sexual

1. Conhecer as partes do corpo de meninos e meninas – A diferença começa aqui!
2. Entender noções de higiene pessoal e os conceitos de nudez e privacidade.
3. Problematizar a linguagem (os nomes familiares, os nomes científicos):
    1º. Mostrando sua pluralidade
    2º. Questionando o tratamento genérico no masculino
    3º. Questionando a importância conferida a reprodução
    4º. Questionando a forma de nomear o corpo
    5º. Comparando seres humanos com animais e plantas
4. Conhecer os vários modelos de famílias (explicitando as muitas formas de conjugalidade – os laços afetivos e de convivência mútua).
5. Iniciar o entendimento acerca das "diferenças" (pessoais, familiares, linguísticas) ao encontro do respeito às diferenças de gênero, racial, étnica, sexual, de condição física, etc.
6. Apresentar a educação de meninos e meninas a partir dos Estudos de Gênero.
7. Discutir (antecipar) informações acerca das mudanças futuras do corpo (na puberdade).

1 Conhecer as partes do corpo de meninos e meninas – A diferença começa aqui!

Atividade 1 – Identificando e nomeando o corpo

Crianças muito pequenas têm noção da diferença entre um homem e uma mulher "e mantém uma curiosidade sexual bastante presente. Isso faz com que meninos e meninas saibam que têm um genital diferente, o que 'aguça' mais a vontade de saber 'como é'" (RIBEIRO, 2006, p. 7).

Proponho que a educação sexual se aproveite dessa curiosidade e organize suas primeiras práticas educativas, mesmo antes de a criança perguntar ou manifestar interesse. No Ensino Fundamental, essa atividade pode ser desenvolvida numa aula, por exemplo, de Língua Portuguesa – na medida em que as crianças estão iniciando ou já dominando a escrita, ou então, nos últimos anos da Educação Infantil nas atividades de letramento. A partir das palavras, as crianças podem exercitar a caligrafia, a ortografia, a separação em sílabas e o aprendizado do plural. Nessa atividade a/o professora/or vai incentivar o enriquecimento do vocabulário da criança. É importante considerar como igualmente válidos os nomes que as crianças trazem do aprendizado familiar e cultural – esse é um bom começo, uma boa iniciação no princípio do respeito às diferenças.

Palavras para serem discutidas

AXILA	COTOVELO	ORELHA
BARRIGA	COXA	PÉ
BOCA	DEDO	PÊNIS
BOCHECHA	JOELHO	PERNA
BOLSA ESCROTAL	MAMILO	PESCOÇO
BRAÇO	MÃO	QUEIXO
CABELO	NÁDEGA	SOBRANCELHA
CÍLIO	NARIZ	UMBIGO
CINTURA	OLHO	UNHA
	OMBRO	VULVA

Para a atividade a/o professora/or apresenta as ilustrações para as crianças.

- Pede para que todas/os, ou cada criança, localizem as partes do corpo (no desenho e em seu próprio corpo).
- A dinâmica da atividade vai depender da idade das crianças.
- As palavras podem ser apresentadas no quadro ou entregues, escritas, individualmente, em cartões.
- As palavras são apresentadas na **ordem alfabética**, para que as crianças aprendam a ordem crescente do **alfabeto**.
- As palavras são apresentadas no **singular**, para que as crianças discutam quais as partes do corpo que "aceitam" **plural** (olhos, dedos, braços, etc.) e quais devem ficar no singular (barriga, boca, pênis, vulva, pescoço, etc.) a partir da constatação pela observação do corpo humano
- A/O professora/or deve discutir as partes do corpo pertencentes a meninos e meninas que fazem a **diferença biológica**.
- A/O professora/or pode trabalhar exercícios de **separação de sílabas**.

Após a compreensão do modo científico como as partes do corpo são nomeadas (afinal é "papel da escola a transmissão do conhecimento sistematizado pela humanidade"), a/o professora/or deve perguntar que outros nomes podem ser atribuídos a cada parte. Explicite que os nomes aprendidos na família, sobretudo no modo como pênis e vulva são nomeados, são também positivos e válidos. Essa sutil discussão com as crianças da Educação Infantil e Ensino Fundamental, que valoriza tanto o conhecimento científico quanto o senso comum, deve apresentar a diversidade linguística como expressão da diversidade pessoal e social e como algo a ser considerado valorizado numa sociedade múltipla culturalmente. Essa pode ser uma maneira "rudimentar" de as crianças irem adotando o entendimento e o valor da diferença como positiva. Esse entendimento terá continuidade na atividade referente aos diferentes tipos de família, nas páginas 103 a 108 deste livro.

Atividade 1: Identificando e nomeando as partes do corpo

Encontre, na menina e no menino, as PARTES do CORPO

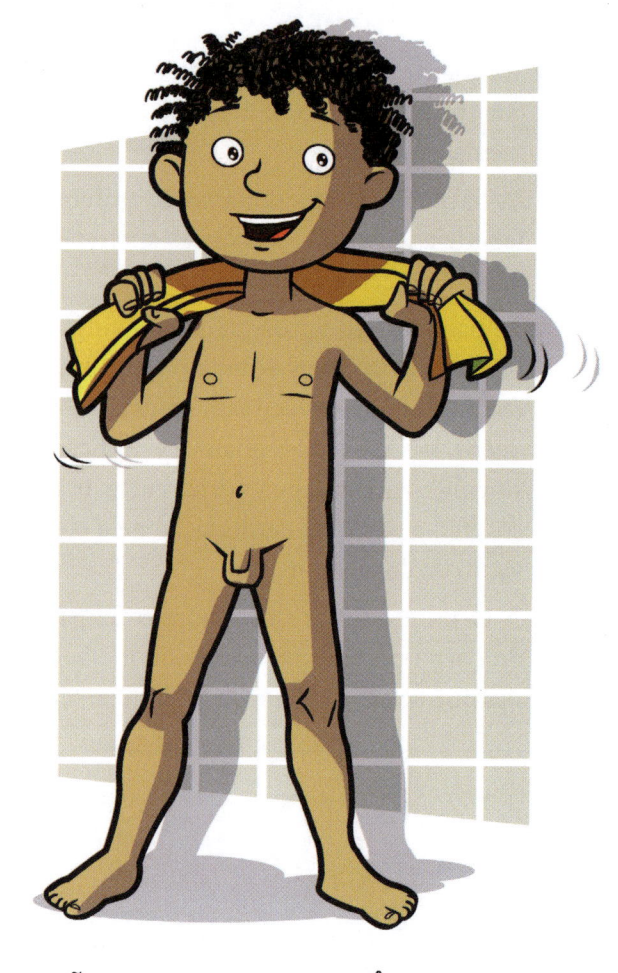

AXILA	CÍLIO	MÃO	PÊNIS
BARRIGA	CINTURA	NÁDEGA	PERNA
BOCA	COTOVELO	NARIZ	PESCOÇO
BOCHECHA	COXA	OLHO	QUEIXO
BOLSA ESCROTAL	DEDO	OMBRO	SOBRANCELHA
BRAÇO	JOELHO	ORELHA	UMBIGO
CABELO	MAMILO	PÉ	UNHA
			VULVA

Atividade Integrante do livro: FURLANI, Jimena. *Educação sexual na sala de aula: relações de gênero, orientação sexual e igualdade étnico-racial numa proposta de respeito às diferenças*. Belo Horizonte: Autêntica, 2011.

Atividade 2 – Interagindo com o nosso corpo

Outra possibilidade, a partir das imagens observadas das crianças nuas, é a atividade a seguir. Meninas e meninos observam as ilustrações e, orientadas/os pela/o professora/or conversam sobre as três questões abaixo.

| Como CUIDAMOS dele? | O que FAZEMOS com ele? | Ele será SEMPRE ASSIM? |

Anotações podem ser feitas num quadro ou num painel sobre as conclusões do grupo. Para facilitar a condução da atividade, apresento, a seguir, em cada questão, as possibilidades de informação e discussão.

Para discutir: **Como cuidamos dele?**	Para discutir: **O que fazemos com ele?**
Tomando banho	Caminhar, correr, pular
Alimentando-nos	Estudar, ler, escrever
Dormindo	Ver TV
Usando roupas	Abraçar, beijar
Praticando esportes	Tocar no corpo
Evitando brincadeiras perigosas	Brincar com amigas/os
Tomando remédios	Ir a festinhas
Protegendo-nos de perigos	Passear

Para discutir: **Ele será sempre assim?**
Algumas alterações corporais, com a chegada da PUBERDADE, para meninos e meninas, podem e devem ser discutidas na educação sexual, e entendo que essas atividades já podem ser sistematizadas a partir dos 5, 6, 7 anos. As mudanças biológicas que sugiro para a educação das crianças são apresentadas na página 133 deste capítulo.

2 Entender as noções de higiene pessoal e os conceitos de nudez e privacidade

Em especial em escolas que não possuem a tradição curricular de trabalhos em educação sexual, a curiosidade pelo corpo nu e pelas diferenças entre meninos e meninas já se expressa na Educação Infantil. A criança começa a formar suas representações acerca do corpo e dos significados sobre nudez. A escola pode trabalhar com recursos didáticos que mostram o nu nos brinquedos (bonecas/os) e ilustrações (desenhos) de livros didáticos e paradidáticos. Crianças que já desenvolveram a oralidade costumam pedir aos adultos para os verem nus e, neste contexto, a importância da família, no desenvolvimento da sexualidade infantil e no auxílio do trabalho das educadoras, é fundamental. Os pais e mães podem possibilitar aos seus filhos momentos em que possam expor seus corpos para serem visualizá-los, a fim de tirar-lhes as dúvidas e a curiosidade. Isso se dá nas trocas de roupas ou nos banhos em conjunto e, é claro, se houver o costume familiar e/ou tranquilidade dos adultos.

Em algumas atividades escolares as crianças manifestam, mais enfaticamente, seu interesse com a corporeidade, como nos trabalhos artísticos e na elaboração de desenhos de figuras humanas com caracteres sexuais, que são normalmente destacados/exagerados pelas crianças.

Lembro que em nossa cultura, homens e mulheres usam roupas, ou seja, costumam estar vestidos. O corpo é algo a ser "escondido", embora a história tenha mostrado como esses valores morais podem ser alterados de geração para geração. Um exemplo disso foram as mudanças apresentadas nas roupas de banho, desde a época Vitoriana até os dias atuais, que oscilaram entre longos maiôs (tipo bermuda, blusas com mangas e chapéu), a biquínis de peças grandes, ao sunquíni, depois o fio dental, o *topless* e o extremismo do nudismo total (restrito a praias isoladas). Sob esse ponto de vista, o comportamento adulto, contraditório muitas vezes, tem estimulado o interesse infantil pelo corpo. As crianças são seres em processo de construção cultural atravessadas, continuamente, por esses entendimentos sociais.

Hoje, há pelo menos duas justificativas que podem ser usadas para a inclusão curricular de uma Educação Sexual infantil que reconhece a importância do aprendizado sobre os cuidados com o corpo, o entendimento das regras sociais sobre nudez e o entendimento do conceito de privacidade. A primeira justificativa é o reconhecimento do **autoerotismo (masturbação)** como um ato positivo, que deve ser educável; e a segunda justificativa, é o temor do **abuso sexual infantil** – o que acentua o investimento, no aprendizado da criança, pela autonomia sobre seu corpo.

Primeira justificativa:
o autoerotismo como positivo e educável

Professoras/es podem conversar com a criança sobre como estabelecer uma conduta social diante dos seus desejos de automanipulação (masturbação, autoerotismo), que, muitas vezes, se expressam no interior da escola. Meninos e meninas podem aprender que para essa "vontade" há locais mais adequados e apropriados. Tocar nos genitais requer privacidade (como no banho, no quarto ou na hora de dormir).

Talvez algumas/uns estudiosas/os, sobretudo aquelas/es que utilizam referenciais teóricos como Michel Foucault, reconheçam, nessa recomendação, um modo subliminar de a educação sexual exercer o "controle dos corpos" de crianças e jovens. Inserida numa política educacional mais ampla, essa recomendação poderia ser vista como uma forma de "biopolítica" camuflada numa aparente "concessão" aos prazeres, desde que "no quarto", "no banho", "na privacidade". Eu concordo! Antes que me façam a crítica, eu mesma a faço.

No entanto, me parece que esse tipo de recomendação/orientação é ainda preferível àquelas que, até então, estavam presentes na escola (e ainda estão), ou seja, o completo silenciamento sobre a sexualidade infantil, a negativização de toda e qualquer expressão sexual, a ausência completa de educação sexual nos currículos escolares e o desencorajamento e a punição de qualquer curiosidade sexual por parte de criança e da/o jovem.

Sugiro ver o Capítulo 3 deste livro, em que discuti os oito princípios para uma educação sexual, entre eles "a descoberta corporal como expressão da sexualidade".

Segunda justificativa:
o temor do abuso sexual infantil

A educação sexual tem sido chamada a considerar e a refletir sobre um problema social: os casos em que as crianças e jovens são vítimas de abuso sexual e/ou pedofilia. As atividades de educação sexual, sobretudo aquelas que discutem o corpo humano voltadas ao desenvolvimento da autonomia pessoal e corporal, podem ajudar as crianças a identificarem o momento em que a pessoa adulta "ultrapassa" os limites da sua intimidade, causando-lhes constrangimentos. Além disso, as atividades pedagógicas sistemáticas, comuns ao currículo escolar, podem contribuir para que as crianças e jovens reconheçam a existência de uma "cultura sexual" na escola (que "conversa sobre o assunto") e, portanto, de apoio e encorajamento nos casos de dúvida, receios e/ou medos, por parte da criança, em denunciar uma/um abusadora/or.

3 Problematizar a linguagem (os nomes familiares, os nomes científicos)

É comum educadoras/es ficarem em dúvida em relação ao tipo de linguagem que os encontros de educação sexual devem adotar: usar termos científicos ou termos populares? Muitas vezes aquelas/es que são categóricas/os em achar que a escola deve apresentar e lidar apenas com o conhecimento científico, o são pela dificuldade que têm com as temáticas que envolvem a sexualidade, as práticas sexuais, as manifestações identitárias sobre sexo, gênero e orientação sexual.

Entendo que tanto o conhecimento científico quanto o conhecimento popular são igualmente importantes na vida das pessoas. Todas as palavras têm efeitos sobre os sujeitos e expressam contingências históricas, entendimentos culturais, costumes e tradições de certas localidades e grupos sociais.

A escola deve trabalhar com a linguagem científica mas também com a linguagem popular, coloquial, as gírias, as expressões oriundas das famílias, etc. Sob o ponto de vista do aprendizado infantil, reconhecer as diferenças linguísticas como positivas é um primeiro passo a considerar também como válidas outras diferenças. É a linguagem explicitada em sua variação e variedade que pode iniciar o entendimento da criança da Educação Infantil e dos anos iniciais do Ensino Fundamental na aceitação da diversidade, seja ela qual for, como própria das construções humanas e como algo salutar da convivência familiar e escolar.

Dessa forma, essa diversidade linguística pode começar: primeiro, na forma como cada criança nomeia os órgãos genitais externos – as partes do corpo que diferenciam meninos de meninas e, segundo, nas diversas maneiras como hoje as famílias se constituem. Mas antes de me voltar para as famílias, vamos refletir um pouco mais sobre os efeitos da linguagem.

Linguagem – Essa reflexão não para aqui!

Discuti em Furlani (2003, p. 69), no artigo intitulado "Educação Sexual – possibilidades didáticas", o quanto a linguagem se constitui numa instância que, no currículo escolar, reflete e produz desigualdades de gênero, sexuais, raciais, etc. Seus significados, tácitos e/ou explícitos, podem contribuir ou não numa educação que questione e/ou construa o preconceito, a discriminação, o sexismo, formas rígidas e limitadas de entender a vida sexual e afetiva de homens e mulheres.

Naquele artigo, apresentei o entendimento de que a educação sexual pode iniciar o trabalho de problematizar a linguagem por quatro caminhos:

1º. Mostrando sua pluralidade – Nas muitas formas de nomear as partes sexuais externas de meninos e meninas (priorizando, inicialmente, os nomes familiares) e nas muitas formas de família hoje existentes.

2º. Questionando o tratamento genérico no masculino – Não é nenhuma novidade que a forma de linguagem hegemônica normatizou o tratamento masculino como forma genérica para se referir a homens e mulheres. A escolha das palavras, por nós, educadoras/es, não é um processo neutro, sem implicações. Referir-se a meninos e meninas ou a homens e mulheres sempre na forma masculina, independentemente da proporção numérica, longe de parecer um ato inofensivo – aprisionado na comodidade da norma instituída –, favorece a manutenção de uma tácita "superioridade" de um gênero sobre o outro e invisibiliza a menina, a garota, a mulher, a idosa.

Além disso, pode tornar imprecisa ou confusa a compreensão de determinada ideia ou informação, por exemplo, em frases do tipo "estão concluídos os estudos de mapeamento do genoma do homem"; "o homem é o principal responsável pela destruição do meio ambiente"; "pesquisa recente mostrou que 20% dos adolescentes usam métodos anticoncepcionais" (FURLANI, 2003, p. 70).

Louro (1999, p. 65) afirmou que:

> [...] dentre os múltiplos espaços e as múltiplas instâncias onde se pode observar a instituição das distinções e das desigualdades, a linguagem

é, seguramente, o campo mais eficaz e persistente – tanto porque ela atravessa e constitui a maioria de nossas práticas, como porque ela nos parece, quase sempre, muito "natural".

É exatamente esse o argumento (o da "naturalidade") que muitas/os usam para considerar que normas linguísticas e gramaticais "são inofensivas", "neutras", "sempre foram assim", que essa insistência em mostrar os efeitos da persistente linguagem genérica no masculino "é implicância de feminista".

Quero argumentar que normas gramaticais que nomeiam, explicitam sujeitos, visibilizam uns e ocultam outros não são apenas internalizadas por nós, elas têm uma história e são construções humanas. Louro (1999) pergunta: "Qual é a história que se inscreve na constituição das normas de linguagem? Essas regras são imutáveis? Que condições podem provocar transformações na linguagem e nas suas regras?" (p. 66).

> A linguagem no masculino não é um "reflexo do real"; é uma criação lingüística intencionalmente política. A escolha de "homem", – no latim "*homo*" – serviu para denominar a única espécie do planeta (*Homo sapiens*), que tem sapiência, que raciocina, que possui inteligência, e por conseguinte, definiu, também, seu substantivo (humanidade). Foi em 1152 (séc. XII), que uma obra lexicográfica incluiu em sua nominata, pela primeira vez, a palavra "homem"; enquanto que "humanidade" data do século XIV.[2] Penso que nessa época, se o mundo já tivesse sido sacudido pelas críticas sexistas feitas pelo movimento feminista, ou se já tivesse considerado as problematizações advindas dos estudos sobre a mulher e dos estudos de gênero sobre a construção dos sistemas de subordinação social e de classificação hierárquica desigual imposta pelo patriarcado, pelo machismo, pelo capitalismo, pelos sistemas de segregação racial, etc., se já tivessem sido feitos estudos literários, lingüísticos e semânticos sobre as representações e significados contidos nas palavras... Em vez de usar como referência a palavra "homem" para designar a espécie, talvez a referência fosse a palavra "pessoa", que no latim é "*persona*", (FURLANI, 2003, p. 71).

> A história e nosso discernimento sobre a questão, provavelmente, seriam outros. Os livros de biologia, arqueologia, antropologia talvez tivessem apresentado a história evolutiva da espécie na sucessão entre *Persona habilis*, *Persona erectus* e *Persona sapiens* e hoje, no mínimo após 851 anos (de 1152 até 2003), estaríamos convictos e familiarizados com essa nomenclatura, tanto quanto hoje nos parece familiar usar 'homem' para designar homens e mulheres (FURLANI, 2003, p. 71).

O campo dos Estudos Feministas tem sugerido a utilização de **linguagem não sexista, linguagem inclusiva** e/ou a utilização de **termos neutros em gênero**. Nos trabalhos de educação sexual com crianças e jovens, assim como na vida e nas relações humanas entre homens e mulheres, na forma verbal ou escrita, sugiro que se evite o tratamento exclusivo no masculino. Há muitas alternativas para se evitar usar "homem", por exemplo: "as pessoas", "os homens e as mulheres", "as meninas e os meninos", "os professores e as professoras", a espécie humana, a humanidade.

3º. Questionando a importância conferida à reprodução – Em Furlani (2003) perguntei: "Meninos têm pênis... meninas têm vagina"? E respondi que **não**!

> Se o objetivo é a diferenciação, entre meninos/homens e meninas/mulheres, devemos dizer: "Meninos têm pênis... meninas têm vulva"! Mas por que as pessoas se referem à vagina? Por que se fala de uma parte do corpo da mulher que é interna, que não é visível, que não pode ser vista, exatamente quando o que as crianças "querem ver/entender" é a diferença anatômica?

Por que a vagina assume toda essa importância? (p. 72)

Porque a frase está dentro da lógica de uma sexualidade reprodutiva, que privilegia o ato sexual entre um homem e uma mulher e que concebe apenas a penetração vaginal como prática sexual legítima.

Sem dúvida, a sexualidade reprodutiva, a heterossexualidade e a penetração vaginal são aspectos legítimos da sexualidade humana... São, também, as possibilidades, privilegiadamente, hegemônicas de nossa cultura... No entanto, não são as únicas possibilidades. Essa abordagem, desde a educação infantil, terá efeitos sobre os significados que criança e jovens darão à sexualidade humana:

> Essa ênfase na reprodução é a principal responsável pelo raciocínio de aceitar (como possível, como normal, como "natural") exclusivamente o envolvimento sexual e afetivo entre pessoas do sexo oposto. Além disso, traz outras implicações e limitações:
>
> 1. legitima apenas a vida sexual daquelas pessoas que estão no período reprodutivo, ou seja, na adolescência e na vida adulta, e desconsidera a possibilidade de vivência da sexualidade na infância e na terceira idade;
>
> 2. legitima a prática sexual com penetração vaginal como, indiscutivelmente, "a única" e "a melhor", favorecendo o preconceito das práticas da masturbação, do sexo anal, do sexo oral;
>
> 3. acentua a incompreensão da possibilidade de pessoas do mesmo sexo estabelecerem relacionamentos afetivos e sexuais;
>
> 4. dificulta o entendimento e a aceitação de uma sexualidade objetivando o prazer, sem a intencionalidade de filhos;
>
> 5. engessa a idéia de família como sendo aquela que, necessariamente, é constituída de um homem, uma mulher e filhos (uma concepção que acaba escravizando o casal na obrigatoriedade de ter filhos, subtraindo-lhes o direito da maternidade e da paternidade como escolhas) (Furlani, 2003, p. 73).

Na Universidade do Estado de Santa Catarina (UDESC), o curso de Pedagogia possui, entre outras, as disciplinas Educação Sexual na Infância; A Criança, a Natureza e a Sociedade; Conteúdos e Metodologias do Ensino de Ciências. Nos materiais didáticos e paradidáticos disponíveis no mercado tem sido comum encontrarmos referência ao **Ciclo de Vida** como um "assunto" a ser apresentado para as crianças, nas disciplinas mencionadas, estejam elas na Educação Infantil e/ou no Ensino Fundamental. Posso afirmar, sem receio que todas/os nós "aprendemos" o "ciclo de vida" em algum momento de nossa escolarização, ainda na infância. Sabemos que as plantas e os animais nascem, crescem, se desenvolvem, se reproduzem e morrem – inclusive nós (seres humanos).

A ilustração que pretendo problematizar é de Josiane Sanson e Meiry Mostachio (2005, p. 29) numa obra voltada à Educação Infantil. As autoras apresentam o ciclo de vida de modo comparativo aos animais e às plantas (e, os efeitos desse tipo de linguagem, na educação sexual infantil, serão, por mim, discutidos a seguir).

A ilustração apresenta um enunciado acerca do processo vital para animais, plantas e seres humanos. O livro paradidático (assim como muitos outros artefatos culturais ao longo de nossa existência) promove uma pedagogia: ele ensina sobre algo... Um saber que é assimilado e aceito como válido e "verdadeiro". Trata-se de uma importante informação (mesmo que considerada tácita e sutil) que as crianças aprendem desde muito pequenas: que a **reprodução** é algo esperado e "natural" para as espécies. O "ciclo de vida" é apresentado como se fosse um processo

ANIMAIS
Nascem · Crescem · Reproduzem-se · Morrem

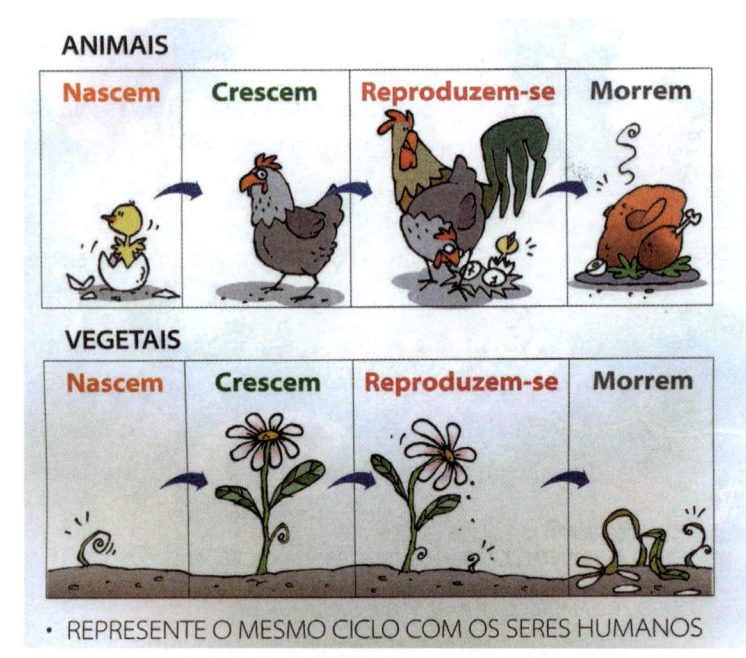

VEGETAIS
Nascem · Crescem · Reproduzem-se · Morrem

• REPRESENTE O MESMO CICLO COM OS SERES HUMANOS

Fonte: SANSON; MOSTACHO, 2005, p. 29.

inevitável a todas as pessoas. Muitas pessoas adultas possuem uma evidente dificuldade em considerar como possível e aceitável que as pessoas se unam afetivamente (independentemente de serem casais heterossexuais ou homossexuais) num relacionamento sem filhas/os. Certamente informações aprendidas desde a Educação Infantil e reiteradas muitas vezes nos currículos de Ciências e de Biologia, insistentemente ao longo de toda a escolarização, contribuem para esse entendimento.

A reprodução é uma possibilidade legítima da sexualidade humana, mas não deve ser apresentada como a "sexualidade normal". Portanto, entendo que professoras e professores podem problematizar o "ciclo de vida" interferindo, de algum modo, nesse aprendizado – a meu ver, limitante de um olhar mais múltiplo sobre a sexualidade e sobre o modo como homens e mulheres decidem sobre suas vidas.

Uma simples reflexão pode fazer a diferença no modo de pensar e no modo como essa pedagogia é exercida. Sugiro que se pergunte para as crianças e jovens (mesmo no Ensino Médio é tempo de fazê-los pensar sobre essa questão): o ciclo de vida nos diz que se nasce, cresce, desenvolve, reproduz e morre. Mas, para a espécie humana, qual o único desses eventos em que temos a possibilidade de escolha? Em que podemos interferir se for da nossa vontade? *Resposta: A reprodução.*

Penso que essa reflexão já contribuirá no processo de desconstrução da reprodução como padrão único de uma sexualidade normal e da justificativa aos relacionamentos e as uniões entre as pessoas.

4º. Questionando a forma de nomear o corpo – "Aparelho ou sistema reprodutor"... E se usássemos o termo "aparelho/sistema sexual"? Essa mudança tem efeitos evidentes. Entendo que uma forma de contribuir para que as crianças e os jovens considerem a sexualidade mais múltipla e possível passa por desconstruir a ideia de uma norma sexual atrelada a uma vida reprodutiva. Os livros didáticos e paradidáticos costumam apresentar o corpo humano subdividido em sistemas e aparelhos, onde o "aparelho ou sistema reprodutor" é um deles (geralmente o último – aquele conteúdo que não dá tempo para discutir no calendário escolar).

Sugiro a utilização do termo "aparelho ou sistema sexual", que obrigará a/o professora/or a questionar, refletir, explicar e ampliar o sentido (e os efeitos) dessa palavra "sexual". Essa escolha na forma da linguagem estaria politicamente interessada em um entendimento mais amplo de sexualidade e de vida sexual e entende os órgãos sexuais, as estruturas internas e externas, os processos de maturação orgânica, a relação que cada uma/um de nós estabelece com o corpo, como algo que perpassa toda a vida, e não apenas o período reprodutivo. Optar em falar "sexual" – e não "reprodutor" – implica conceber a sexualidade numa dimensão prazerosa (de gratificação sentimental e física), onde a procriação deve ser uma consequência e um direito de escolha (FURLANI, 2003, p. 74).

Sugiro ver, no Capítulo 3 deste livro, o Princípio 2 – "As manifestações da sexualidade não se justificam, apenas, pelo objetivo da 'reprodução'".

5º. Comparando seres humanos com animais e plantas – Os livros didáticos infantis têm, comumente, feito analogias ao desenvolvimento animal e vegetal como estratégia comparativa. Críticas severas, por parte de educadoras/es sexuais, têm condenado a comparação com sementinhas e plantinhas no que, alguns, ironicamente definem como "uma educação sexual botânica ou agropecuária".

Não penso que as comparações "botânicas" sejam tão ruins como se afirma. Considerando o estágio cognitivo da criança, em especial meninos e meninas da Educação Infantil (de zero a 5 anos), a comparação animista pode facilitar a compreensão da sexualidade por se apresentar, sob o ponto de vista epistemológico, mais acessível à compreensão das crianças. Jean Piaget, em sua teoria do desenvolvimento cognitivo, enfatizou não somente a existência do animismo infantil (como uma possibilidade de aprendizado), mas, principalmente, em crianças de cinco a seis anos, incentivou seu desenvolvimento em potenciais artísticos e imagéticos.

Portanto, entendo que alguns aspectos não podem ser esquecidos pelas professoras e professores quando estiverem desenvolvendo essa educação sexual comparativa:

- É preciso apresentar a nomenclatura correta das partes do corpo e as diferenças físicas entre homens e mulheres, que nos diferem dos animais e plantas;

- Esclarecer à criança que há um componente afetivo envolvido nas relações entre as pessoas. O ato sexual, para a espécie humana, não se apresenta apenas como um ato procriativo (como nos animais e plantas) mas é também voltado também ao prazer e, portanto, à realização pessoal e do casal;

- Portanto, nem sempre os envolvimentos íntimos e afetivos irão gerar filhos (filhotes, plantinhas);

- Nesse sentido, a maternidade e a paternidade são escolhas compartilhadas. Isso determina a discussão das muitas representações de família hoje existentes.

Penso que é a ocultação desses aspectos que tem tornado a educação sexual, quando comparada a plantas e animais, um ato muito mais alienante do que reflexivo.

4 Conhecer os vários modelos de família (explicitando as muitas formas de conjugalidade, os laços afetivos e a convivência mútua)

É inegável que a contemporaneidade nos apresenta inúmeras configurações familiares. Para Claudia Fonseca (2002), as "rígidas convenções morais foram cedendo a valores recentes, centrados na autorrealização e satisfação emocional", tornando as "relações conjugais [...] abertas à negociação" (p. 271). Além da representação hegemônica da família heterossexual, nas famílias atuais, destacam-se, também, aquelas constituídas entre pessoas do mesmo sexo. "[...] Parceiros do mesmo sexo ganharam um espaço importante; se a afeição é a verdadeira base do relacionamento, por que o casal seria limitado a um relacionamento heterossexual centrado em torno da reprodução biológica?" (FONSECA, 2002, p. 272).

Numa educação sexual que busca problematizar a exclusão de diferentes identidades, é preciso incluir na discussão outras formas familiares, mesmo que elas não apareçam espontaneamente na fala das crianças. Por exemplo, mencionar as famílias onde a/o "chefe" – ou pessoa de referência – não é um homem; famílias com mulheres (e/ou homens) solteiras/os com filhos/as; famílias com filhas/os agregadas/os de diferentes casamentos; famílias com filhas/os adotadas/os; famílias constituídas por mulheres ou homens homossexuais com filhas/os legítimos ou filhas/os adotadas/os; famílias onde as/os avós moram junto, etc. (FURLANI, 2003, p. 76).

A atividade a seguir foi criada considerando o amplo universo de reflexões hoje possíveis a crianças e jovens, para o entendimento dessa multiplicidade, como algo bom e positivo na vida social.

Professoras e professores, essas representações de famílias, em tamanho menor, ilustram múltiplas possibilidades que os arranjos familiares podem, hoje, apresentar na sociedade.

A seguir, em pranchas maiores, cada família é novamente apresentada em ilustrações criadas para o trabalho direto, com as crianças e jovens. Sugiro que cada imagem seja fotocopiada, colorida ou colada em papel cartão ou outra base resistente, plastificada e transformada em quadrinhos, que poderão ser fixados na sala de aula, de modo permanente, e usados nas aulas de educação sexual.

Há muitas formas de se constituir uma FAMÍLIA.
Em algumas, há casos de separações e divórcio...

Veja a família de Eliane. Ela é a dona da cachorrinha Tami-Tami.
Seu pai e sua mãe se separaram.
Eliane ganhou uma irmãzinha do novo casamento de sua mãe.

Esta é a FAMÍLIA de Patrícia.

Ela está com sua mãe, seu irmãozinho e seu pai.

Há muitas FAMÍLIAS DIFERENTES umas das outras. Há famílias em que as pessoas são de diferentes origens, nacionalidades, raças e etnias.

Veja a família de Renato. Ele é filho único e é o dono da cachorrinha Sapeca. Ele está com seu pai e sua mãe.

Em muitas FAMÍLIAS, pessoas mais velhas moram juntas.

Veja a família de Lélia, com seu pai, sua mãe, seu avô, sua avó e seu irmão.

Algumas FAMÍLIAS são constituídas por casais de pessoas do mesmo sexo. Com ou sem filhas/os!

Esta é a família de Alfredo. Ele tem duas mães.
Ele foi adotado por duas mulheres.

Em muitas FAMÍLIAS há somente um adulto que cuida, ampara, protege e dá carinho para a criança.

Veja Herbert com sua mãe.
Homens e mulheres podem ter filhos ou filhas sem nunca terem se casado.

Em algumas FAMÍLIAS os casais escolhem não ter filhos nem filhas.

Veja os dois casais.

Há muitas formas de se constituir uma FAMÍLIA. Em algumas, há casos de separações e divórcio...

Veja a família de Eliane. Ela é a dona da cachorrinha Tami-Tami. Seu pai e sua mãe se separaram. Eliane ganhou uma irmãzinha do novo casamento de sua mãe.

Atividade Integrante do livro: FURLANI, Jimena. *Educação sexual na sala de aula: relações de gênero, orientação sexual e igualdade étnico-racial numa proposta de respeito às diferenças*. Belo Horizonte: Autêntica, 2011.

Esta é a FAMÍLIA de Patrícia.

Ela está com sua mãe, seu irmãozinho e seu pai.

Atividade integrante do livro: FURLANI, Jimena. *Educação sexual na sala de aula: relações de gênero, orientação sexual e igualdade étnico-racial numa proposta de respeito às diferenças*. Belo Horizonte: Autêntica, 2011.

Há muitas FAMÍLIAS DIFERENTES umas das outras. Há famílias em que as pessoas são de diferentes origens, nacionalidades, raças e etnias.

Veja a família de Renato. Ele é filho único e é o dono da cachorrinha Sapeca. Ele está com seu pai e sua mãe.

Atividade integrante do livro: FURLANI, Jimena. Educação sexual na sala de aula: relações de gênero, orientação sexual e igualdade étnico-racial numa proposta de respeito às diferenças. Belo Horizonte: Autêntica, 2011.

Em muitas FAMÍLIAS, pessoas mais velhas moram juntas.

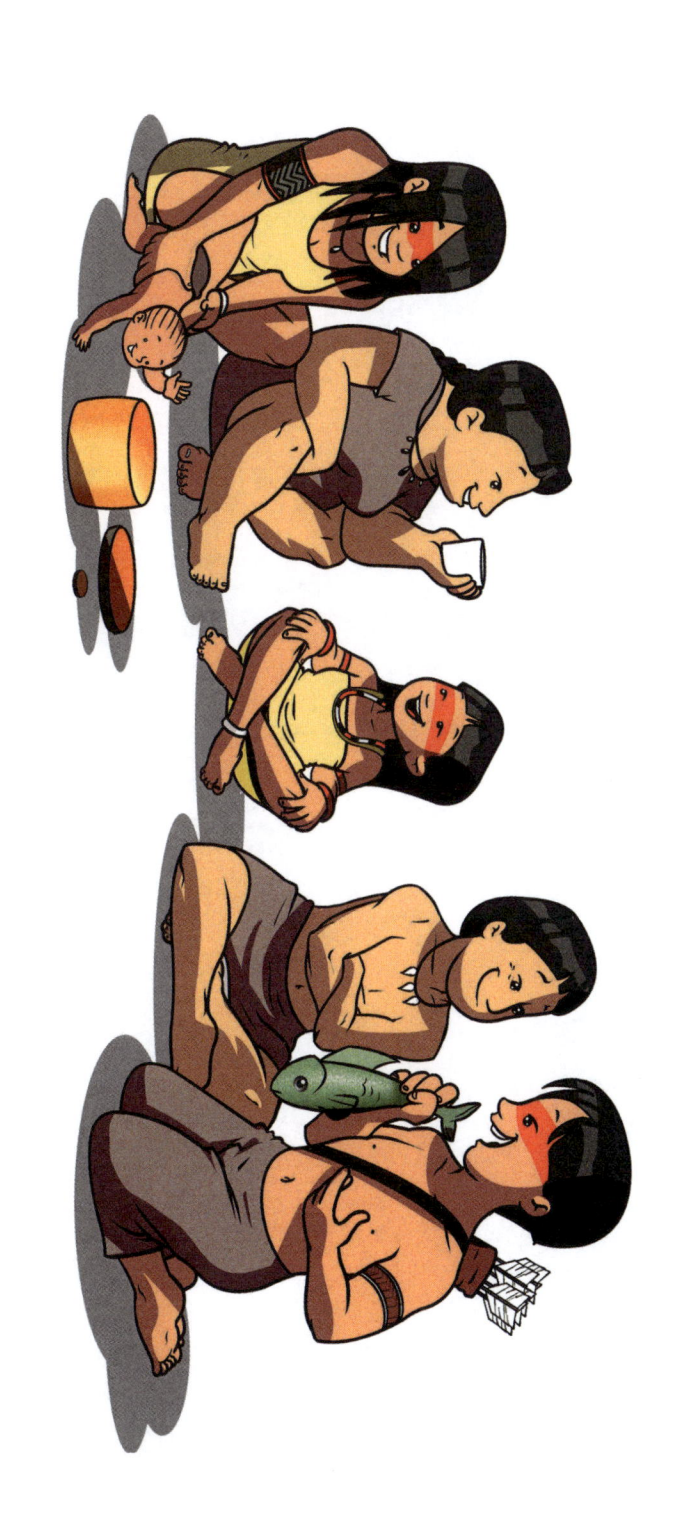

Veja a família de Lélia com seu pai, sua mãe, seu avô, sua avó e seu irmão.

Atividade integrante do livro: FURLANI, Jimena. *Educação sexual na sala de aula: relações de gênero, orientação sexual e igualdade étnico-racial numa proposta de respeito às diferenças.* Belo Horizonte: Autêntica, 2011.

Algumas FAMÍLIAS são constituídas por casais de pessoas do mesmo sexo. Com ou sem filhas/os!

Esta é a família de Alfredo. Ele tem duas mães.
Ele foi adotado por duas mulheres.

Atividade Integrante do livro: FURLANI, Jimena. *Educação sexual na sala de aula: relações de gênero, orientação sexual e igualdade étnico-racial numa proposta de respeito às diferenças*. Belo Horizonte: Autêntica, 2011.

Em muitas FAMÍLIAS há somente um adulto que cuida, ampara, protege e dá carinho para a criança.

Veja Herbert com sua mãe.

Homens e mulheres podem ter filhos ou filhas sem nunca terem se casado.

Atividade integrante do livro: FURLANI, Jimena. *Educação sexual na sala de aula: relações de gênero, orientação sexual e igualdade étnico-racial numa proposta de respeito às diferenças*. Belo Horizonte: Autêntica, 2011.

Em algumas FAMÍLIAS os casais escolhem não ter filhos nem filhas.

Atividade integrante do livro: FURLANI, Jimena. *Educação sexual na sala de aula: relações de gênero, orientação sexual e igualdade étnico-racial numa proposta de respeito às diferenças*. Belo Horizonte: Autêntica, 2011.

São muitos os tipos de família, e a diferença deve ser vista como boa e positiva! A família deve ser sempre um local onde encontramos proteção, afeto, compreensão e respeito!

Desenhe aqui a sua família.

Nome: _____ Ano: _____

Professora: _____ Turma: _____

Escola: _____ Data: _____

Atividade Integrante do livro: FURLANI, Jimena. *Educação sexual na sala de aula: relações de gênero, orientação sexual e igualdade étnico-racial numa proposta de respeito às diferenças.* Belo Horizonte: Autêntica, 2011.

5 Iniciar o entendimento acerca das "diferenças" (pessoais, familiares, linguísticas) ao encontro do respeito às diferenças de gênero, racial, étnica, sexual, de condição física, etc.

As conversas sobre as muitas formas de nomear os genitais e os muitos tipos de famílias inserem as crianças e os jovens na compreensão de um mundo múltiplo, diverso, plural. Essas diferenças não devem ser qualificadas, hierarquizadas. Elas devem ser apresentadas como positivas e como resultantes da organização existencial e social da espécie humana e de sua capacidade de ser múltipla. Esse entendimento tem sido possível, cada vez mais, nos campos das ciências humanas e nas muitas e recentes reflexões acerca da vida em sociedade num mundo cada vez mais percebido como plural.

Em publicação da revista *Época* (abril de 2007), sua capa apresentou a seguinte chamada: "Educação: o que nossas crianças devem aprender na escola para enfrentarem os desafios no novo mundo". A reportagem apontava:

> Ter pensamento crítico; conectar idéias; saber aprender sozinha/o; estabelecer metas e fazer escolhas; ter visão globalizada e **conviver com pessoas diferentes** (*Revista Época*, n.º 466, capa, 2007, grifos meus).

No Capítulo 2 deste livro, intitulado "Pressupostos teóricos e políticos de uma educação sexual de respeito às diferenças – Argumentando a favor de um currículo pós-crítico", apresento bases teóricas para que "a diferença" possa estar inserida num planejamento na escola. Convido-as/os à leitura e à ação.

6 Apresentar a educação de meninas e meninos a partir dos Estudos de Gênero

Uma introdução necessária

Educadoras e educadores que se utilizam dos estudos de gênero como um instrumento teórico-analítico da vida social (em geral) e da educação (em especial), certamente concordariam com um entendimento: de que não há nível de escolarização, instituição social, processo de produção de conhecimento, instância pública e/ou privada da vida humana que não seja atravessado por essa categoria identitária – que não seja generificada.

Esse conceito (gênero) surgiu no interior dos estudos feministas e, desde seu início, foi usado para fazer frente, primeiro, ao determinismo biológico (as explicações acerca da diferença ente homens e mulheres justificada pelos atributos do corpo, da biologia, da existência de uma essência, de uma visão naturalizante e universal dos seres humanos). A seguir, o conceito de gênero foi utilizado para mostrar, nas muitas sociedades, as condições de exploração e dominação a que as mulheres estavam submetidas, fazendo a crítica ao patriarcado e ao machismo. Isso tornou inevitável o olhar sobre a história e a constatação de que são múltiplos os processos sociais que constroem os gêneros, processos esses específicos de cada cultura e de cada tempo histórico, reiterados pelos muitos discursos institucionais, entre eles o discurso científico, o religioso, o jurídico, o midiático, o educacional... Discursos esses que, permanentemente, se definem e se diferenciam em processos de formação de meninos e meninas, de homens e mulheres, em muitos espaços... A escola é um deles.

Uma importante e primeira contribuição desses estudos feministas foi o de tornar inquestionável que a construção dos gêneros se dá em relações de poder – de disputas por significados –, sendo, portanto, políticos. As primeiras investigações tiveram o mérito em mostrar que não eram pesquisas neutras – a neutralidade da ciência nunca existiu e não existirá. Os estudos feministas estavam/estão assumidamente interessados em mostrar as desigualdades entre homens e mulheres, inclusive no interior do "fazer científico" – da ciência.

Guacira Louro (1999) fala sobre o impacto que tais estudos trouxeram para a academia e para sociedade, tanto no plano das análises teóricas quanto nas questões de metodologias das pesquisas.

> Objetividade e neutralidade, distanciamento e isenção, que haviam se constituído, convencionalmente, em condições indispensáveis para o fazer acadêmico, eram problematizados, subvertidos, transgredidos. Pesquisas passavam a lançar mão, cada vez com mais desembaraço, de lembranças e de histórias de vida; de fontes iconográficas, de registros pessoais, de diários, cartas e romances. Pesquisadoras escreviam na primeira pessoa. Assumia-se, com ousadia, que as questões eram interessadas, que elas tinham origem numa trajetória histórica específica que construiu o lugar social das mulheres e que o estudo de tais questões tinham (e têm) pretensões de mudança (p. 19).

Os estudos das relações de gênero surgem a partir das décadas 1970 e 1980 e logo se opõem ao conceito de "papéis sexuais" (naturalizado pela biologia). A palavra gênero introduz uma nova categoria de análise aos fenômenos da vida social e histórica, ao mesmo tempo que torna cada vez mais evidente seu enfoque político. Outro aspecto, que não tardou a ser observado pelas primeiras estudiosas, foi a sua intrínseca relação com duas outras categorias identitárias: para Joan Scott (1990), as "desigualdades de poder são organizadas segundo estes três eixos, pelo menos" (p. 6) – gênero, classe social e raça. Logo em seguida, a sexualidade, como aspecto identitário dos sujeitos, também passou a fazer parte das muitas análises de gênero. É por isso que se costuma dizer que "gênero é uma categoria relacional".

O gênero deve ser entendido como uma maneira de indicar construções sociais para as representações sobre os comportamentos ditos adequados aos homens e mulheres, aos meninos e às meninas, o que o torna, assim, "uma categoria social imposta sobre um corpo sexuado" (SCOTT, 1990, p. 7). Para Louro (1999, p. 41),

> [...] homens e mulheres certamente não são construídos apenas através de mecanismos de repressão ou censura; eles e elas se fazem, também, através de práticas e relações que instituem gestos, modos de ser e de estar no mundo, formas de falar e de agir, condutas e posturas apropriadas (e, usualmente diversas). Os gêneros se produzem, portanto, nas e pelas relações de poder.

O pensamento feminista tem se recusado a admitir a hierarquia entre masculino e feminino, apontando para o caráter mutável e não fixo do gênero.

> Quando as/os historiadoras/es buscam encontrar as maneiras pelas quais o conceito de gênero legitima e constrói as relações sociais, elas/eles começam a compreender a natureza recíproca do gênero e da sociedade e as maneiras particulares e situadas dentro de contextos específicos, pela qual a política constrói o gênero, e o gênero constrói a política (SCOTT, 1990, p. 18).

E, se as significações de gênero e de poder se constroem reciprocamente, é possível considerar que a mudança no gênero (no social e em cada pessoa) poderá ressignificar as relações de poder na sociedade, a partir de representações mais igualitárias entre os sexos, os gêneros, as sexualidades, as classes sociais, as raças...

Entendo que a educação sexual, a partir da Educação Infantil, pode particular os estudos das relações de gênero com o processo de formação das crianças e jovens. Costuma-se dizer que a sociedade é machista, sexista, homofóbica e misógina. Esses tipos de preconceitos são construídos a partir de enunciados discursivos, que nos são ensinados ao longo de toda nossa vida. A escola assume papel importante nessa educação que, sabidamente, constitui as representações sociais acerca de homens e mulheres, de modo "desigual". Se um preconceito foi aprendido, é porque ele foi ensinado por alguém ou algo. A educação sexual pode apresentar um contraponto sobre essa educação desigual em gênero, para meninos e meninas – numa prática pedagógica que deve ser sempre desenvolvida a partir da coeducação.

O que justifica a inserção do conceito de gênero no currículo escolar?

No contexto social, a escola tem se apresentado como um importante instrumento de normalização e disciplinamento dos gêneros e das sexualidades – legitimando rígidos padrões definidores do masculino e feminino em nossa cultura. Representações e discursos definidores das identidades de gênero, do conhecimento e do poder cultural, tidos como inquestionavelmente definidos e fixos, estão presentes no interior da escola, do currículo escolar, dos livros didáticos e paradidáticos, das falas das professoras/es, do cotidiano das relações humanas. Assim como na sociedade em geral, na escola há inúmeras expressões identitárias (não apenas a normativa e hegemônica) que devem/podem ser vistas como positivas, pois apontam para as muitas "diferenças" constituidoras dos sujeitos humanos. Essa postura, pedagogicamente problematizadora e política, caminha no sentido de romper com os discursos normatizadores que acabam impedindo outras possibilidades, sociais e afetivas, para as relações humanas, para as expressões de gênero e para as muitas formas de ser menino e ser menina.

Tenho apresentado e discutido o entendimento de identidades culturais, a partir do referencial pós-estruturalista. Nesse campo teórico, as identidades não são dadas e/ou definitivas. As representações acerca das identidades sexuais e de gênero podem ser mudadas ao longo da vida, pois são constitutivas de elementos sociais, históricos, educacionais. Contribuem para esses "processos a complexidade da experiência social vivida" com sua realidade e seus discursos contraditórios (Furlani, 2005b, p. 234); contribuem a cultura popular como importante local de construção de novos significados sociais; contribuem os mecanismos subjetivos individuais; contribui a intensa abordagem na mídia de questões envolvendo diferentes vivências sexuais e permitindo maior visibilidade de práticas e de sujeitos não hegemônicos.

Levando a discussão para o âmbito da educação formal, a escola adquire, assim, importância fundamental. Primeiro, porque é no processo de escolarização que o conhecimento sobre as relações humanas de desigualdade em relação ao gênero, raça, etnia, orientação sexual se produzem e se reforçam; segundo, porque é na escola que, a partir desses conhecimentos, as diferentes identidades serão formadas e reforçadas nas crianças, nos jovens e nos adultos; terceiro, porque todos esses significados e as representações construídas na sociedade estão latentes nessa instituição que lida, ao mesmo tempo, com o espaço privado (doméstico) e o espaço público. Lida, portanto, com a dinâmica do micro e macropoder nas relações de gênero e nos seus significados.

Caminhos para uma educação de gênero na escola

Duas possibilidades de práticas docentes, buscando a construção do conceito de gênero, me parecem produtivas e estratégicas na educação de meninos e meninas: primeiro, entender que a equidade de gênero começa com a disponibilidade de **brinquedos infantis**, sem restrição ou qualquer segregação de acesso baseada no sexo da criança; segundo, promover atividades para crianças e jovens refletirem sobre o apego (ou, pelo menos, o respeito) aos **animais domésticos** como meio de desenvolver a afetividade e interferir no processo construtivo da violência. Esse aspecto (as muitas formas violência) requer especial atenção das/os professoras/es, sobretudo no que se refere à construção de formas de masculinidades e, portanto, está mais voltado à educação dos meninos, garotos e homens.

A equidade de gênero e os brinquedos infantis

Uma educação igualitária entre meninos e meninas começa pela não segregação na definição "do que" ensinar e "como" ensinar. Tanto as informações compartilhadas quanto os meios para tal devem ser igualmente proporcionadas às crianças. Neste sentido, a classificação entre "brinquedos de menina" e "brinquedos de menino" estaria impedindo o acesso ao conhecimento e ao desenvolvimento das habilidades que o brinquedo proporciona e desenvolve.

Crianças de dois a quatro anos não apenas sabem que existem brincadeiras próprias de meninos e meninas, como sabem, também, que existem brinquedos/objetos próprios de cada sexo (aqui se referindo à denominação social mulher/menina e homem/menino).

Podemos começar essa reflexão perguntando: **Afinal, para que servem os brinquedos infantis?** Imagine, portanto, meninas brincando de carrinho e meninos brincando de casinha, com bonecas, etc. A manipulação, a interação, a exploração dos brinquedos pelas crianças permitiria:

- o aprendizado de habilidades específicas, como coordenação motora, reflexos, visão lateral;
- o exercício de atitudes, como desenvoltura no trânsito, controle das emoções, iniciativa, segurança, assertividade, responsabilidade, confiança;
- experimentação para o exercício de funções futuras, como o de mãe, de pai, de professora, de professor, de irmã mais velha, de irmão mais velho, tutora/or, responsável.

Mas por que pais e mães, professores e professoras temem por permitir essa transgressão de fronteiras, essa invasão de atividades no brinquedo? O que está em jogo? O que perturba tanto os adultos quando uma criança resolve brincar, se fantasiar, usar roupas, encenar, assumir a suposta identidade de gênero oposta a sua? Se considerarmos que os brinquedos infantis promovem a aquisição de conhecimentos, atitudes e habilidades, além de promoverem a socialização das crianças, nos preocupar quando uma criança resolve usurpar esses padrões hegemônicos não seria uma contradição educacional? O que, efetivamente, amedronta os adultos? No meu entendimento, é a relação automática que fazemos entre os brinquedos infantis e a formação da identidade sexual da criança. Mais precisamente, a crença de que o brinquedo explicita e constrói a orientação sexual da criança.

Portanto, parece evidente, que, enquanto as pessoas adultas explicitam seu pânico pedagógico diante de um menino, por exemplo, que se fantasia de bailarina e desliza um batom vermelho em seus lábios, estão demonstrando sua homofobia e sua misoginia. Enquanto ser homossexual, gay, lésbica, travesti, transexual, transgênero for algo considerado negativo em nossa cultura, pais e mães, professores e professoras se sentirão muitos desconfortáveis em permitir que menino e meninas brinquem, livremente, com seus brinquedos.

Dessa forma, essa proposta passa, necessariamente por ressignificar positivamente esses sujeitos nos currículos escolares a ponto de não ser considerado ruim, indesejável, frustrante, terrível, desesperador, etc. que uma filha ou um filho se constitua nessas identidades sexuais e de gênero.

São muitas as atividades que podem ser organizadas com as crianças nas quais o conceito e o entendimento de relações de gênero se apresente como central. O importante é que as atividades tenham uma abrangência que ultrapasse a rigidez e/ou atrelamento, mesmo que tácito, a um ou a outro gênero. Títulos como "Brincar de diferentes profissões" ou brincar de "A vida dentro de casa" são favoráveis à inserção de meninos e meninas numa abordagem de gênero mais equânime.

Recomendo que professores e professoras vejam, leiam e utilizem o livro de Marcos Ribeiro (1991) *Menino brinca de boneca? Conversando sobre o que é ser menino e menina.*[3] A seguir, outra possibilidade de atividade para crianças a partir do texto extraído de Cláudia Ribeiro (1996, p. 65). Fazer a leitura da história para as crianças:

> "Existia, num bairro de uma cidade qualquer, um time de futebol em que todos os integrantes eram meninos. Havia grande expectativa por parte do time para a participação num campeonato interbairros. Na época do referido campeonato, um dos integrantes do time mudou-se de cidade e assim o time ficou desfalcado. Nessa ocasião, muda-se para o bairro uma menina, craque de futebol. Depois de muitos questionamentos e, com interesse no campeonato, os meninos deixam a menina fazer parte do time. Vocês acham isso possível?"

O respeito aos animais domésticos – Interferindo na educação de uma masculinidade violenta

Tenho pensado muito, nos últimos anos, em como a Educação Infantil e o Ensino Fundamental podem contribuir para educação de meninas e meninos, numa sociedade mais igual em relação ao marcador identitário "gênero". Os estudos de gênero apontam, também, para os modos como a violência e suas múltiplas facetas são construídas nos sujeitos sociais indiscutivelmente mais presentes nos sujeitos masculinos e nas muitas formas de masculinidades.

Sônia Felipe (2004), no artigo "Violência mimética, adultos, crianças, animais", usa a expressão "matriz cognitiva e moral" para se referir aos constituintes interiores da pessoa acerca de seus valores éticos perante a questão da violência. Para a autora, hoje, a questão da violência contra animais passa pela existência de uma lógica comportamental que possui uma origem que passa pelo aprendizado e se expressa em todas as formas de relação entre os seres humanos, e desses com os outros animais. "Toda criança exposta como testemunha de atos de violência contra animais torna-se aprendiz da violência, ainda que no momento da cena contra o animal essa criança não tenha tomado parte ativa no ato" (FELIPE, 2004).

Esse entendimento reforça a importância do processo educacional formal e a possibilidade de a escola interferir neste processo de construção da violência. A articulação entre o "processo educacional" (seja ele formal e/ou informal) e as "pessoas adultas" que cuidam das crianças (sejam elas mães, pais e/ou professoras/es precisa ser questionada quando falamos da educação em gênero. Cida Lopes (2000), na Coleção "Sexo e Sexualidade", apresenta 12 pequenos livros sobre temas diversos de educação sexual infantil. Ela destina um exemplar para ilustrar como meninos e meninas são educados de modo diferente e como essa educação os constitui como sujeitos distintos. Trata-se do livro *Nem tão rosa, nem tão azul: ser menino e menina*.

> Eta menino levado! Esse menino é impossível, não pára quieto um minuto. Já desisti de chamar atenção.
> Ah! Deixa pra lá, menino é assim mesmo.

Fonte: LOPES, 2000, Livro 10, p. 9.

representação que consta no seu Livro 10, página 9: um menino que amarra um rojão no rabo do gato, acende um fósforo para tacar fogo. Uma mulher adulta que supostamente vê a cena movimenta a mão num gesto de conceder pouca importância e diz: "Eta menino levado! Esse menino é impossível, não pára quieto um minuto. **Já desisti de chamar atenção**. Ah! **Deixa pra lá, menino é assim mesmo**" (LOPES, 2000, Livro 10, p. 9, grifos meus).

Professora e professor, pai e mãe, não desistam de suas crianças! Não desistam de seus meninos! Eles não precisam ser, necessariamente, assim. Os atributos de gênero não são naturais... Os atributos de gênero estão dispersos nos processos discursivos sociais para os quais a escola e a família muito contribuem. São enunciados como esse do livro de Cida Lopes que nos mostram a importância da cultura na definição do que é ser menino e menina, homem e mulher. Eles podem ser questionados, ressignificados, reensinados, reaprendidos.

Outro texto que me deixou muito inquieta foi o artigo "Ligação entre a violência contra animais e a violência contra seres humanos". Trata-se de um estudo nacional, conduzido pela Humane Society of the United States (HSUS), desenvolvido em 2000, acerca da predominância de violência humana em situações que envolvem crueldade contra animais. A pesquisa articulou categorias como: números de pessoas que maltratam animais, tipos de animais maltratados e incidentes de violência em família nos casos mais comuns de crueldade contra animais, nos Estados Unidos. Os resultados mostram números extremamente altos de casos de crueldade intencional cometidos por adolescentes do sexo masculino, com idade inferior a 18 anos. Outra evidência é a relação desses casos de crueldade intencional contra animais com algum tipo de violência familiar, seja violência doméstica, maus-tratos contra crianças ou idosos. Dos 1.624 casos de crueldade contra animais avaliados pela

A autora busca mostrar como nós, adultos, contribuímos para uma educação diferenciada em gênero, na formação de nossas crianças, num reforço social de atributos muitas vezes considerados negativos, em meninas e meninos, em homens e mulheres. Essas representações estão longe de ser "naturais" e "inevitáveis". Elas são atitudes, valores, comportamentos e modos de pensar e agir sobre o mundo como qualquer outra representação, que foi um dia (e/ou durante toda nossa vida) ensinada e aprendida por nós.

Em minha opinião, Cida Lopes (2000) foi muito feliz ao fazer sua escolha, em especial, na pesquisa HSUS (2000), 922 envolveram violência intencional e 504 envolveram extrema negligência.

Qual o perfil das pessoas que cometeram tais atos? A pesquisa mostrou que o sexo masculino foi responsável por 76% dos casos no geral e 94% dos casos de crueldade intencional. As mulheres foram responsáveis por 24% do total dos casos; no entanto, as situações foram diferentes: qualificadas por severa negligência, sobretudo em situações em que as mulheres criavam muitos animais juntos (68%). Nos casos de crueldade proposital, uso de violência explícita e agressão intencional, a maioria dos infratores era do sexo masculino e estava na faixa de menos de 18 anos: 31% adolescentes com idade inferior a 18 anos (94% do sexo masculino); 4% cometido por crianças com idade inferior a 12 anos.

Quem são as vítimas? Embora a pesquisa aponte para dados estatísticos, interessa-me neste livro de educação sexual destacar aspectos que possam ser trabalhados nas atividades com crianças e jovens. Neste sentido, os animais de companhia (animais domésticos, de estimação) são os alvos mais frequentes de crueldade, principalmente os cães (76%) – comumente mais relatados que casos de crueldade contra gatos (19%). Os tipos de crueldades envolvem abuso intencional, tortura, negligência extrema (deixar o animal passar fome e sem cuidados básicos). As agressões mais comuns são: tiros, espancamento, arremesso do animal, mutilação, queimaduras, envenenamento, facadas, rinhas, chutes, abuso sexual, afogamento e enforcamento.

Seria a violência "coisa de homem"?

Os maus-tratos aos animais é uma expressão dessa violência?

Em que medida essa violência é ensinada aos meninos e homens, reiteradamente, ao longo das suas vidas?

É quase impossível não pensarmos no atravessamento de gênero expresso e presente nos muitos modos em que a violência se manifesta. Quero que fique bem evidente que não estou aqui dizendo que meninas, garotas, mulheres não possam ser violentas. Podem e o são. No entanto, estou querendo olhar para a história, para a sociedade e para as culturas que nos têm educado, ensinado e constituído de forma desigual. Os estudos de gênero mostram que a sociedade, quando constrói o que é "o masculino" e o que é "o feminino", cria atributos. Um desses atributos tem sido a violência, a dureza, a bravura, a agressividade a meninos e homens. Isso aponta para a importância que a educação sexual que proponho neste livro possui na inclusão de discussões de gênero e, neste sentido, se volte aos meninos.

Num estudo realizado com homens, pesquisa publicada em 2003, no Rio de Janeiro, foram entrevistados 749 indivíduos com idade entre 15 e 60 anos: 25,4% afirmaram ter usado violência física contra a parceira, 17,2% informaram ter usado violência sexual e 38,8% afirmaram ter insultado, humilhado ou ameaçado pelo menos uma vez a esposa ou a namorada.[4]

Qual a relação da violência masculina sobre as mulheres e as construções discursivas acerca do machismo, do sexismo, da misoginia?

Além dos dados da pesquisa acima, parece que a sociedade nos mostra outras evidências da relação entre "educação de gênero de meninos/homens" *versus* "violência" futura, adulta:

- Rodrigo Barbosa Urbanski, ao se referir, com indignação, aos "**rodeios**", afirma: "Os animais sentem dor como nós. É deplorável a imagem de animais feridos, cansados, humilhados, perturbados, confusos e amedrontados pelos gritos histéricos do locutor e as fortes luzes sobre eles, sem dignidade e privados de executar seus instintos básicos. Sem liberdade!".[5]

PERGUNTO: Seriam os rodeios "coisas de homem"?

- **Farra do boi** é uma das manifestações mais polêmicas não só em Florianópolis mas em todo o litoral de Santa Catarina. A prática acontece com mais intensidade durante a Quaresma. O boi, posto em "liberdade", é perseguido nas ruas e no mato, ou em mangueirões, até esgotarem suas forças. A prática da farra do boi é considerada crime em todo o país desde fevereiro de 1998: Lei Federal n.º 9.605, de fevereiro de 1998. Art. 32: Praticar ato de abuso, maus-tratos, ferir ou mutilar animais silvestres, domésticos ou domesticados, nativos ou exóticos.[6]
PERGUNTO: A farra do boi é "coisa de homem"?

- Em 24 de dezembro de 2004, a revista *Consultor Jurídico* apresentou a seguinte matéria: "Galo na cabeça – Justiça de Pernambuco libera **briga de galos** em Olinda". A reportagem afirmava que a Justiça de Pernambuco liberou a briga de galo em uma rinha de Olinda, que funcionava há mais de 40 anos e tinha 300 associados. Para o relator do processo, desembargador José Fernandes Lemos, a rinha de galo faz parte da "cultura nacional" e seus participantes apenas organizam e presenciam um fenômeno da natureza. O desembargador explicou que o galo costuma lutar com outro macho de sua espécie, mesmo quando não é induzido a fazê-lo pelo homem. Lemos lembrou que a agressividade dos animais também faz parte do espetáculo em rodeios, vaquejadas e corridas de cavalos.[7]
PERGUNTO: Briga de galo é "coisa de homem"?

- Durante a temporada de espetáculos, que acontece de maio a setembro, sempre aos domingos, as **corridas de toros** de Madri são realizadas. Cada corrida geralmente consiste de seis touradas independentes, onde o astro principal não é o touro, e sim o toureiro ou matador, como são conhecidos. Um bom toureiro passa a ser considerado quase como um ídolo nacional, e muitos são lembrados como heróis. No decorrer de cada tourada, o animal é provocado, espetado, e, quando já está exausto, termina sempre da mesma forma: morto com uma espada enterrada nas costas. Apesar da sanguinolência, a tourada é considerada não apenas um esporte mas também uma arte e uma tradição milenar, e por isso é tratada com todas as honras.[8]
PERGUNTO: Seria essa exacerbação da virilidade, a derrota fatal e sangrenta do touro, "coisa de homem"?

Florianópolis, na data de 5 de janeiro de 2005, criou a Coordenadoria do Bem-Estar Animal, por iniciativa da Prefeitura Municipal, objetivando solucionar um grave problema que também é de saúde pública, pois, hoje, na cidade, há uma população estimada de 10.000 cães abandonados e errantes pelas ruas, praças e praias. A página na internet veicula, alternadamente, mensagens educativas que afirmam: "Ponha um 'animal doméstico' na sua vida"; "Carrocinha nunca mais! Adote um amigo" e "Esterilizar é um ato de amor".

Em 2004 conheci a ONG É o Bicho, e foi numa das Feiras de Adoção em Florianópolis que adotei minha cachorrinha Ísis (abandonada no bairro do Rio Vermelho, em 2005) e regularizei a situação de outra cachorrinha que tirei das ruas Tamíris (abandonada no Campeche, em 2003). Foi a convivência com elas, nesses últimos anos, que me fez pensar sobre a importância de unir a **educação sexual** infantil (estudos de gênero, educação de meninos e meninas, pesquisas sobre a violência, etc.) com a **educação ambiental** (a questão do abandono de animais, a gerência do problema nas cidades, a "humanização" no relacionamento entre seres humanos e animais, etc.). A educação tem um papel na formação de uma sociedade menos violenta. Nós temos responsabilidades com nossas crianças e jovens e, talvez, a primeira responsabilidade seja o compromisso em interferir nessa educação desigual de gênero e desprovida, muitas vezes, de valores afetivos, de consideração com a vida, de preocupação com a paz.

Professora e professor, a seguir ofereço algumas informações importantes para integrar atividades sobre animais domésticos com suas crianças. Os dados foram obtidos nos sites das ONGs ARCA Brasil (Disponível em: <http://www.arcabrasil.org.br>. Acesso em: abr. 2008) e em É O BICHO (Disponível em: <http://www.eobicho.org.br>. Acesso em: abr. de 2008).

Cuidados Fundamentais para a Saúde do seu Animal
ONG É o Bicho – <http://www.eobicho.org.br>

Uma única vez: castre seu bichinho. É um ato de amor que fará com que ele tenha uma vida muito mais saudável e fique com você muito mais tempo. Diariamente: ração de boa qualidade (na medida indicada na embalagem), comida preparada especialmente para ele e água à vontade. Muito importante: o seu animal não pode comer qualquer tipo de comida. O ideal seria que 50% de sua alimentação fossem compostos de ração de qualidade e os outros 50% de uma combinação de carne, arroz e legumes (tudo preparado sem sal e gordura). Nunca dê: chocolate, açúcar, tomate, feijão, batata. Estes alimentos causam danos sérios aos dentes e à saúde do animal.

10 Mandamentos da Posse Responsável de Cães e Gatos
ONG ARCA Brasil – <http://www.arcabrasil.org.br>

1. Antes de adquirir um animal, considere que seu tempo médio de vida é de 12 anos. Pergunte à família se todos estão de acordo, se há recursos necessários para mantê-lo e verifique quem cuidará dele nas férias ou em feriados prolongados.

2. Adote animais de abrigos públicos e privados (vacinados e castrados), em vez de comprar por impulso.

3. Informe-se sobre as características e necessidades da espécie escolhida – tamanho, peculiaridades, espaço físico.

4. Mantenha seu animal sempre dentro de casa, jamais solto na rua. Para os cães, passeios são fundamentais, mas apenas com coleira/guia e conduzido por quem possa contê-lo.

5. Cuide da saúde física do animal. Forneça abrigo, alimento, vacinas e leve-o regularmente ao veterinário. Dê banho, escove e exercite-o regularmente.

6. Zele pela saúde psicológica do animal. Dê atenção, carinho e ambiente adequado a ele.

7. Eduque o animal, se necessário, por meio de adestramento, mas respeite suas características.

8. Recolha e jogue os dejetos (cocô) em local apropriado.

9. Identifique o animal com plaqueta e registre-o no Centro de Controle de Zoonoses ou similar, informando-se sobre a legislação do local. Também é recomendável uma identificação permanente (microchip ou tatuagem).

10. Evite as crias indesejadas de cães e gatos. Castre os machos e fêmeas. A castração é a única medida definitiva no controle da procriação e não tem contraindicações.

7 Discutir (antecipar) informações acerca das mudanças futuras do corpo (na puberdade)

Três aspectos, aqui, podem ser destacados sobre a Educação Sexual para a infância. Quando afirmo que é importante "antecipar" informações, não me refiro, apenas, a falar sobre "características sexuais secundárias". A criança pode refletir sobre as mudanças corporais e as adaptações sociais que são esperadas no momento em que começará a "deixar de ser criança" e "se tornar adolescente". Uma delas é o início da capacidade reprodutiva, que requer responsabilidade. Eis aqui o momento em que a educação sexual infantil pode ser mais eficiente em relação à sua questionada capacidade de "mudar comportamentos", sobretudo comportamentos adolescentes e adultos.

Ao contrário do que imaginam muitas professoras/es, mães e pais, a educação sexual infantil não estimula a vivência de uma sexualidade supostamente precoce. Conversar com as crianças sobre essas temáticas é respeitar sua necessidade de informação, é reconhecer seu desenvolvimento, é tornar sua adolescência mais tranquila, mais conhecida, mais responsável; é definir e implementar, na escola, um espaço permanente, de discussão da sexualidade, iniciado na infância, para o surgimento de uma cultura de atitudes em face da vida sexual futura (especialmente quando consideramos a sexualidade que envolve parceiras/os e o ato sexual – esperado socialmente a partir da adolescência).

Noções de direitos coletivos passam, muitas vezes, pelo reconhecimento da diferença como algo socialmente positivo. Crianças podem começar a pensar sobre isso muito antes do que nós, educadoras/es adultas/os, imaginamos.

As mudanças corporais que considero as mais importantes para serem discutidas antecipadamente com as crianças são:
1. Penugens nas axilas e regiões genitais;
2. Crescimento muscular;
3. Aumento de peso;
4. Espinhas no corpo (rosto, braço, nádegas, costas);
5. Oscilação na voz;
6. Alteração no cheiro (aumento da sudorese);
7. Desenvolvimento dos seios (em meninas e meninos [chamada ginecomastia]);
8. Primeira menstruação nas meninas (menarca);
9. Primeira ejaculação nos meninos (polução noturna);
10. Início da capacidade reprodutiva.

Algumas palavras finais

Afirmei, anteriormente, que o desenvolvimento humano deve ser sempre visto como uma continuidade, porém, reconhecidamente, diferenciado. Sob este ponto de vista, diferente não é só a mudança corporal, mas também as manifestações e significados da sexualidade. No entanto, não é esse o ponto de vista hegemônico no pensamento social. A noção que temos sobre vida sexual (porque foi assim que nos ensinaram – não só educadoras/es escolares, mas familiares e mídia) é aquela que comprime os limites de uma aceitável vivência da sexualidade entre o período reprodutivo. Ou seja, ninguém questiona a atividade sexual e as manifestações da sexualidade (como um comportamento legítimo e esperado), no intervalo compreendido entre a puberdade e o climatério (principalmente em relação à mulher). A sexualidade do que está antes (a criança) e do que está depois (a terceira idade) é vista com o olhar da censura, da discriminação, do espanto, do feio, da incompreensão.

Talvez seja este um dos motivos pelo qual as manifestações da sexualidade infantil nos pareça (para nós, adultos) tão absurdas, tão improváveis, rodeadas de interpretações adultas que levam à noção de precocidade, aberração, perversão, despudoramento, depravação, safadeza, moleque. Essa incompreensão é notada, por exemplo, em relação à manipulação dos genitais (autoerotismo/automanipulação ou masturbação), que, por muitos adultos, tem sido interpretada como promiscuidade, falta de respeito, precocidade, leviandade, insulto, um desafio à autoridade adulta.

Somada a essa visão (ou melhor, a essa falta de visão), convém chamar a atenção e reforçar que a sexualidade infantil não pode ser considerada ou comparada à sexualidade adulta, nem nos momentos de analisar ou interpretar suas manifestações. O adulto que busca interpretar o comportamento infantil sob a sua ótica (já saturada de sensualidade e, porque não dizer, de pornografia) tenderá a considerá-la igualmente assim, altamente erotizada. É possível dizer que talvez resida aí uma das maiores dificuldades que nós, adultos, temos em lidar com a sexualidade da criança: o de não considerarmos que ela pode se comportar na forma espontânea sem intenção maliciosa... Como um ato de descoberta e reflexo de aguçada curiosidade.

Referências

FELIPE, Sônia T. (2004). *Violência mimética, adultos, crianças, animais*. Núcleo de Ética Prática/UFSC. Florianópolis, SC - Brasil, 08/06/2004. (Texto autorizado para divulgação na página do É O BICHO e de outros sites defensores dos animais). Disponível em: <www.eobicho.com.br>. Acesso em: 14 mar. 2008.

FONSECA, Cláudia. A vingança de Capitu: DNA, escolha e destino na família brasileira contemporânea. In: BRUSCHINI, Cristina; UNBEHAUM, Sandra G. (Orgs). *Gênero, democracia e sociedade brasileira*. FCC, Editora 34, 2002.

FURLANI, Jimena. Educação Sexual: possibilidades Didáticas. In: LOURO, G. L., NECKEL, J. F.; GOELLNER, S. V. (Orgs.). *Corpo, gênero e sexualidade: um debate contemporâneo na educação*. Petrópolis: Vozes, 2003, p. 66-81.

FURLANI, Jimena. *O Bicho vai pegar! Um olhar pós--estruturalista à Educação Sexual a partir de livros paradidáticos infantis*. 2005. Tese (Doutorado em Educação) Universidade Federal do Rio Grande do Sul, Programa de Pós-Graduação em Educação. Porto Alegre: PPG Edu/UFRGS, 2005a.

FURLANI, Jimena. Gêneros e Sexualidades: políticas identitárias na educação sexual. In: GROSSI, Miriam Pillar; BECKER, Simone; LOSSO, Juliana C. M.; PORTO, Rozeli M. e MULLER, Rita de C. F. (orgs.). *Movimentos sociais, educação e sexualidade*. Rio de Janeiro: Garamond, 2005b, (Coleção Sexualidade, Gênero e Sociedade).

HSUS - Humane Society of the United States. *Ligação entre a violência contra animais e a violência contra seres humanos*. Disponível em: <www.vegetarianismo.com.br>. Acesso em: 24 jul. 2007.

LOPES, Cida. *Coleção Sexo e sexualidade*. [S.l.]. Brasil Leitura. [2000].

LOURO, Guacira Lopes. *Gênero, sexualidade e educação: uma perspectiva pós-estruturalista*. Petrópolis: Vozes, 1999.

LOURO, Guacira Lopes. (org). *O corpo educado: pedagogias da Sexualidade*. Belo Horizonte: Autêntica, 2000.

REVISTA ÉPOCA, 23 abril de 2007, n.º 466. Editora Globo. ISSN 14155494.

RIBEIRO, Cláudia. *A fala da criança sobre sexualidade humana: o dito, o explícito e o oculto*. Campinas: Mercado das Letras, 1996.

RIBEIRO, Marcos. *Sexo não é bicho-papão: um guia para professores*. Rio de Janeiro: Zit, 2006.

RIBEIRO, Marcos. *Menino brinca de boneca? Conversando sobre o que é ser menino e menina*. Rio de Janeiro: Salamandra, 1991.

SANSON, Josiane Ma. de Souza; MOSTACHIO, Meiry. Idéias em Contexto 2 – Educação Infantil. *NATUREZA E SOCIEDADE*. 3. ed. São Paulo: Editora do Brasil, 2005.

SCOTT, Joan. Gênero: uma categoria útil de análise histórica. *Educação & Realidade*, Porto Alegre, 16 (2): 5-22, jul/dez. 1990.

Notas

[1] Este capítulo, de mesmo título, foi publicado no livro FURLANI, Jimena (Org.). *Educação Sexual na escola: equidade de gênero, livre orientação sexual e igualdade étnico-racial numa proposta de respeito às diferenças*. Florianópolis: UDESC (Fundação Universidade do Estado de Santa Catarina); SECAD / Ministério da Educação, 2008. ISBN: 978-85-61136-05-5; p. 71-107.

[2] No *Dicionário Eletrônico Houaiss 1.0.*, do latim "*Homo*" "*homìnis*" (plural), significa "homem, indivíduo, ser humano". Encontrado em registro literário, pela primeira vez, em 1152, conforme MACHADO, José Pedro. *Dicionário etimológico da língua portuguesa*. Lisboa, 3. ed., 5 v., 1977. Também do latim, "*humanìtas*", "*humanitátis*" (plural) significa "humanidade, condição e natureza do ser humano, civilidade", registrada no século XIV.

[3] Este livro recebeu o Prêmio Monteiro Lobato (1991), o Prêmio Altamente Recomendável (1991) da Fundação Nacional do Livro Infanto-Juvenil e o Prêmio Qualidade Brasil (1991).

[4] Disponível em: <http://www.quebrandoosilencio.com.br>. Acesso em: 7 maio 2008.

[5] Disponível em: <www.grito-rbu.blogspot.com/2007/08/maus-tratos-violncia-e-humilhao-festa_10.html>. Acesso em: 7 maio 2008.

[6] Texto sobre a farra do boi disponível em: <http://www.guiafloripa.com.br/cultura/folclore>. Acesso em: 7 maio 2008.

[7] Disponível em: <http://conjur.estadao.com.br/static/text/32062,1>. Acesso em: 7 maio 2008.

[8] Disponível em: <http://www.imagensviagens.com/madrid.htm>. Acesso em: 7 maio 2008.

CAPÍTULO 6

"Informação apenas não muda comportamento?" A educação sexual e a construção de uma cultura da prevenção[1]

> **Educação sexual atinge somente 5,5% das escolas**
> Cássia Gisele Ribeiro
>
> Apenas 5,5% das escolas trabalham semanalmente o tema "Aids e doenças sexualmente transmissíveis (DSTs)".
> Segundo pesquisa realizada pelo Ministério da Saúde, a partir de dados do Censo Escolar, as DIFICULDADES começam no **despreparo dos professores**, passam pelo **medo dos pais** e pela atual **cultura sexista**.
> O relatório mostra ainda que, quando existe alguma **informação**, ela não é aprofundada de forma que **consiga transformar comportamento**.
>
> (Disponível em: <http://aprendiz.uol.com.br>. Acesso em: 18 out. 2006, grifos meus).

Os efeitos de um enunciado – "Informação apenas não muda comportamento!"

Essa é, sem dúvida, uma das frases mais repetidas no contexto da educação sexual e das políticas públicas de prevenção de ISTs, HIV, aids e gravidez na adolescência. Professoras e professores, normalmente, ficam estarrecidos com os dados que revelam aumentos estatísticos em condutas e atitudes sociais/sexuais, em especial dos sujeitos escolares, que, na maioria das vezes e nos últimos 27 anos (pelo menos), têm recebido considerável investimento em campanhas e projetos de conscientização (especialmente se considerarmos que a aids surgiu como doença no início dos anos de 1980).

Mas por que essas campanhas não mudam, ou mudam muito pouco, o comportamento do público a que são dirigidas? O que torna uma informação suficientemente significativa para valer a pena uma mudança pessoal?

Não estou querendo dizer que a "não significância" deste conhecimento esteja relacionada à sua veracidade. No entanto, tem sido notório e desanimador a constatação da ineficiência dos processos educacionais, sobretudo quando o produto a ser observado é a mudança nas atitudes pessoais que levem à decisão pela vivência de uma sexualidade segura, igualitária entre os gêneros, responsável em relação ao futuro pessoal.

Onde reside a ineficácia dessa educação? Nas informações fornecidas? Nos métodos utilizados? No desinteresse das abordagens dos temas? Na faixa etária para qual ela é destinada?

Talvez possamos começar questionando as estratégias didáticas escolhidas pelas/os professoras/es, em qualquer nível de ensino. Talvez elas estejam equivocadas, ou sejam insuficientes para dar sentido e importância àquela informação para crianças e/ou jovens. Ou então, a capacidade de aquela informação ser transformada em comportamento seguro e preventivo esbarre em "outros conhecimentos", em "outras resistências" – que não são percebidas e/ou discutidas.

Entendo que a educação sexual deve se iniciar na infância e contribuir para a construção, gradativa, de uma CULTURA EDUCACIONAL DA PREVENÇÃO, em muitos aspectos da vida humana, sobretudo em relação a sexualidade.

A escola pode e tem sido chamada a encaminhar práticas educativas que promovam a "educação para o trânsito", a "educação contra as drogas", a "educação para o meio ambiente", a "educação para uma vida de cidadania"... Parece que crianças dos últimos anos da Educação Infantil (quatro e cinco anos) e dos primeiros anos do Ensino Fundamental (seis aos 11 anos) respondem mais conscientemente as atividades que envolvem essas "temáticas sérias", ainda distantes de suas realidades. Talvez seja por isso que elas prestam mais atenção e se envolvem nas atividades com empenho.

Professoras/es da Educação Infantil e do Ensino Fundamental podem começar a discutir a sexualidade preventiva, a partir das mudanças corporais e sociais decorrentes da puberdade, em atividades planejadas e sistemáticas de educação sexual, articulando em seu planejamento, além desses conteúdos, três outros temas transversais: saúde, pluralidade cultural e ética.

Aquilo que chamo de uma "**Cultura Educacional da Prevenção**" é uma atitude pedagógica consciente de inclusão curricular, sobretudo da Educação Sexual a partir da infância. Crianças da Educação Infantil e dos primeiros anos do Ensino Fundamental mostram-se mais tranquilas para essas discussões, especialmente porque ainda não têm "interesse" na prática sexual (como ocorre entre adolescentes, nos trabalhos que envolvem as 5ª e 8ª séries – 6º ao 9º ano). Por isso, a mudança de comportamento tão desejada passa, também, pelo momento em que tal conhecimento é transmitido, ou seja, em que fase da vida. Nesse sentido, me parece muito mais eficiente que a educação sexual invista, primeiro, suas tentativas de formação à uma educação preventiva, na infância. Não seria surpresa se concluíssemos que "**a informação não muda comportamento**" **porque ela chega tarde demais**: na adolescência – geralmente nos trabalhos escolares realizados, nos últimos anos do Ensino Fundamental ou no Ensino Médio.

Entendo que discussões na educação sexual não devem ser apenas biológicas. Os ESTUDOS DE GÊNERO têm sido fundamentais para a mudança comportamental, pois envolvem questões como: o senso de pertencimento de gênero, as representações culturais acerca das masculinidades e das feminilidades, os significados sociais às práticas sexuais, as negociações entre homens e mulheres na adoção de práticas preventivas. Essas discussões, muitas vezes, são mais importantes do que ensinar métodos contraceptivos, uso da camisinha, etc... Se pensarmos bem, a escola já trabalha esses conteúdos biológicos e, mesmo assim, temos a impressão de que a sexualidade do adolescente/jovem é sempre "um problema" a "ser contido" e que a gravidez aumenta entre as/os jovens.

Como educadora sexual, não tenho dúvida de que, a maximização das condutas de sexo seguro (que evitam a gravidez adolescente, bem como a contaminação de ISTs/HIV/aids), na juventude e na vida adulta, serão mais facilmente e efetivamente adotadas quando a educação sexual se iniciar na infância. Portanto, a atividade a seguir é uma tentativa de construir, na escola, essa cultura da prevenção. Apresento uma versão, na forma de jogo, para ser trabalhada com as crianças a partir dos cinco anos (na Educação Infantil) e no Ensino Fundamental.

Construindo uma cultura preventiva na educação sexual infantil

O entendimento de desenvolver nas crianças uma cultura da prevenção, que, espero, se manifeste em atitudes futuras perante a vida sexual passa pelo desenvolvimento de algumas práticas pedagógicas que promovam essa reflexão ao longo da vida escolar. A atividade a seguir é uma possibilidade de contribuir para isso.

- As crianças devem receber os quadros para serem completados (fotocopiados das páginas 141, 142 e 143 deste livro).
- Essa atividade pode ser feita individualmente ou de modo coletivo.
- Pode-se deixar que as lacunas sejam preenchidas espontaneamente ou fornecer as palavras, aleatoriamente, para que elas encontrem os devidos lugares.
- É importante reforçar o entendimento das fases da vida em que, socialmente, se espera que as atividades ocorram. Neste sentido, a atividade posiciona a prática sexual (o uso da camisinha) como uma possibilidade adulta (e não na infância).

Todas as situações devem ser discutidas com as crianças.

O enunciado abaixo deve ser destacado com ênfase:

As CRIANÇAS, em algumas atividades que fazem na vida, precisam de PROTEÇÃO. Acidentes podem ser evitados e podemos PREVENIR acontecimentos indesejados.

A seguir, as palavras que preenchem as lacunas, conforme a concepção original da atividade:

- Para andar de bicicleta usamos **tênis** e **capacete** e, assim, protegemos os pés e a cabeça.
- Usamos agasalhos e roupas quando está muito frio e nos protegemos da chuva com **guarda-chuvas** e **capas**.
- Protegemos nossos animaizinhos com **coleiras** de **identificação**. Assim, todas as pessoas sabem que eles possuem alguém que lhes cuida e dá carinho.
- Para praticar esportes tomamos cuidados usando equipamentos adequados (**chuteira** e **joelheira**).
- Na praia usamos **protetor solar** para evitar queimaduras e assaduras na pele.
- Com **escova** limpamos os dentes para manter a boca limpa e evitar que eles estraguem.
- Usamos **cinto** de **segurança** quando andamos de carro. Animais domésticos também devem ser protegidos em **cadeiras especiais**.
- Usamos **gaze** e **luvas** para limpar o sangue de ferimentos de alguém que caiu e se machucou.

PESSOAS ADULTAS também se PROTEGEM e AGEM de modo PREVENTIVO.

- Para trabalhar em fábricas usam **óculos especiais** para proteger os olhos.
- Na pintura, as pessoas não podem respirar a tinta, por isso usam **máscaras**.
- Médicas e médicos só podem operar se houver higiene e **maca**, **luz**, **anestesia** e **bisturi**.
- Para evitar a gravidez e prevenir doenças, usam **camisinha** quando fazem sexo.

Nota

[1] Este Capítulo, de mesmo título, foi publicado no livro FURLANI, Jimena (Org.). *Educação Sexual na escola: eqüidade de gênero, livre orientação sexual e igualdade étnico-racial numa proposta de respeito às diferenças*. Florianópolis: UDESC (Fundação Universidade do Estado de Santa Catarina); SECAD / Ministério da Educação, 2008. ISBN: 978-85-61136-05-5; p. 126-131.

As CRIANÇAS, em algumas atividades que fazem na vida, precisam de PROTEÇÃO. Acidentes podem ser evitados e podemos PREVENIR acontecimentos indesejados.

Preencha as lacunas e converse com sua/seu professora/or e suas/seus colegas.

Para andar de bicicleta usamos _____ e _____ e, assim, protegemos os pés e a cabeça.

Usamos agasalhos e roupas quando está muito frio e nos protegemos da chuva com _____ e _____.

Protegemos nossos animaizinhos com _____ de _____.
Assim, todas as pessoas sabem que eles possuem alguém que lhes cuida e dá carinho.

Para praticar esportes tomamos cuidados usando equipamentos adequados (_____ e _____).

Atividade Integrante do livro: FURLANI, Jimena. *Educação sexual na sala de aula: relações de gênero, orientação sexual e igualdade étnico-racial numa proposta de respeito às diferenças*. Belo Horizonte: Autêntica, 2011.

As CRIANÇAS, em algumas atividades que fazem na vida, precisam de PROTEÇÃO. Acidentes podem ser evitados e podemos PREVENIR acontecimentos indesejados.

Preencha as lacunas e converse com sua/seu professora/or e suas/seus colegas.

Na praia usamos _____ _____ para evitar queimaduras e assaduras na pele.

Com _____ limpamos os dentes para manter a boca limpa e evitar que eles se estraguem.

Usamos _____ de _____ quando andamos de carro.
Animais domésticos também devem ser protegidos em _____ _____ .

Usamos _____ e _____ para limpar o sangue de ferimentos de alguém que caiu e se machucou.

Atividade Integrante do livro: FURLANI, Jimena. *Educação sexual na sala de aula: relações de gênero, orientação sexual e igualdade étnico-racial numa proposta de respeito às diferenças*. Belo Horizonte: Autêntica, 2011.

PESSOAS ADULTAS também se PROTEGEM e AGEM de modo PREVENTIVO.

Preencha as lacunas e converse com sua/seu professora/or e suas/seus colegas.

Para trabalhar em fábricas usam _____ _____ para proteger os olhos.

Na pintura, as pessoas não podem respirar a tinta, por isso usam _____.

Médicas e médicos só podem operar se houver higiene e _____, _____, _____ e _____.

Para evitar a gravidez e prevenir doenças usam _____ quando fazem sexo.

Atividade Integrante do livro: FURLANI, Jimena. *Educação sexual na sala de aula: relações de gênero, orientação sexual e igualdade étnico-racial numa proposta de respeito às diferenças*. Belo Horizonte: Autêntica, 2011.

CAPÍTULO 7

Educação sexual para adolescência – Anos finais do Ensino Fundamental e do Ensino Médio[1]

A adolescência é um período da vida humana, definido, sobretudo por significados de ordem social e cultural, cuja faixa-etária pode diferir conforme o referencial e o foco do seu entendimento. Por exemplo, no Estatuto da Criança e do Adolescente (ECA), a adolescência é concebida como sendo o período dos 12 aos 18 anos – ano limite do início da responsabilidade penal para juventude brasileira. Para a Organização Mundial da Saúde (OMS) a adolescência está compreendida entre os 12 aos 21 anos – referência ao limite das mudanças biológicas e do crescimento corporal. Para algumas/alguns estudiosas/os do campo da Psicologia do Desenvolvimento (Barros, 1990) a adolescência pode ir dos 12 aos 25 anos – concedendo ênfase ao tempo necessário para a maturidade à definição de questões de ordem existencial/filosófica, profissional e sexual.

Não pretendo apresentar, neste livro, uma discussão ampla sobre a adolescência, até porque são infinitas as bibliografias, os estudos e as/os profissionais que se ocupam disso, especialmente nos campos da pedagogia, da psicologia e da história social. Interessa-me lembrar, para quem se propõe a desenvolver a educação sexual para adolescência, que o estará fazendo em dois níveis da escolarização brasileira: no Ensino Fundamental e no Ensino Médio. Portanto, sob o ponto de vista da formação docente, a educação sexual adolescente pode ser realizada, na escola, por pedagogas/os com habilitação nos Anos Iniciais do Ensino Fundamental (1º ao 5º Anos) e professoras/es licenciadas/os das mais diversas disciplinas dos anos finais do Ensino Fundamental e do Ensino Médio.

O importante é considerar que chega um momento de nossa vida em que o ser humano infantil começa, mais enfaticamente, a se preparar para se tornar adulto. Nesse processo, há dois momentos distintos: um período de mudanças e maturação biológica, que denominamos **puberdade**, e outro período de mudanças, aprendizados e maturação de ordem emocional, social e de vida sexual, que denominamos de **adolescência**. Puberdade e adolescência, em certo momento, estão se processando juntas. Em última análise as mudanças biológicas (e em decorrência a maturidade física/corporal), na maioria das vezes, para meninos e meninas, se encerra antes da/o jovem terminar seu processo adolescente (sua maturidade emocional, social e sexual).

É então, nessa fase da vida – que corresponde a parte do Ensino Fundamental e ao Ensino Médio –, que em meninos e meninas observamos a passagem de um corpo infantil para um corpo adulto. Observamos, também, a passagem de um pensamento infantil para um pensamento adulto. A passagem de uma emocionalidade infantil para uma adulta e, por fim, a passagem de uma identidade infantil para uma identidade adulta. Tudo isso, em meu modo de ver, torna a educação sexual, indiscutivelmente, necessária e imprescindível aos currículos escolares. Sobretudo se considerarmos que todos esses processos de maturação mencionados envolvem temáticas de profundo interesse das/os púberes, pré-adolescentes e jovens, como: o conhecimento de si, a busca por autonomia pessoal; a dependência econômica da família; as projeções de um futuro profissional e do mercado de trabalho; a percepção de novos sentimentos afetivos; o aprendizado na vivência com outras gerações; os limites da privacidade e do respeito; a responsabilidade de cidadania (voto, direção no trânsito, consumo de drogas sociais, responsabilidade penal); a percepção da sua sexualidade e orientação sexual; a "iniciação" sexual com parceiras/os, a definição de sua identidade de gênero.

Penso que os **TEMAS** a seguir, como discussão inicial, podem se mostrar produtivos a uma educação sexual adolescente.

1. Iniciação sexual com parceiras/os (a primeira transa – aspectos práticos e sociais).
2. Envolvimento sexual e afetivo com pessoa do mesmo sexo e do sexo oposto.
3. Autoerotismo (masturbação) em meninas e meninos.
4. Virgindade (diferentes significados sociais).
5. Práticas de sexo seguro (evitando a gravidez e as ISTs).
6. Gravidez na vida de uma pessoa – Maternidade e Paternidade.
7. Desigualdades sociais perante aos sexos (discussão sobre as relações de gênero).
8. Sexualidade e diferenças identitárias (gênero, sexo, orientação sexual, raça, etnia, religião, nacionalidade, origem, classe social).
9. Direitos Humanos e Direitos Sexuais.
10. Preconceitos e discriminação.

Algumas possibilidades didáticas

Os jogos e atividades a seguir vão procurar apontar para possibilidades de uma educação sexual com garotas e garotos adolescentes. Quando falo em educação sexual estou considerando todos os momentos de discussão de assuntos ligados à sexualidade humana que acontecem na escola: espontaneamente ou dentro do programa de cada disciplina; por iniciativa da/o professora/or ou por solicitação das crianças e/ou jovens. Estas atividades devem priorizar, sempre, a **COEDUCAÇÃO** – para que as/os jovens possam interagir com os relatos, opiniões e experiências mútuas. A discussão conjunta favorece, também, que as diferenças sociais e as expectativas criadas para cada gênero sejam compreendidas, respeitadas e vistas como igualmente cambiantes, mutáveis, passíveis de serem modificadas.

O mais importante é conhecer o grupo com o qual se vai desenvolver o trabalho de educação sexual, procurar manter uma proximidade etária entre as crianças/jovens e problematizar o nível de cada jogo conforme os interesses, objetivos e maturidade do grupo.

Quando apresento os jogos como sugestões didáticas à educação sexual, quero enfatizar, também, o caráter provisório de cada regra e de cada dinâmica. Toda/o professora/or deve assumir uma permanente "postura de pesquisa" de sua própria prática docente, para que possa se tornar independente em seu trabalho. Quero dizer com isso que a troca de ideias entre professoras/es é sempre importante, e esse foi o motivo principal para a elaboração deste capítulo: compartilhar ideias e possibilidades didáticas. Entretanto, todas/os são capazes de criar seus próprios jogos e atividades. Os aqui sugeridos, podem receber modificações, adaptações e melhorias decorrentes da sua aplicação e avaliação.

Discussão de casos

Consiste em apresentar às/aos jovens pequenos textos, de narrativas fictícias, nos quais um tema da sexualidade é trazido para provocar a discussão a partir de uma situação da vida real. O exemplo abaixo foi retirado do material produzido no curso Gênero e Diversidade na Escola, uma parceria entre o Ministério da Educação e o Centro Latino-Americano em Sexualidade e Direitos Humanos (CLAM/IMS/UERJ), em 2006.[2]

"GRAVIDEZ na ADOLESCÊNCIA

Ao entrar na sala de aula, a professora vê um grupo de adolescentes conversando animadamente num clima de segredo. A professora se aproxima e percebe que o grupo está falando sobre uma de suas alunas, chamada Tamires.

Tamires, uma jovem de 15 anos, mora com a mãe e mais dois irmãos de uma segunda união da mãe. Apesar de não demonstrar interesse especial pelos estudos, ela costuma freqüentar a escola com assiduidade. Entretanto, no último mês Tamires vem faltando muito às aulas. Naquela semana ela ainda não havia comparecido ao colégio. A professora sabe que ela vem enfrentando problemas familiares. Desde que o segundo marido da mãe foi embora, há 6 meses, a mãe passa a maior parte do tempo fora de casa, trabalhando, e cabe a Tamires cuidar dos irmãos menores.

A professora se aproxima do grupo e pergunta: 'Escutei vocês falando o nome da Tamires. Vocês sabem se aconteceu alguma coisa com ela? Estou preocupada, pois ela tem faltado muito às aulas'.

As jovens se entreolham, ficam em silêncio, e uma delas diz: (Final 1) 'A Tamires está grávida e disse que vai parar de estudar'.

(Final 2) 'A Tamires estava grávida e fez um aborto no início desta semana... Soubemos que ela não está passando bem'.

Questões: 1. Se você estivesse no lugar desta professora, você aproveitaria esse fato para abordar, em sala de aula, a questão da gravidez na adolescência? 2. Em sua opinião, o tema do aborto deve fazer parte da discussão sobre gravidez e métodos anticoncepcionais? 3. Como você abordaria a questão do aborto?" (MEC/CLAM, 2006)

Essas questões foram voltadas à reflexão dos professores e das professoras, de 5ª a 8ª séries que participaram do curso Gênero e Diversidade na Escola. No entanto, para a **reflexão das/os jovens no trabalho de educação sexual**, as questões devem ser outras. Sugiro:

1. Por que a gravidez na adolescência é vista como "um problema" da juventude de hoje?
2. Em sua opinião a gravidez é de responsabilidade da menina ou do menino?
3. O que mudaria na sua vida ou o que você faria se você soubesse que está grávida?
4. Ter filhas/os pode ser uma escolha, uma decisão pessoal? E quando?

A estratégia de desenvolver nas/os jovens a responsabilidade pelos atos da prática sexual, bem como pelos efeitos em sua vida de uma gravidez não planejada, tem sido o foco de alguns investimentos educativos, dentre os quais destaco o Projeto Vale Sonhar, criado pelo Instituto Kaplan (<http://www.kaplan.org.br/valesonhar.asp>).

Procurando uma nova abordagem para prevenir a gravidez na adolescência, a equipe do Instituto Kaplan deparou-se com a frase do senador Teotônio Vilela "O sonho é próprio de todos nós. Não há nenhuma realidade sem que, antes, se tenha sonhado com ela". Imediatamente, tornou-se a inspiração na criação da metodologia do Projeto Vale Sonhar. Simples e clara, ela nos mostrou uma possibilidade de desenvolver a motivação do jovem por meio da percepção do impacto da gravidez na realização de seu sonho maior – o projeto de vida (KAPLAN, 2007).

1. Sonhar, identificar que a adolescência não é o melhor momento para se ter um filho; 2. Conhecer o processo da reprodução, associado às práticas sexuais de risco e 3. Desenvolver a habilidade para usar os métodos contraceptivos foram as estratégias de educação preventiva do projeto definidas pelo Instituto, por meio de oficinas, adotadas pelo Instituto Kaplan no projeto Vale Sonhar (KAPLAN, 2007).

Destaco que o caráter original dessa abordagem educativa de educação sexual passa pelo direcionamento dado ao tipo de reflexão proporcionada aos jovens, ou seja, os efeitos de uma gravidez sobre suas vidas. Tal problematização pode ser construída com perguntas como as que seguem: "Você já parou para sonhar?; Qual é a realidade que quer ter?; Onde, como, com quem e o que você estará fazendo daqui há cinco anos?; Você toma suas decisões pensando nisto?; Ou simplesmente, deixa a vida lhe levar?" (Projeto Vale Sonhar – KAPLAN, 2007).

Jogo – O ano em que nasci

Atividade, para educação sexual de adolescentes (12 a 18 anos) criada pela Profa. Jimena Furlani (UDESC), em 2007, para o curso de Formação de Educadoras/es – Convênio MEC/UDESC n.º 076/2006.

Objetivo do jogo

- Motivar as/os adolescentes na discussão de temas como: a sexualidade, a cidadania, as mudanças locais e mundiais para melhoria da qualidade de vida das pessoas, a superação de preconceitos, o reconhecimento dos direitos de grupos subordinados.

- Relacionar o ano do nascimento de cada participante com fatos e acontecimentos mundiais e nacionais ligados a identidades culturais, movimentos sociais, políticas de identidade, direitos humanos, igualdade social, etc.

Descrição do jogo

- Previamente a/o professora/or faz um levantamento dos anos de nascimento de sua turma e prepara o jogo.

- As idades de todas/os são apresentadas/os dispostos na sala para conhecimento geral.

- Pequenos cartazes podem ser feitos previamente com os anos (ou datas) e com a descrição do acontecimento a ser discutido.

- Os fatos são escolhidos pela/o professora/or e estão relacionados com as temáticas que serão debatidas.

- As/os participantes podem ser divididos em equipes – sempre em coeducação (meninas e meninos, juntos).

- As equipes poderão discutir na sala ou proceder a pesquisa, com tempo e dinâmica definida pela/o professora/or.

Veja como fica o jogo, tendo como referência o ano de 2008:

Idade da/do adolescente	Ano de nascimento	Alguns acontecimentos possíveis para discussão na educação sexual
13 anos	1995	A ONU o define como "Ano Internacional para a Tolerância". 1995 - China, Pequim - Realizada a IV Conferência Mundial das Nações Unidas sobre a Mulher. O encontro marcou o reconhecimento definitivo do papel econômico e social da mulher; abriu os caminhos do futuro, consagrou todas as conquistas das mulheres o princípio da universalidade dos direitos humanos, o respeito à especificidade das culturas.
14 anos	1994	20 de Fevereiro - João Paulo II condena uma resolução do Parlamento Europeu que possibilita o casamento e a adoção de crianças por homossexuais. 9 de Maio - Nelson Mandela assume presidência, é o primeiro presidente negro da África do Sul. 17 de Julho - Copa do Mundo dos EUA: O Brasil derrota a Itália nos pênaltis por 3x2, após empate por 0x0 no tempo normal, e sagra-se tetracampeão do mundo. 19 de dezembro - A união civil entre homossexuais é tornada legal na Suécia.
15 anos	1993	29 de janeiro - África do Sul assina convenção da ONU contra tortura e tratamentos ou penas cruéis ou degradantes. Assina, também, a Convenção sobre Formas de Discriminação Contra a Mulher. 23 de julho - Chacina da Candelária. Oito menores são assassinados. 18 de agosto - Garimpeiros assassinam indígenas da reserva Ianomâmi em Roraima. 5 de outubro - O sociólogo brasileiro Herbert de Souza (Betinho) é premiado pela UNICEF. 17 de dezembro - Fundação da ONG Viva Rio. Milhares de pessoas vestidas de branco fazem 2 minutos de silêncio e pedem a paz - Rio de Janeiro. 25 de Junho - Áustria, Viena - Conferência de Direitos Humanos da ONU. Repúdio e condenação veemente a todas formas de violência contra as mulheres. Durante o evento, a violação de gênero assume o mesmo estatuto que outras violações brutais dos direitos humanos, como o genocídio, a limpeza étnica, as torturas, a discriminação racial e o terrorismo. Ano Internacional dos Povos Indígenas do Mundo, pela ONU.

16 anos	1992	Junho - Conferência das Nações Desenvolvimento – Rio de 92, Eco-92 ou UNCED.
		Spike Lee e Denzel Washington trabalham juntos na biografia de Malcom X.
		20 de Abril - Acontece um tributo a Freddie Mercury, líder da banda inglesa Queen, no Estádio da Wembley.
		Organização Mundial da Saúde deixa de considerar a homossexualidade como doença.

17 anos	1991	Visual Aids, de New York, cria o símbolo (laço vermelho) da luta contra a aids
		9 janeiro - A segregação racial nas escolas é abolida na África do Sul.
		1º de Fevereiro - Tomam posse Júnia Marise e Marluce Pinto como as primeiras senadoras brasileiras eleitas no país.

18 anos	1990	A ONU declara o Ano Internacional do Meio Ambiente.
		Nelson Mandela é libertado depois de 27 anos de prisão.
		O ator Kevin Costner dirige um filme épico sobre os indígenas norte-americanos, Dança com Lobos (*Dance with Wolves*), ganhador de sete prêmios da Academia

19 anos	1989	9 de novembro - a queda do muro de Berlim, construído em 1961, atravessava a cidade de Berlim dividindo a Alemanha em Oriental e Ocidental (divisão que existia desde o fim da II Guerra Mundial). Após a II Guerra, a parte ocidental foi controlada pelos EUA, pela França e pelo Reino Unido (seguiu o modelo capitalista). A parte oriental ficou sob o controle da União Soviética (modelo comunista). Em dezembro, os presidentes dos Estados Unidos (George Bush) e da União Soviética (Mikhail Gorbachev) anunciam o fim da Guerra Fria.
		Steven Soderbergh surpreende em sua estreia e vence o Festival de Cannes com uma história de traição, Sexo, Mentiras e Videotape (*Sex, Lies and Videotape*).
		A paraibana Luiza Erundina é eleita prefeita de São Paulo. A revista Veja registra sua vitória alertando para suas "formas de Fusca" e suas roupas que são feitas por uma "costureira de periferia".

Sugestões de outras datas para desenvolver o jogo

21 de março – Dia Internacional para Eliminação da Segregação Racial

Foi instituído pela ONU em razão do massacre de 70 jovens negros em Sharpeville, África do Sul, em 1960, enquanto participavam de um movimento nacional contra lei que vigorava na época (Lei do Passe) e contra a prisão dos líderes de um movimento opositor a essa lei.

7 de maio – Dia Mundial das Crianças Afetadas e Infectadas pelo HIV/aids

O objetivo é influenciar as autoridades para que criem, em particular com os recursos do Fundo Global de Combate à Aids, Tuberculose e Malária, programas adaptados às necessidades dessas crianças, com o fim de integrá-las à sociedade. Várias cidades do mundo já oficializaram o dia 7 de maio como dia de reflexões e de ações visando à inclusão com qualidade e respeito a essas crianças e adolescentes. Objetiva-se dessa maneira usar a aliança do número maior possível de cidades como prova de credibilidade, com o fim de fazer os governos honrarem todas as promessas feitas na "Declaração de Compromisso sobre HIV/aids" de junho de 2001, durante a Sessão Especial da Assembleia Geral das Nações Unidas. No Brasil, apesar da decisão no encontro Nacional de ONGs/aids do reconhecimento desse dia, o Congresso Nacional não tomou qualquer iniciativa de reconhecer essa data.

13 de maio – Dia Nacional de Luta contra o Racismo

18 de maio – Dia Nacional de Combate ao Abuso e Exploração Sexual de Crianças e Adolescentes

A data 18 de maio foi estabelecida em 2000, pela Lei Federal n.º 9.970, como o Dia Nacional de Combate ao Abuso e à Exploração Sexual de Crianças e Adolescentes. Tem como objetivo mobilizar a sociedade para o problema da violência sexual infanto-juvenil. A data foi escolhida para que não seja esquecida a história de Araceli Cabrera Sanches, que aos oito anos de idade foi sequestrada, drogada, espancada, estuprada e morta por membros de uma tradicional família capixaba.

28 de maio – Dia Internacional de Ação pela Saúde da Mulher

Em 1987, na Costa Rica, realizou-se o V Encontro Internacional Mulher e Saúde, ocasião em que as participantes aprofundaram questões relacionadas à morte das mulheres durante a gravidez, o parto, o pós-parto e decorrente de abortos realizados em condições inadequadas. Como estratégia de combate a essas mortes, com 98% de causas evitáveis, as mulheres decidiram por um conjunto de ações capazes de tornar mais visível a mortalidade materna em todo o mundo. Logo, depois do V Encontro, em uma reunião realizada no dia 28 de maio, oitenta mulheres de várias nacionalidades instituíram o 28 de maio como Dia de Ação pela Saúde da Mulher, tomando como subtema, naquele momento, a morte materna. Ver o site: <http://www.redesaude.org.br/html/folheto28maio04.html>.

04 de junho – Dia Internacional das Meninas e Meninos Vítimas de Agressão

06 de Junho – Dia da Adoção da Convenção de Belém do Pará

Em 6 de junho de 1994 foi aprovada pela Assembleia Geral da Organização dos Estados Americanos (OEA) a Convenção Interamericana para Prevenir, Punir e Erradicar a Violência Contra a Mulher, conhecida como Convenção de Belém do Pará, que foi ratificada pelo Brasil em 27 de novembro de 1995.

25 de julho – Dia Internacional da Mulher Negra Latino-Americana e Caribenha

Em 25 de julho de 1992, durante o I Encontro de Mulheres Afro-Latino-Americanas e Afro-caribenhas, em Santo Domingo (República Dominicana), definiu-se que esse dia seria o marco internacional da luta e resistência da mulher negra. Desde então, vários setores da sociedade têm atuado para consolidar e dar visibilidade a tal data, tendo em conta a condição de opressão de gênero, raça e etnia vivida pelas mulheres negras latino-americanas e caribenhas.

23 de agosto – Dia Internacional da Memória do Tráfico Negreiro e de sua Abolição

Foi decretado pela Unesco, em 1999. Foi escolhida por ser a data da revolta de São Domingo, por Dessaline e Toussaint Louverture em 1791. Comemora a insurreição que houve na ilha de São Domingo, hoje Haiti e República Dominicana, na noite do dia 23 de agosto de 1791. A revolta abalou o sistema escravocrata e deu nascimento ao processo da abolição do tráfico negreiro transatlântico. Representa a data da primeira república negra que foi liberada pelos próprios negros em luta contra os franceses.

29 de agosto – Dia Nacional da Visibilidade Lésbica no Brasil

Foi deliberado, durante o I Seminário Nacional de Lésbicas (SENALE), realizado no Rio de Janeiro, de 29 de agosto a 1 de setembro de 1996, que o dia 29 de agosto seria celebrado como o Dia Nacional da Visibilidade Lésbica. Diversas atividades foram realizadas em comemoração a esta data pelo Brasil: Belo Horizonte (ALEM), Rio de Janeiro (Coletivo de Lésbicas Elizabeth Calvet e Grupo de Mulheres Felipa de Souza), Porto Alegre (Grupo Nuances), São Paulo (Setorial GLBTT do PT), entre outras.

14 de setembro – Dia Latino-Americano da Imagem da Mulher nos Meios de Comunicação

Esta data foi uma iniciativa de jornalistas e comunicadoras que participaram do V Encontro Feminista Latino-Americano e do Caribe, realizado em novembro de 1990, na localidade de San Bernardo, Argentina. Elegeu-se o dia 14 de setembro, porque nessa data começou a transmissão pela Rádio Nacional de Brasília, do programa Viva Maria, conduzido pela jornalista Mara Régia, uma pioneira da rádio brasileira. Esse programa, comprometido com a situação da mulher no Brasil, se manteve no ar por dez anos; em maio de 1990 foi censurado por pressões governamentais.

23 de setembro – Dia Internacional contra a Exploração Sexual e o Tráfico de Mulheres e Crianças

Na Conferência Mundial de Coligação contra o Tráfico de Mulheres que aconteceu em Dhaka, Bangladesh, em janeiro de 1999, se elegeu o 23 de setembro como Dia Internacional contra a Exploração Sexual e o Tráfico de Mulheres e Crianças, em homenagem à Lei n.º 9.143 do ano 1913, promulgada nesta data e conhecida pelo nome de Lei Palácios. Foi a primeira com essas características no mundo. A Lei punia de três a seis anos de prisão quem promovesse ou facilitasse a prostituição ou corrupção de menores de idade ao menos mediante consentimento, ou de maiores de idade, em caso de violência ou intimidação.

28 de setembro – Dia de Luta pela Descriminalização do Aborto na América Latina e Caribe

Há duas décadas as mulheres latino-americanas e caribenhas vêm se unindo na luta pelos direitos sexuais e reprodutivos e pela justiça de gênero. No 5º Encontro Feminista Latino-Americano e do Caribe (Argentina, 1990), foi criado o Dia pela Descriminalização do Aborto na América Latina e Caribe, um tema de unânime e prioritária preocupação. O 28 de setembro foi escolhido como data de referência para essa Campanha que, desde 1993, vem impulsionando ações nos diferentes países da região.

29 de setembro – Aprovação da Lei n.º 9.100/95, que garante cotas para mulheres na política

10 de outubro – Dia Nacional de Luta Contra a Violência à Mulher

12 de outubro – Dia Internacional da Mulher Indígena

15 de outubro – Dia Mundial da Mulher Rural

17 de outubro – Dia Internacional para a Erradicação da Pobreza

20 de novembro – Dia Nacional da Consciência Negra

Dia de denúncia, protesto e resistência, em memória ao martírio e à morte de Zumbi dos Palmares, no ano 1695. Protesto conta a ideologia da democracia racial. Resistência, que está no espírito de Zumbi e presente na esperança do povo negro. A Lei n.º 10.639, de 9 de janeiro de 2003, incluiu o dia 20 de novembro no calendário escolar, data em que se comemora o Dia Nacional da Consciência Negra.

25 de novembro – Dia Internacional pela Eliminação da Violência contra a Mulher

Um dia para lembrar, protestar e mobilizar contra a violência à mulher. Definido no I Encontro Feminista Latino-Americano e do Caribe, realizado em 1981, em Bogotá, Colômbia, o 25 de novembro é o Dia Internacional da Não Violência contra a Mulher. A data foi escolhida para lembrar as irmãs Mirabal (Pátria, Minerva e Maria Teresa), assassinadas pela ditadura de Leônidas Trujillo na República Dominicana. Em 25 de novembro de 1991, foi iniciada a Campanha Mundial pelos Direitos Humanos das Mulheres, sob a coordenação do Centro de Liderança Global da Mulher, que propôs os 16 dias de ativismo contra a violência contra as mulheres, que começam no 25 de novembro e encerram-se no dia 10 de dezembro, aniversário da Declaração Universal dos Direitos Humanos, proclamada em 1948. Esse período também contempla outras duas datas significativas: o 1º de dezembro, (Dia Mundial da Luta contra a Aids) e o dia 6 de dezembro (Dia do Massacre de Montreal). Em março de 1999, o 25 de novembro foi reconhecido pelas Nações Unidas (ONU) como o Dia Internacional pela Eliminação da Violência contra a Mulher.

1º de dezembro – Dia Nacional de Luta contra a Aids

No mundo, 35 milhões de pessoas vivem com HIV. 15 milhões são mulheres, e 90% da epidemia está concentrada nos países em desenvolvimento.

10 de dezembro – Dia Internacional dos Direitos Humanos

A data celebra a adoção, em 1948, pela Organização das Nações Unidas (ONU), da Declaração Universal dos Direitos Humanos. A Declaração nasceu em resposta à barbárie praticada pelo nazismo contra judeus, comunistas, ciganos e homossexuais e também às bombas atômicas lançadas pelos Estados Unidos sobre Hiroshima e Nagasaki, matando milhares de inocentes. É a partir dessa Declaração que começa a se desenvolver o Sistema Internacional dos Direitos Humanos, mediante a adoção de inúmeros tratados internacionais voltados à proteção dos direitos fundamentais. Entre eles a Convenção sobre a Eliminação de Todas as Formas de Descriminação contra a Mulher (CEDAW), adotada pelas Nações Unidas em 18 de dezembro de 1979.

1981 – Neste ano foi descoberto o primeiro caso de aids

Síndrome da Imunodeficiência Adquirida, na Califórnia, Estados Unidos.

Reflexão – Relações de poder, identidades e subordinação histórica

Atividade, para educação sexual de adolescentes (12 a 18 anos) criada pela Profa. Jimena Furlani, em 2007, a partir da redação da aluna Emily Rasuan Medeiros do Amaral. A redação chegou até mim por sua mãe, a amiga Selma Medeiros.

Ano: 2007.

Escola: Colégio Cruz e Souza - Município de São José (Região da Grande Florianópolis)

Cenário: Uma aula de Língua Portuguesa para a 8ª série (9º ano) do Ensino Fundamental.

A professora Ana Alice Bueno, após explicar como elaborar uma dissertação, pede para que cada aluna/o escreva um texto com a temática "igualdade básica entre todas as pessoas". Para ajudar e provocar a reflexão, a professora apresenta uma definição de "preconceito" e estimula a classe a dissertar sobre o assunto. Emily, uma das alunas, escolhe seu título e produz um longo texto. A seguir, um parágrafo [...]

Apenas neste parágrafo (constituído de três períodos), é possível observar que Emily reúne, pelo menos, 13 elementos a uma discussão sobre "diferenças", diversidade cultural, relações de poder na definição de significados sociais, conceitos construídos na história, sociedade desigual.

Quais seriam esses elementos? Resolvi organizá-los em cinco categorias descritas após a reprodução da redação.

Certamente, nem a professora Ana Alice nem Emily estavam associando essa aula a uma aula de educação sexual – até porque ainda é hegemônica o entendimento de que a educação sexual envolve, apenas, discussões do corpo, da biologia, da prevenção, etc.

Quando li a dissertação de Emily pensei no potencial presente no texto e na riqueza pedagógica e política proporcionada nessa aula

> **Uma atitude irracional**
>
> O preconceito, apesar de ser considerado imoral e anti-ético, é algo muito comum. Mesmo porque, algumas pessoas são preconceituosas e não se dão conta disso. Uma grande prova disso no passado é o fato de Hitler pensar que os alemães eram a raça pura, os donos do mundo e mandar matar judeus, homossexuais e ciganos, considerando-os completamente desajustados e inferiores. Nos dias de hoje, temos vários tipos de preconceitos que vão desde generalizar (como dizer que "todos" os políticos são corruptos), à discriminação de raça e nacionalidade.

(Texto de Emily Rasuan Medeiros do Amaral, 2007).

IDENTIDADES CULTURAIS	PRINCÍPIOS E/OU VALORES SOCIAIS	SUJEITOS SUBORDINADOS	PERSONAGEM HISTÓRICO	IDEOLOGIA E/OU DOUTRINA
Religião Etnia Sexualidade	Antiética Imoralidade Preconceito Discriminação	Judeus Ciganos Homossexuais	Adolf Hitler	Eugenia Raça Pura

de Língua Portuguesa. Esse potencial, sem dúvida, foi merecedor de ser compartilhado com outras/os educadoras/es interessadas/os em trazer para a escola e para a formação da juventude de hoje reflexões voltadas a uma sociedade mais tolerante, mais respeitosa das diferenças, mais solidária e consciente dos processos de subordinação impostos, historicamente, a certas pessoas e grupos.

Entendo que a reflexão de categorias como essas pode ser vista como importante na formação de crianças e jovens para uma sociedade da paz, de respeito às diferenças e de acolhida da multiplicidade. Da mesma forma, podemos pensar como, a partir do texto, a professora poderia estabelecer relações com outras identidades culturais igualmente discriminadas em nossa cultura. Uma possível maneira de mostrar essa articulação é pelo movimento inverso, ou seja, apresentando os elementos (listados nas cinco categorias), problematizando seus conceitos e sua história e solicitando a elaboração de um texto dissertativo, a partir deles.

PROFESSORA/OR, antes de desenvolver a atividade é bom estudar e compreender alguns conceitos. Eu os apresento à luz do referencial que entendo ser o mais produtivo para pensar a educação sexual, ou seja, os Estudos Culturais e os Estudos Feministas a partir da perspectiva pós-estruturalista de análise. Alguns conceitos importantes:

Identidade Cultural: "no contexto das discussões sobre multiculturalismo e sobre a chamada 'política de identidade', é o conjunto de características que distinguem os diferentes grupos sociais e culturais entre si. [...] a identidade cultural só pode ser compreendida em sua concepção com a produção da diferença e concebida como um processo social discursivo" (SILVA, 2000, p. 69). São exemplos de identidade cultural: o gênero, a sexualidade/orientação sexual, a raça, a etnia, a religião, a classe social, etc.

Política de Identidade: "conjunto de atividades políticas centradas em torno da reivindicação de reconhecimento de grupos considerados subordinados relativamente às identidades hegemônicas" (SILVA, 2000, p. 92).

Hegemonia: conceito desenvolvido por Antonio Gramsci (1891-1937) que significa o "processo pelo qual um determinado grupo político garante o domínio político da sociedade" (SILVA, 2000, p. 65), preponderando sobre outro/s.

LGBTTT: sigla usada pelo movimento homossexual que reúne os diversos sujeitos que se sentem subordinados socialmente a partir da não aceitação de sua sexualidade e/ou expressão de gênero. "L" = lésbicas; "G" = gays; "B" = bissexuais; "T" = travestis; "T" = transexuais; "T" = transgêneros.

Jogo – O bingo adolescente

Atividade para educação sexual de adolescentes (12 a 18 anos) criada pela Profa. Jimena Furlani, em 2005, para Curso de Formação de Educadoras/es – Projeto de Extensão – FAED/UDESC.

- As equipes recebem um cartão de Bingo, numerado, igual para todas.
- Cada número corresponde a ASSUNTOS do interesse e da vida adolescente, de meninos e meninas, previamente determinados pela/o professora/or.

	13	30		62		
04		24	39		55		77	84
07		25		43	57	64		
	16			48				91

- A/o professora/or elabora um CARTÃO GIGANTE que será fixado no quadro da sala (ou na parede). Esse cartão apresenta os temas no lugar dos números e está coberto. Cada assunto é "revelado" à medida que o jogo prossegue.

	Drogas	Gravidez		Emprego		
Aborto		Primeira relação	Violência	Direitos Humanos		Paixão Amor	Namoro
Virgindade		DST HIV AIDS		Sexo Seguro	Masturbação	Escola	
	Família		Homossexualidade			Voto

- Os números são sorteados e as equipes discutem cada assunto. Depois de transcorrido o tempo determinado, a discussão volta-se para o grande grupo.
- Organizam-se, no quadro ou em cartazes, os diferentes entendimentos referentes a cada TEMA/ASSUNTO.
- A/o professora/or pode solicitar uma pesquisa acerca dos diferentes discursos sociais referentes a cada tema, por exemplo, o discurso religioso, o médico, o midiático, o jurídico, etc.

Jogo – Conhecendo e respeitando as diferenças individuais

Atividade para educação sexual de adolescentes (12 a 18 anos) criada pela Profa. Jimena Furlani em 1996, para o Curso de Especialização em Educação Sexual Turma 4 – FAED/UDESC.

Este jogo se insere num contexto de "início de trabalho", ou seja, quando um grupo começa, intencionalmente, a educação sexual ou quando se torna necessário entrosar as/os participantes.

O eixo norteador da atividade prioriza a compreensão de multiplicidade individual, do respeito às diferenças e aos interesses pessoais. Portanto, seu objetivo é perceber que as pessoas são diferentes umas das outras e estabelecer um clima de respeito à maneira de ser de cada um, à história pessoal e as preferências manifestadas. Essa lógica (a compreensão coletiva da pluralidade) deverá, posteriormente ser transferida à ideia de uma sexualidade humana, igualmente múltipla.

Desenvolvimento do jogo

A atividade se inicia com os meninos e meninas dispostos em um grande círculo, um sentado ao lado do outro. Cada um recebe uma folha, conforme o modelo da página 158, deste livro e uma caneta. O quadro deve ser reproduzido numa folha A4 com o mesmo espaço destinado a cada pergunta. Cada participante deve responder as perguntas. Quando todas/os terminarem, num grande círculo, se inicia a "revelação" das características e das preferências pessoais, que deve acontecer seguindo um item de cada vez, ou seja, todos primeiro falam do item 1, depois do 2, etc.

Princípios do jogo

Este é um jogo para ser feito com calma. A ideia não é "saber da vida alheia", mas perceber as diferenças individuais como resultantes de vários fatores. O quadro foi elaborado a partir da intenção de mostrar que são através de pequenos detalhes que percebemos como podemos ser tão diferentes uns dos outros. Na sistemática de aplicação a/o educadora/or deve aproveitar para problematizar outra noção importante do jogo: a ideia de que, **na vida, temos que fazer escolhas**. Muitas vezes, temos opções e podemos escolher (como mostram os itens 3, 5, 7 e 9). Às vezes, não temos opções e, para isso, precisamos opinar por conta própria (itens 4, 6 e 8). Há certas situações que não dependem da nossa vontade (item 1 - o nome). Há outras em que gostaríamos que nossa escolha fosse respeitada e, muitas vezes não o é (no item 2 - há situações em que meninos e meninas adolescentes têm apelidos que não gostam). O item 9 permite a discussão em torno das preferências estéticas de cada um. Problematizar "o que é bonito ou belo" numa dada sociedade, é fundamental para compreensão de que os padrões de beleza passam pela influência cultural mas também pelo componente individual/subjetivo da escolha.

Resumindo: Na vida, temos que fazer escolhas.

- Muitas vezes, temos opções e podemos escolher.
- Às vezes, não temos opções e precisamos decidir por conta própria.
- Há certas situações que não dependem da nossa vontade.
- Há outras em que gostaríamos que nossa escolha fosse respeitada.
- Há situações em que mostramos nossas preferências estéticas.
- Há um componente individual/subjetivo nas escolhas.

Potencializando a participação e a reflexão no jogo

Diversas perguntas podem ser feitas ao grupo, à medida em que o jogo acontece, para que as/os participantes reflitam dentro da lógica do jogo.

Sugiro algumas:

- No item 1: "Qual a história do seu nome?";
- No item 2: "Por que as pessoas insistem em usar um apelido que você não gosta?"; "Por que sua vontade não é ouvida?"; "Como eu me sinto quando minha vontade não é respeitada?";
- No item 3: "Quantos escolheram o mesmo número?"; "Será que é possível explicar as razões que me fazem gostar mais do número x?";
- "Será que é possível julgar moralmente alguém pela escolha que ela fez?";
- No item 4: "Desde quando eu torço para este time?"; "Será que alguém influenciou minha decisão?"; "Será que às vezes nossas escolhas são influenciadas por certas pessoas ou situações?"; "Será que alguém é naturalmente bom ou mau por torcer por um time adversário ao meu?";
- No item 5: "Por que gostamos dessa cor?"; "Durante toda nossa vida sempre tivemos esta preferência?"; "Há situações onde preferimos uma cor e em outras mudamos a escolha?"; "Nossas opiniões podem mudar?";
- Geralmente, as respostas ao item 6 refletem um comportamento adolescente generalizado. A maioria escolhe "dormir", "namorar" ou "ir a festas";

Jogo - Conhecendo e respeitando as diferenças individuais

1. Meu **nome**	
2. Meu **apelido** ou o modo **como gosto que me chamem**	
3. Meu **número favorito** (circule o número escolhido)	0 1 2 3 4 5 6 7 8 9
4. Meu **time de futebol** do coração é o:	
5. Minha **cor** favorita (assinale apenas uma cor)	☐ Azul ☐ Vermelho ☐ Amarelo ☐ Preto ☐ Verde ☐ Branco ☐ Rosa ☐ Lilás ☐ Marrom
6. O que mais **gosto de fazer**	
7. Na **TV** gosto de assistir (escolha apenas um e sublinhe)	Jogo de Futebol Novela Desenho Show Musical Programas de Debate Noticiário Programas de Humor Filmes
8. A **pessoa que mais amo**	

9. Qual a figura que considero **mais bonita** (circule)

♥   ♦   ♠   ♣

Atividade Integrante do livro: FURLANI, Jimena. *Educação sexual na sala de aula: relações de gênero, orientação sexual e igualdade étnico-racial numa proposta de respeito às diferenças*. Belo Horizonte: Autêntica, 2011.

- O item 8 pode apontar para questões pessoais e afetivas, como a expectativa e excitação pelo namoro e os conflitos emocionais envolvendo pais e mães. A maioria das respostas de adolescentes meninas apontam o "namoradinho", real ou fictício, como a pessoa "que mais ama". Nos projetos de extensão em que o jogo foi aplicado com adolescentes, familiares foram raramente mencionados. Em alguns casos há até a menção do animalzinho de estimação. Muitas vezes um amigo ou amiga aparecem nesta resposta. É interessante perceber essa multiplicidade de respostas como reflexo das diferenças individuais.

Entendimentos conceituais – Preconceitos e movimentos sociais

Atividade de Formação Continuada de Educação Sexual para professoras e professores, criada pela Profa. Jimena Furlani, em 2005, para o Curso de Formação de Educadoras/es – Projeto de Extensão, FAED/UDESC.

É inegável a contribuição dos movimentos sociais do século XX para a explicitação e o combate das desigualdades baseadas em identidades culturais não hegemônicas.

Vamos agora discutir e confrontar entendimentos acerca de preconceitos e discriminações que podem ser discutidos na educação sexual com alunas e alunos dos 7º, 8º e 9º anos do Ensino Fundamental e do Ensino Médio.

Gabarito: de cima para baixo – E - B - G - H - F - A - I - C - D.

Entendimentos conceituais – Formas de preconceitos

Associe as colunas...

A	Sexismo	Teorias ou crenças que definem uma hierarquia entre raças e etnias. Preconceito externo e/ou atitude de hostilidade a indivíduos decorrente de sua raça.
B	Transfobia	Desprezo e discriminação sofrida por travestis, transexuais e transgêneros que podem ser desde a ofensa verbal até a agressão física.
C	Misoginia	Aversão, ódio e horror em relação aos homossexuais. De um modo geral refere-se a todas as pessoas que assumem a identidade LGBTTT.
D	Machismo	Preconceito direcionado as mulheres que se relacionam afetiva e/ou sexualmente com outras mulheres. Aversão a lésbicas (mulheres homossexuais).
E	Racismo	Visão de mundo que define certa nação, nacionalidade ou grupo étnico como central, como positivo.
F	Etnocentrismo	Tipo de preconceito que tem como base o sexo da pessoa.
G	Homofobia	Preconceito baseado no medo ou repúdio persistente de pessoas estranhas ou estrangeiros, de diferentes nacionalidades, de classe social, pessoas de cor e de religiões diferentes. Relaciona-se com o racismo.
H	Lesbofobia	Ódio, aversão, horror, desprezo em relação ao que vem das mulheres e/ou do feminino.
I	Xenofobia	Exagero sentimento de orgulho masculino. Conjunto de atos que nega às mulheres os mesmos direitos concedidos aos homens. É uma expressão de sexismo.

Jogo – Que mudanças são essas em meu corpo?

Atividade, para educação sexual de pré-adolescentes (9 a 11 anos) e adolescentes (12 a 18 anos) criada pela Profa. Jimena Furlani, em 1996, para o Curso de Especialização em educação sexual - Turma 4, FAED/UDESC.

O objetivo deste jogo é conhecer as mudanças corporais esperadas durante a puberdade, em meninos e meninas, se possível, se antecipando a elas. Dessa forma, o ideal é que o jogo também seja desenvolvido durante esse período, ou seja, na fase que alguns chamam de pré-adolescência, onde surgem as características sexuais secundárias nos púberes de 9 a 11 anos.

No período da vida em que se deixa a infância e se dirige à vida adulta, duas etapas estarão acontecendo, quase que simultaneamente: a puberdade (com as mudanças, aprendizagens e maturações de ordem biológica) e a adolescência (com as mudanças, aprendizagens e maturações de ordem emocional). Portanto, o jogo foi inspirado na importância de reforçar às/aos participantes a concepção de que, os processos de transformações que ocorrem no nosso organismo são temporários e necessários. Tanto as mudanças perceptíveis como as não observáveis, as "agradáveis" ou aquelas que procuramos esconder (espinhas no rosto, gorduras localizadas, aumento dos seios, ereções comuns, barba incipiente, nariz e mandíbulas desproporcionais, sensação de mãos e braços longos, etc.). Essas mudanças significam que estamos crescendo, que estamos deixando de ser criança. Neste sentido a adolescência deve ser vista como uma fase importante da vida.

Entendo que a discussão da sexualidade deve acontecer a partir da Educação Infantil. No entanto, professoras e professores podem iniciar e/ou dar continuidade nos primeiros anos do Ensino Fundamental, em atividades sobre o corpo e sobre as diferenças corporais. Em pesquisa anterior (FURLANI; LISBOA, 2004) percebemos que há uma estreita relação entre possíveis conflitos emocionais adolescentes e a desinformação e desconhecimento de aspectos biológicos básicos (especialmente sobre assuntos ligados a tamanho do pênis, masturbação, primeira transa, virgindade, ginecomastia, entre outros temas). Este jogo pretende proporcionar situações de informação e de reflexão sobre questões de ordem social e cultural na determinação das representações acerca das vivências sexuais de meninos e meninas, a partir do seu corpo.

A atividade se inicia com os meninos e as meninas sendo divididos em dois grupos mistos, dando a cada um deles um rolo de papel com as dimensões aproximadas de 2 m x 90 cm e um pincel atômico. Solicito-lhes que escolham dois representantes de cada equipe (devendo ser um menino e uma menina). Num papel deita-se a menina, que terá seu corpo contornado pelo menino; no outro papel deita-se o menino, e a menina contorna seu corpo com o pincel atômico. Ao final, temos o contorno de dois corpos, que são fixados da parede, pelas equipes. Após este momento, todos se sentam defronte aos desenhos discutindo as diferenças possíveis de serem observadas.

A/o professora/or espalha no centro de todos inúmeros cartões (previamente elaborados), com as características sexuais secundárias escritas (conforme relação a seguir), voltados para baixo. Solicita que cada participante retire um cartão, sendo os restantes divididos entre as equipes. As equipes se reúnem e discutem a parte do corpo, dos desenhos fixados na parede, em que cada característica deve ser colada, da mesma forma em que decidem se aquela característica pertence ao menino ou a menina. O desenvolvimento da atividade fica mais produtivo se a discussão for alternada, pois favorece a participação das duas equipes durante todo o jogo. A/o professora/or deverá esclarecer os conceitos das palavras grifadas em negrito; para isso, recomendo a utilização de gravuras, mapas corporais, bonecos, transparências com esquemas, etc., que deverão ser providenciados com antecedência.

Meninas e moças

- Crescimento dos **pelos pubianos** em torno dos genitais
- Aumento da **sudorese**, principalmente em torno dos genitais e axilas
- Aumento e crescimento de **pelos** nos braços e no corpo
- O corpo se torna mais curvilíneo
- Mudança facial (testa, **mandíbula** e nariz ficam mais proeminentes)
- Alargamento da **pélvis**, aumentando os **quadris**
- Aparecimento de **acnes** e **espinhas**
- **Lábios genitais** crescem e escurecem
- **Clitóris** cresce e torna-se mais sensível
- Surge a **primeira menstruação** (menarca)
- Crescimento corporal e aumento da **musculatura**
- **Vagina** cresce e produz mais secreção
- Todo mês ocorre a **ovulação**
- **Útero** cresce e seu revestimento (**endométrio**) engrossa a cada mês
- **Menstruações** acontecem todo o mês

Meninos e moços

- Crescimento dos **pelos pubianos** em torno dos genitais
- Aumento da **sudorese** (em especial, em torno dos genitais e axilas)
- Mudança facial (testa, **mandíbula** e nariz ficam mais proeminentes)
- Aumento e crescimento de **pelos** nos braços, nas pernas, no peito e no rosto
- Engrossamento da **voz** (pode estar associado ao desenvolvimento do pomo de Adão)
- Uma linha de pelos pode crescer da **área genital** até o umbigo
- Aparecimento de **espinhas** e **acnes**
- Início da produção de **espermatozoides**
- Alargamento dos **ombros** em maior grau do que nos **quadris**
- Aumento dos **testículos**
- Início das **poluições noturnas**
- Crescimento do **pênis** com aumento de sua sensibilidade
- **Ereções** mais frequentes
- **Escroto** torna-se mais escuro, alternando também de textura
- Aumento e modificação da **musculatura**

Jogo – Vamos "ficar"?

Atividade, para educação sexual de adolescentes (12 a 18 anos) criada pela Profa. Jimena Furlani, em 1996, para o Curso de Especialização em Educação Sexual, Turma 4, FAED/UDESC.

A discussão consiste em PROBLEMATIZAR FRASES AFIRMATIVAS, apresentadas ao grupo, pela/o professora/or, previamente escolhidas/criadas para discussão de tema específico.

Escolhi o "ficar" para ilustrar o jogo, uma vez que essa situação real da vivência adolescente é altamente excitante para as/os jovens, pois reflete situações cotidianas já experimentadas, ou a concreta possibilidade de um contato mais íntimo (algo que muitos desejam ansiosamente, quer por pressão dos pares, quer por intensa curiosidade, quer por expectativa social construída desde a infância).

Frases à discussão

1. O namoro ajuda na vivência da amizade, da intimidade e de experiências amorosas e sexuais.
2. No Brasil, o relacionamento amoroso casual e sem compromisso é denominado, pelos adolescentes, "ficar".
3. Nem todas as pessoas (adultos ou adolescentes) namoram ou "ficam" com alguém.
4. Para que um relacionamento seja de qualidade a responsabilidade é de ambos as/os parceiras/os.
5. Num namoro, nem sempre as pessoas querem manter relações sexuais.
6. Ter tido vários namoros pode significar um direito de escolha.

A atividade se inicia com a/o professora/or **fixando um painel na parede da sala**, que apresenta seis frases sobre o tema, uma abaixo da outra, sem rigor na sequência. As frases são numeradas e estão cobertas por faixa (não devem ser vistas, a princípio); apenas o número deve ser visto.

O grupo é dividido em duas equipes mistas, e disposto em formato de "ferradura" voltado para parede onde se encontra o painel. Através de sorteio, cada equipe será responsável por três frases. Uma/um voluntária/o sorteia um dos números. Em seguida, retira a proteção da pergunta sorteada, para que o grupo todo discuta. A equipe, cujo número lhe pertence, tem a prioridade de manifestar a opinião sobre a frase afirmativa. Todos os alunos e alunas devem falar. Opiniões discordantes, mesmo que originárias da mesma equipe, devem ser consideradas.

Outras possibilidades didáticas

Embora este jogo tenha sido pensado, inicialmente, para discutir a forma contemporânea do namoro adolescente, a estratégia de problematizar o tema a partir de frases afirmativas pode ser usada para outros assuntos, como: masturbação, virgindade, aborto, primeira relação sexual, homossexualidade, etc. Por exemplo, apresento algumas sugestões de como podem ser as frases, para outras temáticas. Indico o referencial GTPOS (1994) de onde foram retiradas todas as frases a seguir:

Autoerotismo (masturbação) (GTPOS, 1994)
- "Tocar, acariciar o corpo e os genitais é uma forma de obter o prazer";
- "A masturbação não causa males ao menino ou à menina";
- "Crianças, jovens, adultos e pessoas idosas se masturbam".

Virgindade (GTPOS, 1994)
- "Em nossa sociedade, a virgindade é mais exigida para a mulher do que para o homem".

DST e aids (GTPOS, 1994)
- "As DSTs e o vírus da aids são transmitidos através do sangue e dos fluidos sexuais";
- "O uso da camisinha impede o contato com os fluidos sexuais".

Amor (GTPOS, 1994)
- "Ao longo da vida, estabelecemos diferentes vínculos amorosos (família, amigos, namorados, animais de estimação, etc.)";
- "Não é preciso amar alguém para querer fazer amor com esta pessoa".

Aborto (GTPOS, 1994)
- "Estão em tramitação no Congresso Nacional projetos que consideram outras situações indicativas de aborto legal, como malformações graves e irreversíveis do feto";
- "Ninguém pode forçar a mulher a fazer o aborto contra a sua vontade";
- "Adolescentes que engravidam e pensam em interromper a gravidez deveriam conversar com

- pessoas adultas com as quais tenham relações de confiança, de compreensão e de respeito";
- "As crenças das pessoas a respeito do aborto baseiam-se em seus valores religiosos, culturais e familiares";
- "O aborto não é um método contraceptivo";
- "Um dos argumentos mais aceitos a favor da legalização do aborto no Brasil é que se trata de uma questão de saúde pública e um direito da mulher";
- "A legalização do aborto não obriga a pessoa a realizá-lo, se isso contraria seus valores morais ou religiosos".

Discussão conceitual – "A expressão do desejo e do afeto nas pessoas"

Atividade, para educação sexual de adolescentes (12 a 18 anos) criada pela Profa. Jimena Furlani, em 1993, quando foi professora de Biologia no Colégio Agrícola Senador Gomes de Oliveira na cidade de Araquari (próximo a Joinville – SC).

Quando, em 1993, lecionava Biologia, um fato inusitado aconteceu. Numa dada aula, enquanto escrevia no quadro-negro, percebi (de costas) que dois alunos discutiam veementemente sobre um determinado assunto. Subitamente, um deles levantou-se e, dirigindo-se ao colega disse: "...e sai daqui, seu heterossexual". O colega, em questão ficou muito ofendido e exigiu de mim, que intercedesse a seu favor. Para ele, o "colega agressor" o havia chamado de "bicha".

A turma toda se pôs a rir e, me dirigindo a todas/os da sala, perguntei se gostariam de falar sobre sexualidade. Nessa hora, resolvi iniciar um trabalho de educação sexual, não apenas com aquela turma, mas com todos os 208 meninos/rapazes (dos 12 aos 28 anos) e com as 11 meninas/moças (12 aos 19 anos) daquele Colégio de Ensino Médio.

Buscando uma forma de ajudar na compreensão de como homens e mulheres podem direcionar seus afetos e desejos (o que é denominado de orientação sexual), procurei desenvolver uma forma inicial de raciocínio simples (mas necessário) capaz de auxiliar os alunos e alunas na reflexão conceitual. Num primeiro momento, a discussão girou em torno da etimologia dos termos que constituem as palavras "heterossexual", "homossexual" e "bissexual", e a sua compreensão. Num segundo momento questões mais gerais (ligadas às vivências sexuais e ao preconceito social) foram trazidas para sala e discutidas.

A atividade busca explicitar um processo intelectual e social de construção de representações e inicia com as/os adolescentes sendo divididos grupos.

Na sala, organizam-se mesinhas (ou cadeiras) rodeadas pela equipe.

Escritas, separadamente, numa cartolina, os elementos "homo"; "hetero" e "bi" são colocados, um em cada mesinha. No quadro é escrito o esquema, conforme o modelo, a seguir.

A **orientação sexual** de homens e mulheres pode ser:		
Heterossexual	**Homo**ssexual	**Bi**ssexual

A/o professora/or pode iniciar a discussão fazendo questionamentos e considerações, como "O que se entende por orientação sexual?". Após a discussão (que deve ser estimulada), apresenta uma definição (escrita no quadro ou em cartaz) que pode ser a seguinte: "Orientação Sexual é a maneira como o interesse sexual e afetivo se manifesta em homens e mulheres. Essa atração pode ser pelo mesmo sexo, pelo sexo oposto ou por ambos".

A seguir, a/o professora/or pede para que os grupos circulem pelas mesinhas, refletindo sobre o significado de cada termo: "hetero", "homo" e "bi". Após certo tempo, em grande círculo, inicia-se a discussão conceitual. Normalmente, não há problema em definir bi" (do latim, "dois"). "Hetero" (do grego *hétero*, "diferente", "outro") sempre suscita certa dúvida. Em relação ao termo "homo", garotas e garotos adolescentes costumam defini-lo como "homem", levando a um erro epistemológico, que influencia o raciocínio e a compreensão do que seja a vivência homossexual. Essa confusão é perfeitamente compreensível, sobretudo se considerarmos que este equívoco tem sua lógica associada ao nome científico da espécie humana (*Homo sapiens*), no qual, por influência do latim (e não do grego), "homo" significa "homem".

Sugiro iniciar contrapondo as origens etimológicas dos termos, resgatando a classificação humana: Qual o nome da espécie humana? Resposta: *Homo sapiens*. Por quê? Qual o significado? *Homo* (originário do latim, significa "homem", humanidade); *sapiens* (também de origem latina, significa "sapiência", "que pensa", "que raciocina"); *Homo sapiens* (seres humanos – homens e mulheres – racionais).

Entretanto, os radicais que dão origem aos termos que se constituem as orientações sexuais não são latinos... Eles são de origem grega.

Origem latina	Origem grega
Homo = homem Bi = dois, duplo, duas vezes	Hetero = diferente, outro Homo = igual

Concluída a compreensão semântica dos radicais gregos, a/o professora/or pode perguntar: "O que entendemos por pessoas heterossexuais, homossexuais e bissexuais?". Esta é uma resposta que deve ser formulada pelas/os participantes, nos grupos iniciais.

Heterossexual	Homossexual	Bissexual
Pessoa que se sente atraída sexual e afetivamente por alguém do sexo oposto ao seu.	Pessoa que se sente atraída sexual e afetivamente por alguém do seu próprio sexo.	Pessoa que se sente atraída sexual e afetivamente por pessoas de ambos os sexos.

Geralmente, após este momento, começa uma verdadeira "enxurrada" de outros questionamentos (relacionados, principalmente, às causas da homossexualidade, aos tabus sociais, ao preconceito manifesto nas/os próprias/os alunas/os, etc.). A partir daqui, deve-se dar continuidade reflexão, envolvendo outros conhecimentos que permitam, de uma forma mais completa, discutir as orientações sexuais dentro de um contexto social, cultural e político de significação e de hierarquização das identidades sexuais, sobretudo aquelas que não são o modelo hegemônico de nossa cultura (a heterossexualidade).

Sugiro que professores e professoras estudem o livro *Mitos e tabus da sexualidade humana: subsídios ao trabalho em educação sexual* (Furlani, 2009), elaborado com o objetivo de auxiliar, sobretudo educadoras/es, no estudo, na reflexão e no encorajamento à educação sexual de suas crianças e jovens. Neste livro, na parte referente a "Mitos e Tabus", a "Homossexualidade" (p. 153 a 174) e a "Bissexualidade" (p. 174 a 176) são apresentadas a partir de seus múltiplos discursos sociais.

Interagindo com outras disciplinas – Educação sexual na Matemática

No filme produzido por ECOS – Comunicação em Sexualidade (<http://www.ecos.org.br>), intitulado *Sexo sem vergonha* (2001), um ator que interpreta um professor sugere que nas aulas de matemática é possível discutir "qual a probabilidade de se ficar grávida numa primeira transa". Essa discussão, permitiria que outras disciplinas (não apenas as "tradicionais" e esperadas – Ciências e Biologia) pudessem ser espaços para educação sexual.

Aproveito e complemento a interessante sugestão da ECOS (2001) com outras possibilidades reflexivas. Cada variável deve suscitar ampla discussão conceitual e comportamental dos aspectos nela envolvidos:

> QUAL A PROBABILIDADE DE SE ENGRAVIDAR NA PRIMEIRA TRANSA – Variáveis a se considerar
> *Sugestões da Profa. Jimena Furlani*
> - Estar no período fértil
> - Estar menstruando
> - Houve penetração vaginal, mas não houve ejaculação
> - Houve apenas masturbação mútua
> - Não usou camisinha
> - Camisinha fora da validade
> - Não soube como colocar ou retirar a camisinha

Temas e conteúdos correlatos à discussão da educação sexual: período fértil, menstruação, higiene pessoal, práticas sexuais, ejaculação, masturbação, contraceptivos de barreira (camisinha masculina e feminina), mitos relacionados ao uso da camisinha, atitude pessoal de prevenção.

Exercícios desconstrutivos

Possibilidade 1:
Ressignificando a masturbação

Uma possibilidade de pôr em prática a desconstrução de significados acerca do autoerotismo foi apresentada em Furlani (2006). Partindo dos mitos acerca da masturbação, confrontei diferentes discursos sociais (de um lado o religioso e o científico-médico, e, de outro, o científico-biológico evolucionista). Procurei uma aparente contradição no entendimento da masturbação como um tabu sexual, buscando fragilizar e abalar as certezas que apresentam essa representação da sexualidade, como negativa.

Em 1758, o discurso do médico suíço Tissot representava a instituição (a medicina) de maior poder (seguida pela religiosa) na definição, regulação e tratamento acerca das normas sociais sobre o autoerotismo. Os significados atribuídos à masturbação a definiam como uma atividade que ocasionava não apenas danos morais. O "vício solitário" levava a danos físicos como o retardo do crescimento, a perda do interesse sexual com parceiros, desmaios, epilepsia, cegueira, acnes, verrugas, loucura, ejaculação precoce, etc. Esse discurso foi hegemônico por muito tempo e encontrou, somente no século XX, uma contundente oposição – a Biologia Evolucionista, um outro campo disciplinar do conhecimento.

Para esse discurso biológico, a manipulação é uma característica evolutiva da humanidade. O ato de "pegar" é "uma conquista da evolução humana que se intensificou na cultura como uma legítima expressão comportamental" (FURLANI, 2009, p. 142). O estágio de desenvolvimento humano que os evolucionistas chamam de *Homo habilis* foi possível graças à maturação neurológica que possibilitou, apenas aos seres humanos, a habilidade motora fina. Somos uma espécie eminentemente manipuladora. Para esse discurso, sob essa episteme, "reprimir o auto-erotismo seria negar uma das essenciais manifestações de nossa sexualidade" (FURLANI, 2009, p. 142). Reprimir a masturbação, em qualquer fase da vida, seria uma afronta ao estado de independência manual, adquirido evolutivamente, que proporciona o conhecimento do próprio corpo na busca pelo prazer.

Reprimir a masturbação, em qualquer fase da vida, não seria uma afronta ao estado de independência manual, adquirido evolutivamente, que proporciona o conhecimento do próprio corpo na busca pelo prazer?

A partir do texto e das questões levantadas, a letra da música a seguir deve ser apresentada para a turma.

A cultura popular, sem dúvida, é local fecundo das representações acerca dos gêneros e das sexualidades. As artes, onde destaco a música popular jovem, são um campo rico em representações. Nelas, distintos significados disputam o processo de construção dos sujeitos e de suas identidades. No exemplo a seguir, vou utilizar um artefato cultural (a música) como pontos de partida ao processo desconstrutivo de suas representações (FURLANI, 2006, p.189).

> *Uma, duas ou três (punheta) - (Os Ostra)*
> Você não sabe
> **Quanta falta que você me fez**
> E todo dia no banheiro
> Eu descascava uma, duas ou três
> Você nem sabe
> Quanta falta fez pro meu amor
> E toda noite no meu quarto
> **Eu te achava em revista pornô**
> Já tem gente pensando que eu sou egoísta
> Já me taxaram **punheteiro, sem-vergonha**
> **Justiceiro e machista**
> Mas a verdade é que você
> Nunca fez falta nenhuma... úúúúú
> (grifos meus)

- Quais as representações acerca da masturbação ali presentes?
- Como garotos e garotas são representados em relação as desigualdades de gênero?
- Quais os possíveis sentidos para "egoísta", "justiceiro" e "machista" no contexto da sexualidade masculina? (FURLANI, 2006, p. 189).

Sugiro a discussão das frases e/ou das expressões em destaque, na letra apresentada.

Possibilidade 2:
Na representação desigual dos gêneros

No Capítulo 5 deste livro discuti a importância de a educação sexual problematizar a linguagem, entre outras possibilidades, questionando o tratamento genérico no masculino. Insisto que, muitas vezes, a linguagem no masculino por generalizar o sujeito da informação, não apenas invisibiliza a mulher como sujeito histórico e com importância social, mas também expressa um entendimento equivocado dos fatos.

Mostrar essa inadequação da linguagem pode favorecer a compreensão de que, na história, as "verdades" que nos são ensinadas são contingenciais e definidas em condições de disputas de poder por representação. Dessa forma, aquilo que nos parece hoje uma verdade inquestionável depende do contexto e dos interesses de sua criação. A desconstrução, neste caso, se valerá do resgate histórico e dos novos campos teóricos que contestam esses saberes a partir de novos olhares conceituais – um deles, os estudos de gênero que trazem ao campo científico a mulher como sujeito distinto da história.

Por exemplo, na coleção de livros de Ciências, de Fernando Gewandsznajder (2006), destinada a 5ª a 8ª séries, o livro da 6ª série (*Ciências – a vida na Terra*), ao se referir ao processo de evolução da espécie humana, traz a seguinte informação: "*Homo habilis* – viveu entre dois e três milhões de anos atrás e já fabricava uma espécie de 'faca' de pedra lascada; era mais alto que o australopiteco e tinha cérebro maior que o dele" (p. 212).

O texto escrito é acompanhado de uma ilustração na qual um exemplar macho (da espécie

Homo habilis) aparece agachado batendo com uma pedra sobre a outra.

Esse discurso presente no livro didático, que enfatiza tacitamente o masculino, não apenas constrói e reitera uma desigualdade representacional para homens e mulheres como também é incorporado aos muitos processos subjetivos que ao longo de nossas vidas nos constituem como sujeitos sociais, culturais, políticos. Sobre esse entendimento evolutivo acima, Timothy Taylor (1997) – um arqueólogo – nos diz que:

> Geralmente, considera-se que os primeiros utensílios de pedra tenham sido confeccionados por caçadores. Podem ter sido, mas uma série de indícios relacionados ao sexo, tamanho do cérebro e mudanças nos mecanismos de parto corroboram a idéia de que foram as mulheres que lideraram o caminho na criação de uma cultura distintamente humana (TAYLOR, 1997, p. 6, grifos meus).

A partir dos estudos feministas e dos estudos de gênero, muitas dessas informações começaram a ser questionadas. Campos teóricos como a sociologia, a antropologia, a arqueologia e a história passaram a "olhar" para os fatos históricos com o atravessamento de gênero. Esse foi um exemplo de como as representações acerca dos significados sobre homens e mulheres pode ser desigual. São entendimentos definidos por relações de poder na história humana. Uma problemática indispensável à educação sexual.

Possibilidade 3: Na representação positiva da homossexualidade (relacionamentos afetivos e sexuais entre pessoas do mesmo sexo)

Em Furlani (2009), afirmo:

> HOMOSSEXUALISMO (o termo original) é uma palavra híbrida, formada pela fusão de três radicais de origem lingüística distinta: 1. do grego, homo – "igual, semelhante, o mesmo que"; 2. do latim, sexus = sexo; 3. do latim, ismo = "próprio de", "que tem a natureza de", "condição de". O sufixo-ismo, ao ser incorporado, reforçou na representação da palavra, os pressupostos da época (religioso-moralista, médico-patológico, jurídico-criminal) para os relacionamentos entre pessoas do mesmo sexo, ou seja, algo de natureza anormal, essencialmente patológico, doente, desviante, perverso, pecaminoso. A partir do momento em que este tipo de atração erótica começou a ser re-significado, pelas ciências do século XX, o termo HOMOSSEXUALIDADE (do latim, sufixo dade = "qualidade de") passou a ter a preferência de muitas pessoas, por referir a este tipo de relacionamento não como uma condição desviante ou doença, mas sim como uma possibilidade legítima de homens e mulheres viverem seus afetos e prazeres (p. 153)

O trabalho de educação sexual deve apresentar as muitas instituições que, em tempos históricos anteriores, tinham um entendimento negativo dos relacionamentos entre pessoas do mesmo sexo e, que a partir do século XX, passaram a positivar esses relacionamentos como forma de desconstruir o preconceito sobre esta identidade cultural.

- Em 1973, a Associação Psiquiátrica Norte-Americana (APA) retirou o termo homossexualismo do manual oficial que lista todas as doenças mentais e emocionais.

- Em 1975, a Associação de Psicologia Americana aprovou uma resolução apoiando essa decisão. As duas associações orientam que os profissionais de saúde mental ajudem a banir o estigma de doença mental.

- Em 1984, a Associação Brasileira de Psiquiatria aprovou, em Resolução, a oposição "a toda discriminação e preconceito contra os homossexuais de ambos os sexos".

- Em 1985, o Conselho Federal de Medicina (Brasil) afirma que o relacionamento afetivo e sexual entre pessoas do mesmo sexo não deve ser visto como doença.
- Em 1994, a Organização Mundial de Saúde (OMS) exclui definitivamente da classificação internacional de doenças o código 302, que até então rotulava a homossexualidade como "desvio e transtorno sexual" (desde 1948).
- Em 23 de março de 1999 o Conselho Federal de Psicologia (Brasil) estabeleceu normas para a atuação das/os psicólogas/os em relação à "orientação sexual", afirmando que ninguém deve ser submetido a qualquer "tratamento de cura".

Educação sexual a partir de projetos

Nos cursos de formação de professoras/es à educação sexual que tenho ministrado nos últimos anos, às/aos participantes, no ato de sua inscrição, no preenchimento da ficha, observa-se o seguinte:

> O Curso fornecerá um Certificado de Participação integralizando 40 horas. Para receber o Certificado, será necessário ter participação nos Encontros de 75% e entregar dois TRABALHOS FINAIS do Curso:
>
> 1º Trabalho: Elaboração de uma ATIVIDA-DE-PROJETO (pontual, com prazo determinado ou permanente), que deverá ser realizada na Escola com crianças, adolescentes e/ou comunidade escolar, com a abordagem do respeito às diversidades e a prevenção, com foco na gravidez na adolescência. As orientações para elaboração deste Projeto foram discutidas durante o Curso.
>
> 2º Trabalho: uma **CARTA DE INTENÇÕES** explicitando os modos que a/o participante pensa em multiplicar os conhecimentos e discussões adquiridas neste Curso, com outras/os professores/es e educadoras/es de sua Escola.

A seguir, apresento a contribuição de um professor e de uma professora, de fragmentos dos seus *PROJETOS* apresentados no processo de avaliação, quando participaram o Projeto *Educação Sexual: articulando o Respeito à Diversidade com a Prevenção da Gravidez na Adolescência*. Esse projeto concorreu, em novembro de 2006, ao Edital MEC/Secad para projetos voltados à "Educação com foco na gravidez na adolescência" e ofereceu um curso de formação para 100 educadoras/es da rede estadual pública de Santa Catarina, no ano de 2007.

Contribuição 1: Objetivos e conteúdos do projeto

Título do projeto: A sexualidade em Nossa Vida
Nível de Escolarização: 3º Ano do Ensino Médio
Autoria: **Prof. Élio Mohr**
(Assistente Técnico Pedagógico)
Escola: EEBST – Escola de Educação Básica São Tarcísio
Município de São Bonifácio-SC

O professor Élio inicia seu projeto com uma breve justificativa, onde argumenta que, na sociedade de hoje (mídia, família, escola), a temática "sexo" é cada vez mais comum. Ele admite que, embora o significado remeta ao entendimento de "ato sexual" "essa palavra pode ser usada com outros significados, bem diversos" (MOHR, 2007). Os parágrafos 2 e 3, seguintes, mencionam aspectos psicológicos da vida sexual em que, segundo o entendimento do professor, a afetividade e a busca pelo prazer são aspirações fundamentais à realização pessoal. O conceito de sexualidade é apresentado como assunto que deve ser tratado na escola com naturalidade, passando por discussões culturais, históricas, afetivas. Termina reconhecendo que o tema ainda é tabu mas indiscutivelmente necessário à formação integral da pessoa e uma vida de cidadania (direitos sexuais e reprodutivos).

A metodologia de trabalho definida pelo professor Élio optou por organizar as/os alunas/os em equipes para discutir os conteúdos e depois socializar as conclusões num grande grupo. A turma do 4º Ano do Ensino Fundamental no segundo semestre faria uma apresentação dos trabalhos para as/os alunas/os do 8º e 9º Anos do Ensino Fundamental e para as séries anteriores do Ensino Médio. Durante a Semana Cultural da escola, que se realiza no mês de dezembro, esse projeto foi socializado com a comunidade escolar (exposição dos trabalhos, em painéis temáticos no mural da escola e na Unidade de Saúde do município).

Destaco os objetivos e conteúdos do Projeto "A sexualidade em Nossa Vida", pensado para o 3º Ano do Ensino Médio, de autoria do Prof. Élio Mohr.

Objetivos

- Estimular a identificação das dimensões biológicas, afetivas e socioculturais das expressões da sexualidade na vida social;
- Fomentar o respeito à diversidade humana nas formas de expressão dos afetos e desejos sexuais;
- Entender os direitos sexuais como direitos humanos fundamentais;
- Compreender o processo de educação sexual como parte inseparável do processo educacional da humanidade através de seu reflexo no cotidiano escolar;
- Conhecer medidas de anticoncepção e estudar as ISTs e aids como forma de prevenção através da informação;
- Propiciar condições para que os alunos e alunas possam explorar as distinções entre sexo e gênero, conhecendo as dimensões históricas e culturais desses conceitos;
- Fomentar a reflexão sobre os estereótipos de gênero;
- Propiciar condições para que os alunos e alunas possam identificar, reconhecer mensagens explícitas e implícitas sobre gênero e relações de gênero nas comunicações orais e escritas.

Conteúdos

- Estereótipos sexuais e de gênero;
- Construção social dos gêneros;
- Adolescência;
- Orientação sexual do desejo e do afeto;
- Homossexualidade e heterossexualidade na escola;
- Violência e abuso sexual;
- A sexualidade na vida das pessoas com deficiência;
- Anatomia e fisiologia dos órgãos genitais;
- Métodos contraceptivos;
- Direitos sexuais e direitos reprodutivos;
- Gravidez na adolescência;
- Sexualidade em tempos de aids;
- Outras doenças sexualmente transmissíveis além da aids;
- Aids e direitos humanos.

Contribuição 2: Objetivos do Projeto e a Interdisciplinaridade

Título do projeto: "Sexualidade e Gravidez na Adolescência"

Escolarização: 6ª ao 9ª Anos – Ensino Fundamental

Autoria: Profa. Juliana Wollinger Berri (Assistente Técnica Pedagógica)

Escola: Escola de Educação Básica Rosinha Campos (EEBRC)

Município de Florianópolis-SC

A professora Juliana apresenta seu projeto, com uma justificativa onde contextualiza, na história recente, especialmente, a mídia como um discurso constituinte da sexualidade. Mais preocupada com o efeito desse discurso sobre a adolescência, a professora se volta as turmas de 6º ao 9º anos para propor uma reflexão, com as/os alunas/os, dos aspectos histórico-cultural que representam a sexualidade.

Objetivos específicos
- Identificar as responsabilidades e a da/o sua/seu companheira/o sobre a decisão da primeira relação sexual (e as demais);
- Reconhecer as consequências enfrentadas pelas adolescentes com uma gravidez não desejada nos aspectos médico, psicológico, social e econômico;
- Reconhecer a eficácia da camisinha, da tabelinha, da anticoncepção e a necessidade do sexo seguro;
- Compreender a busca do prazer como um direito e uma dimensão da sexualidade humana; refletir com as/os adolescentes sobre a ligação existente entre autoestima, higiene e sexualidade;
- Reconhecer o consentimento mútuo como necessário para usufruir prazer numa relação a dois;
- Desenvolver e construir uma opinião própria sobre o aborto a partir da análise dos fatos nele envolvidos;
- Agir de modo responsável quanto à prevenção dos ISTs;
- Conhecer seu corpo, valorizar e cuidar de sua saúde como condição necessária para usufruir o prazer sexual;
- Identificar como provável integrante de grupos de risco todo aquele que por desconhecimento não se considerar suscetível a contrair ISTs;
- Respeitar a diversidade dos valores, de crenças e comportamentos relativos à sexualidade, reconhecendo e respeitando as diferentes formas de atração sexual e afetiva e o seu direito à expressão, garantia e dignidade do ser humano;
- Identificar e repensar os tabus e preconceitos referentes à sexualidade, evitando comportamentos discriminatórios intolerantes e analisando criticamente os estereótipos;
- Reconhecer como construções culturais as características socialmente atribuídas ao masculino e ao feminino, posicionando-se contra as discriminações a eles associadas;

A professora Juliana sugere que as atividades possam ser realizadas por disciplinas como Língua Portuguesa, Inglês, Ciências e História, no item de seu projeto intitulado de "interdisciplinaridade", descrito a seguir:

Interdisciplinaridade

É fato que nenhum projeto pode ser desenvolvido em uma escola sem o apoio da maioria dos profissionais que nela trabalham, ou seja, do simples fato de cederem os seus horários de aula para que possamos trabalhar com as/os alunas/os até o engajamento no desenvolvimento das atividades propostas por ele.

Sendo assim, na aplicação deste projeto em nossa escola, contamos com a participação efetiva de alguns professores e professoras que, além de cederem algumas de suas aulas para trabalharmos, decidiram desenvolver em suas disciplinas algumas atividades que reafirmam os assuntos que estarão sendo discutidos em cada fase do projeto:
- A professora de Língua Portuguesa, que em suas aulas pedirá textos, comentários, redações, avaliações, sobre os assuntos que estarão sendo abordados. Estes textos serão corrigidos por ela e entregues a mim para definição do próximo passo.

- A professora de Inglês, propôs-se a apresentar o sinônimo de alguns vocábulos utilizados em português, traduzindo-os para o inglês a título de curiosidade e ampliação do vocabulário, bem como apresentar textos em inglês para serem traduzidos. Esses textos vão focar o tema aids, para em seguida, os alunos elaborarem uma história em quadrinhos seguindo as orientações do texto, os quais permanecerão na escola e farão parte do material didático utilizado neste projeto.
- O professor de Ciências, além de trabalhar em suas aulas as questões biológicas do corpo humano, sempre que solicitações ou dúvidas das/os alunas/os quanto ao tema propõe-se a discutir outros temas. Outra proposta do professor é também de auxiliar e participar sempre que possível dos encontros planejados neste projeto.
- O professor de História, além de ceder algumas de suas aulas para o desenvolvimento do projeto, propôs-se a dar suporte teórico metodológico quanto à historicidade do processo evolutivo da sexualidade humana.
- Os demais professores e profissionais comprometeram-se em participar e auxiliar no que for necessário para que o projeto alcance os objetivos propostos, bem como, também, em ceder suas aulas.

Concluindo este capítulo

As sugestões aqui apresentadas estão sujeitas a toda ordem de alteração.

Considero-as válidas principalmente porque servem de referência para outros usos e aplicações. É este o desafio: exercitar e aprimorar nossa qualidade de educadoras/es e de pesquisadoras/es da didática de nossa educação sexual. Espero que suscitem outras ideias.

Referências

BARROS, Célia Silva Guimarães. *Pontos de psicologia do desenvolvimento*. 4. ed. São Paulo: Ática, 1990.

FURLANI, Jimena. *Mitos e tabus da sexualidade humana: subsídios ao trabalho em Educação Sexual*. 3. ed. 1. reimp. Belo Horizonte: Autêntica, 2009.

FURLANI, Jimena. Mitos e tabus sexuais: representação e desconstrução no contexto da Educação Sexual. In: RENNES, Paulo M.; FIGUEIRÓ, Mary N. D. (Org.). *Sexualidade, cultura e educação Sexual: propostas para reflexão*. UNESP/Araraquara: Cultura Acadêmica, 2006, p. 173-195. Série Educação.

FURLANI, Jimena; LISBOA, Thais Maes. Subsídios à educação sexual a partir de estudo na internet. In: MEYER, Dagmar; SOARES, Rosangela (Orgs.). *Corpo, gênero e sexualidade*. Porto Alegre: Mediação, 2004, p. 41-61.

GEWANDSZNAJDER, Fernando. *Ciências*. 5ª série (Ciências – O Planeta Terra), 6ª série (Ciências – A Vida na Terra), 7ª série (Ciências – Nosso Corpo) e 8ª série (Ciência – Matéria e Energia) séries. São Paulo: Ática, 2006.

GTPOS – Grupo de Trabalho e Pesquisa em Orientação Sexual. *Guia de orientação sexual: diretrizes e metodologia*. GTPOS, Associação Brasileira Interdisciplinar de AIDS, Centro de Estudos e Comunicação em Sexualidade e Reprodução Humana. 10. ed. São Paulo: Casa do Psicólogo, 1994.

KAPLAN (2007). *Projeto Vale Sonhar*. Instituto Kaplan: São Paulo. Disponível em: <http://www.kaplan.org.br/valesonhar>. Acesso em: 29 jun. 2007.

SILVA, Tomas Tadeu da. *Teoria Cultural e Educação: um vocabulário crítico*. Belo Horizonte: Autêntica, 2000.

TAYLOR, Timothy. *A pré-história do sexo: quatro milhões de anos de cultura sexual*. Rio de Janeiro: Campus, 1997.

Notas

[1] Este artigo, de mesmo título, foi publicado no livro FURLANI, Jimena (Org.). *Educação Sexual na Escola: eqüidade de gênero, livre orientação sexual e igualdade étnico-racial numa proposta de respeito às diferenças*. Florianópolis: UDESC (Fundação Universidade do Estado de Santa Catarina); SECAD / Ministério da Educação, 2008. ISBN: 978-85-61136-05-5; p. 132-153.

[2] O Curso GDE formou profissionais da rede pública, de 5ª a 8ª séries do Ensino Fundamental. Abordou temáticas de gênero, sexualidade e igualdade étnico-racial, oferecido na modalidade a distância (e-*learning*). Etapa piloto em 6 municípios: Dourados (MS), Maringá (PR), Niterói (RJ), Nova Iguaçu (RJ), Porto Velho (AC) e Salvador (BA). O projeto resultou de uma articulação entre o Governo Federal Brasileiro (Secretaria Especial de Políticas para Mulheres, Secretaria Especial de Políticas de Promoção da Igualdade Racial e o Ministério da Educação), o British Council (órgão do Reino Unido atuante na área de Direitos Humanos, Educação e Cultura) e o Centro Latino-Americano em Sexualidade e Direitos Humanos (CLAM), Instituto Moreira Salles (IMS) e Universidade do Estado do Rio de Janeiro). Fonte: www.clam.org.br. A professora Jimena Furlani foi uma das 36 professoras on-line desse Curso.

CAPÍTULO 8

Raça, etnia e identidades étnico-raciais – Reflexões históricas, conceituais e políticas à educação de respeito às diferenças[1]

No âmbito das Ciências Humanas e Educacionais, sobretudo nos últimos 30 anos, intensamente tem-se discutido os aspectos constituintes das múltiplas identidades nos sujeitos e seus efeitos existenciais e políticos. Atributos identitários como gênero, sexo, sexualidade, raça, etnia, religião, nacionalidade, geração, condição física e classe social, embora sempre presentes, têm sido percebidos e identificados, mais recentemente, como determinantes na vida humana, sobretudo a partir das demandas suscitadas pelos movimentos sociais do século XX e por referenciais teóricos que as colocam no centro das análises da sociedade contemporânea.

Teorizações pós-críticas do currículo, que orientam a proposta de educação sexual para sala de aula deste livro, assumem que os sujeitos são interpelados por muitas "identidades culturais",[2] construídas, em processos discursivos presentes e oriundos das/nas instituições sociais – entre elas, a escola.

Para cada sujeito (homem ou mulher), em específicos momentos de sua vida as narrativas sociais constroem diferentes **posições-de-sujeito** (WOODWARD, 2000, p. 17) que podem ser investidas de positividade ou de negatividade; podem ser posições centrais ou marginais que carregam atributos desejados ou atributos marginalizados, exemplos a serem seguidos ou a serem evitados. Esse caráter de provisoriedade permite-nos afirmar que "as identidades são, pois, pontos de apego temporários às posições-de-sujeito que as práticas discursivas constroem para nós" (HALL, 2000a, p. 112) e, na dinâmica social, um mesmo indivíduo pode experimentar situações de identidade marginalizada ou central, estigmatizada ou aceita como normal.

Na sala de sala, em qualquer nível da escolarização, há sujeitos de múltiplas identidades. Crianças, jovens e adultos expressam suas marcas identitárias em todo processo de socialização, de educação e de interação social. Todas essas identidades, de algum modo, se combinam (ou atuam isoladamente), em algum momento da vida (ou por toda existência), para "justificar" situações vividas que podem ser positivas (de reconhecimento social, prestígio, valorização) ou negativas (de privação social, de exclusão, de negação ao acesso a bens materiais, de preconceito, de violência).

Portanto, é o significado social, positivo ou negativo (construído discursivamente ao longo da história), sobre os sujeitos e suas identidades, que precisa ser permanentemente colocado em xeque pela escola e pelos Cursos de Formação de Educadoras/es. Esses significados não apenas explicitam a diferença entre sujeitos e identidades, eles são os responsáveis pela igualdade ou pelas desigualdades sociais, históricas e presentes, ainda hoje, na vida de muitas crianças, jovens, homens e mulheres.

Lampejos de uma história de desigualdades étnico-raciais – Justificativa às políticas públicas

Tomemos os processos de formação dos Estados-Nações europeus, ocorridos nos séculos XVIII e XIX, bem como os processos da Revolução Americana de 1776 foram pautados pelo entendimento que o grau de civilização e evolução de uma sociedade deveria ser observado e medido pelo seu avanço e complexidade na tecnologia, na produção material, na sua organização social e política. Essa representação (de ideal de constituição de Estado-Nação) contribuiu para que o olhar europeu considerasse como "civilizações primitivas" todas as outras organizações humanas, "descobertas" nos continentes americano, africano, asiático e na Oceania, impondo a elas a colonização e a subordinação. Os grupos humanos de ameríndios das Américas, aborígines australianos, esquimós da Groenlândia, bem como as populações de africanas/os trazidas/os para o Brasil são exemplos de culturas humanas consideradas, pelo olhar europeu, "selvagens" merecedores de colonização, escravidão e de total ingerência nas suas formas culturais de organização social, política e religiosa. Contribuiu para isso o desenvolvimento científico do século XIX, que vai consolidar o discurso racial biológico no qual as populações não europeias serão descritas como inferiores.

No século XX, pesquisas realizadas pela Organização das Nações Unidas (ONU) no Brasil observaram as relações entre brancas/os e negras/os e concluíram, inicialmente, que o país era dividido por cores e raças (ainda que essa divisão não estivesse regulada pela lei como o foi nos EUA e na África do Sul – com o *Apartheid*, um regime de segregação racial institucionalizado) (GDE, 2009, p. 201). Atitudes de preconceito eram evidentes no Brasil, embora elas fossem mediadas por relações de proximidade e cordialidade. A pesquisa concluiu que **a pobreza tinha uma cor**. Posteriormente as investigações consideraram informações baseadas nos últimos censos oficiais sobre emprego, distribuição de renda e índices de criminalidade, apontando para o entendimento de que

> [...] **a discriminação era um dado estrutural** que organizava, em todo o país, desde a distribuição do emprego e da renda até a distribuição dos casamentos. **A democracia racial** deixava de ser uma realidade para ser encarada como uma falsa constatação, um mito ou, quando muito, como um horizonte político desejável (GDE, 2009, p. 201, grifos meus).

Outro ponto de vista sócio-histórico importante para o entendimento atual das desigualdades no Brasil refere-se aos processos discursivos que criaram e enfatizaram **a distinção de três raças** no processo de formação moral e biológica do povo brasileiro (a indígena, a negra e a branca portuguesa). Diferentes enunciados construíram o "índio com a sua preguiça, o negro com a sua melancolia e o branco português com a sua cobiça e instinto miscigenador" (GDE, 2009, p. 201). Essas representações contribuíram para a construção do racismo no país; diferenciaram e hierarquizaram atributos da personalidade e do caráter conferidos a determinado sujeito (detentor, indiscutível, de uma raça distinta); desconsideraram outros povos e etnias na formação do nosso país, e, por fim, sugeriram, nesse tripé étnico-racial, "os responsáveis pela degeneração" do caráter brasileiro (o indígena preguiçoso, puro e ingênuo; o negro selvagem e indomável; a mulata sensual e provocadora; o europeu português mesquinho).

Processos discursivos são os responsáveis por transformarem a diferença em desigualdade, na medida em que posicionam e qualificam (positiva ou negativamente) sujeitos e identidades. "Branca para casar, mulata para foder, negra para trabalhar" (FREYRE *apud* PRIORE, 2006, p. 60).

O enunciado (uma recomendação a todo homem europeu que viesse ao Brasil) explicitava o entendimento machista do período imperial e é um expressivo exemplo do quanto as identidades culturais estão à mercê desses históricos processos discursivos de construção. Nesse dito popular, mencionado por Gilberto Freyre em *Casa-Grande & Senzala* (1933), destaca-se evidente atravessamento de identidades culturais (como gênero, classe, raça, etnia e sexualidade).

Este caráter relacional das identidades pode ser, também, ilustrado por Yvonne Maggie (2008) ao mencionar os estudos sobre racismo no Brasil, realizados pelo sociólogo norte-americano Donald Pierson, em 1971. Ela afirmou que, muitas vezes, o racismo se expressa não pela "raça" de origem do sujeito, mas sim por sua cor e/ou condição de classe social.

> Um professor de cor e sua esposa – ambos os quais teriam sido classificados quanto a sua aparência física e segundo a concepção local, como pretos (mas cujos vestuários e maneiras indicavam claramente pertencerem eles à classe média superior) – tinham estado antes hospedados, por mais de uma semana, no mesmo hotel e haviam tomado refeições na principal sala de jantar [...] sem a menor aparência de discriminação (MAGGIE, 2008, p. 901).

Essa interação de diferentes identidades, na experiência vivenciada pelas pessoas, é particularmente exemplificada na observação de Pierson (1971 *apud* MAGGIE, 2008) quando se refere a um hotel de São Paulo que discriminou uma mulher negra (artista norte-americana Katherine Dunham), mas não discriminou o casal de negros descritos. Neste exemplo, gênero, mas, especialmente, classe, raça e etnia se fundem nas experiências existenciais dos sujeitos e serão, no tempo presente, as identidades responsáveis, nos países que adotaram as políticas afirmativas, pelo primeiro investimento do poder público no sentido de minimizar desigualdades históricas.

A igualdade étnico-racial passa por Ações Afirmativas! O que é isso?

Ações Afirmativas são medidas tomadas por instituições (que podem ser públicas e/ou privadas) com o objetivo de combater os efeitos de processos históricos discriminatórios e excludentes, sofridos por determinado grupo de pessoas, em decorrência de sua identidade subordinada.

Essas medidas se originaram nos Estados Unidos da América, quando o então presidente John Fitzgerald Kennedy (anos 1960) buscou promover a igualdade entre os negros e brancos norte-americanos adotando determinações legais como: a integração nas escolas e nos locais de trabalho; a não proibição de casamentos inter-raciais; a reserva de cotas ou a abertura de vagas a negros e negras nas universidades, numa proporção de 12% (o índice da população negra, no país, naquela época).[3]

Independente de se usar a expressão "Políticas Afirmativas" (no Brasil, nos EUA) ou "Discriminações Positivas" (em países da Europa), essas medidas são sempre vistas como provisórias e, portanto, datadas para se encerrarem tão logo o quadro social tenha se modificado e se aproximado do ideal de igualdade almejado. Portanto, paralelamente às Ações Afirmativas, outras medidas devem ser tomadas no sentido de modificar a condição social, quer seja nas estruturas públicas, nos processos discursivos, quer seja na opinião pública em geral – o que retira das Ações Afirmativas um caráter meramente assistencialista.

Por exemplo, as Ações Afirmativas que concedem cotas/vagas em universidades à **população indígena**, devem estar associadas às medidas de promoção das escolas indígenas, desde a formação básica, com o investimento na formação de professoras/es para a cultura e realidades didático-metodológicas dessa população, e à garantia de políticas sociais de distribuição e acesso a renda, empregos, moradia e alimentação. Da mesma forma, garantir a permanência desses sujeitos nos cursos superiores até a sua conclusão, com programas de incentivo à participação em bolsas acadêmicas, de estágio e de inclusão social (os denominados programas de permanência acadêmica no ensino superior).

As Ações Afirmativas objetivam, portanto, modificar, definitivamente, a realidade existencial, social e política do grupo de sujeitos ao qual ela se direciona, num período mais rápido e efetivo do que o prazo que a sociedade levaria para tal – por exemplo, se fosse esperar pelos resultados, apenas, dos processos de educação e socialização.

A importância, bem como a necessidade, de as Políticas Públicas discutirem a promoção de Ações Afirmativas a grupos de sujeitos decorrentes de atributos identitários subordinados (como a raça, a etnia, a classe social, o gênero e a orientação sexual), é agenda presente nos países ocidentais somente a partir dos séculos XX e XXI. Decidir pela implementação de tais medidas (mesmo vistas como temporárias) e considerá-las necessárias (mesmo admitindo ser uma "discriminação positiva") passa por compreender a desigualdade como estrutural e histórica e, aceitar o entendimento de "dívida social" e a necessidade de medidas para minimizá-las, a curto e/ou médio prazos.

Conhecer os meandros políticos da história é fundamental para esse entendimento e para essa disposição favorável às Políticas Afirmativas. Por exemplo, a abolição da escravatura no Brasil (13 de maio de 1888) foi marcada por uma evidente descontinuidade histórica de ações políticas, por parte do governo brasileiro para com a população negra, observada em alguns fatos: em 1850, o tráfico transatlântico de escravos africanos foi proibido; 21 anos depois (1871) o governo concede liberdade às crianças nascidas de mães escravas; escravas/os idosas/os tem sua liberdade concedida em 1885; a Lei de Abolição geral é decretada em 1888.

No ano de 1888, se evidenciaram três processos, segundo Silva, Paulo Vinícius e Rosemberg, Fúlvia (2008, p. 75):

> – o país não adotou legislação de segregação étnico-racial (diferente dos EUA e da África do Sul) não tendo ocorrido, portanto, a **definição legal da pertença racial**;
> – o país não desenvolveu **política específica de integração dos negros** recém-libertos à sociedade envolvente, o que fortaleceu as bases do histórico processo de desigualdades sociais entre brancos e negros que perdura até os dias atuais;
> – o país incentivou a imigração européia branca em acordo com a política de Estado (passagem do século XIX para o século XX) de **branqueamento da população** em consonância com as políticas racistas eugenistas desenvolvidas na Europa do século XIX (SILVA; ROSEMBERG, 2008, p. 75, grifos meus).

Sem dúvida, a Lei da Abolição encerrou o desumano processo de escravidão formal. No entanto, a não criação de medidas efetivas, para que negros e negras pudessem ter uma cidadania digna, com inclusão social (como acesso ao trabalho, ao emprego, à formação de um ofício, à moradia e à vivência livre de sua religiosidade), pode ser vista, igualmente, como um ato cruel e impiedoso.

> Do ponto de vista da filosofia política, duas mudanças ocorreram na sociedade desde a emergência do Estado Moderno, de acordo com Charles Taylor. A primeira é a quebra das hierarquias sociais do Antigo Regime. As revoluções dos séculos XVIII e XIX demoliram uma concepção de sociedade baseada na **desigualdade natural** entre as pessoas e que tinha por **base a honra**, possuída apenas pelos nobres. Essas hierarquias foram contrapostas pela política de reconheci-

> mento centrada na **dignidade da pessoa humana**. A dignidade humana é, ao contrário da honra, compartilhada por todos os cidadãos. [...]
>
> A segunda mudança ocorreu quando se reconheceu que os fatores sociais e econômicos impediam populações inteiras de viver plenamente seus direitos. E obrigou, por causa das revoltas e revoluções de milhões de trabalhadores no mundo, em especial no século XIX, um deslocamento da agenda social para outras instâncias sociais. Isso acarretou um conjunto de políticas públicas voltadas para garantir uma renda mínima aos cidadãos que estavam abaixo da linha da pobreza e que haviam sido transformados em cidadãos de "segunda classe". A partir da segunda metade do século XX, vivemos uma nova mudança, quando se constrói a ideia de que nem há liberdade formal nem há noção de classe (e as desigualdades entre aqueles que possuem as riquezas e aqueles que só sobrevivem por meio do trabalho). Assim, **os novos movimentos sociais reivindicam o direito à diferença**. É o direito à diferença que frequentemente redefine a não discriminação.
> (CARDOSO; LUCINDO, 2008, p. 163, grifos meus)

Cláudia Mortari Malavota (2008, p. 61) em sua tese de doutorado, discute as hipóteses, apontadas pelas/os historiadoras/es para explicar a escravidão de negras e negros africanas/os na América Colonial. Destacam-se três justificativas: 1. A importância econômica (uma vez que constituíram a mão de obra para os mais diversos tipos de trabalho); 2. Interesses religiosos (uma vez que a Igreja legitimava a escravidão para não cristãos e pagãos) e, mais recentemente (a partir do final do século XIX), 3. As teorias pseudocientíficas acerca da existência de raças (racialismo).

> O Império Português [...] entendia como desígnios divinos as hierarquias sociais [...]. Assim, todos os súditos do rei tinham seu lugar social, e nele, eram pelo rei protegidos. Fazer parte do Império significa tornar-se católico através do batismo; neste sentido, a escravidão dos bárbaros era bem-vinda [...]. Isso era válido para escravidão africana ou para a indígena legalizada através da guerra justa [...]. Portanto, o fato de ser índio ou africano por si só não os fazia passíveis de serem escravizados, mas sim o fato de serem bárbaros ou ateus (MATTOS, 2000 apud MALAVOTA, 2008, p. 62).

No âmbito das mudanças e conquistas à igualdade étnico-racial, a história recente do Brasil, em especial, os últimos dois governos federais, consolidaram distintas políticas públicas.[4]

No interior da escola, o debate acerca da promoção da igualdade étnico-racial se tornou mais evidente e premente, com a aprovação da Lei Federal n.º 10.639/2003, que tornou obrigatório nos currículos escolares, o ensino e estudo da História e da Cultura Africana e das/os afro-brasileiras/os. No ano de 2008, essa Lei recebeu nova redação (Lei Federal n.º 11.645/2008) que incluiu em seu texto a obrigatoriedade do ensino e estudo da História e Cultura Indígenas. Ambas as leis são o resultado de mais de 30 anos de luta dos Movimentos Negro e Indígena no Brasil por uma pedagogia antirracista capaz de ser institucionalizada na escola pública brasileira. Leis que surgem num momento histórico em que o país reuniu condições de possibilidades para sua aprovação, resultante de longo debate e de mudança de mentalidades de significativa parcela de governantes, dirigentes, educadoras/es, opinião pública em geral.

Diferentes Políticas Afirmativas para populações a partir de atributos identitários, historicamente excluídos (como a raça, etnia, gênero, classe social, geração) têm sido adotadas em nosso país.

Todas partem do princípio de que há uma desigualdade histórica a ser compensada com ações de efeito imediato. Essa vontade política, que aprova tais medidas, reconhece que **a desigualdade é estrutural**, está nas instituições sociais (não apenas nas pessoas) e é construída por um longo processo, necessitando, necessariamente, de uma intervenção social efetiva, a curto, médio e longo prazos.

O argumento da promoção da igualdade e da justiça compensatória, neste caso, voltado às Ações Afirmativas, não deve ser visto como pessoal (pago por aquele que ocasionou o dano para a pessoa lesada). Até porque, em relação às populações negras, quilombolas e indígenas, não estamos nos referindo àquelas/es que viveram o período da escravidão e colonização do país. A dívida social volta-se a todos os sujeitos, portanto ao GRUPO de pessoas cuja identidade central é subordinada e determinada pela raça-etnia. Neste caso, o dano histórico não é pontual, datado na história do país (no período compreendido entre a vinda dos negros e a promulgação da Lei da Abolição, por exemplo). O dano é referente ao processo social de exclusão histórica que ainda hoje, vivem, as/os sujeitas/os negras/os?

Para Joaquim Gomes (2001) as Ações Afirmativas:

> [...] consistem em políticas públicas (e também privadas) voltadas à concretização do princípio constitucional da igualdade material e à neutralização dos efeitos da discriminação racial, de gênero, de idade, de origem nacional e de compleição física. Impostas ou sugeridas pelo Estado, por seus entes vinculados e até mesmo por entidades puramente privadas, elas visam a combater tão-somente as manifestações flagrantes de discriminação de fundo cultural, estrutural, enraizada na sociedade (p. 6-7).

São exemplos de Ações Afirmativas existentes, hoje, no Brasil, conforme a identidade cultural do sujeito:

Identidade cultural	Sujeito(s)	Políticas Afirmativas
Geração	Idosas/os	Atendimento preferencial em bancos, repartições públicas, nos Correios Prioridade no embarque em transportes (ônibus, avião) Vaga reservada em estacionamento Isenção tributária Passe livre
Geração	Crianças	Prioridade no embarque em transportes (ônibus, avião) Passe livre em campos de futebol até 12 anos Salvamento prioritário
Geração	Jovens adolescentes Jovens estudantes	Ingresso de valor reduzido Meia-entrada
Raça	Negras, negros populações quilombolas	Reserva de cotas em universidades públicas
Etnia	Indígenas	Reserva de cotas em universidades públicas
Classe social	Populações de baixa renda (os critérios comumente utilizados baseiam-se na renda familiar e ter estudado, exclusivamente, em escolas públicas)	Reserva de cotas em universidades Públicas

Condição física	Deficientes físicos (cadeirantes, surdas/os, cegas/os, deficientes mentais)	Reserva de vagas em concursos públicos
		Atendimento preferencial em bancos, repartições públicas, nos Correios
		Vaga reservada em estacionamento
Gênero	Mulheres gestantes	Atendimento preferencial em bancos, repartições públicas, nos Correios
	Mulheres	Isenção do Serviço Militar
		Cota para partidos políticos
		Aposentadoria 5 anos antes que os homens
		Salvamento prioritário
	Mulheres e homens com Curso Superior	Prisão em regime especial

Raça e etnia – Marcadores sociais identitários

As duas revistas, reproduzidas abaixo, num intervalo de praticamente 10 anos, explicitam a importância, a recorrência e a dificuldade de concluir o debate acerca do significado da RAÇA para espécie humana, seus efeitos sobre as identidades dos sujeitos e suas implicações sociais e institucionais para vida das pessoas e instituições. Em ambas as reportagens, prepondera o entendimento de que os seres humanos, todas/os, pertencem a uma mesma espécie (*Homo sapiens sapiens*) e que a divisão em raças é arbitrária.

O conceito de raça é originário da Biologia. Para o campo do conhecimento da Zoologia,

Fonte: Revista *Isto É*, 18/11/1998.

Fonte: Revista *Veja*, 06/06/2007.

raça é considerada um sinônimo para **subespécies** (linhagens distintas dentro das espécies). A existência de subespécies (ou raças) só é possível quando a **diferenciação genética** estiver presente (embora haja casos em que é uma condição essencial, mas não suficiente). No caso da espécie humana observa-se uma variabilidade genética de 3 a 5% da variabilidade total, nos grupos de pessoas de diferentes continentes o que leva as/os cientistas a concluírem que, definitivamente, há uma **ausência de diferenciação genética**. Portanto, sob o ponto de vista biológico não existem raças humanas![5]

O conceito de "raça" para os seres humanos é puramente discursivo – uma construção cultural e política. Por exemplo, as "raças" definidas pela biologia taxonômica e evolutiva, dos séculos XVIII e XIX classificavam os seres humanos em brancos europeus, negros africanos e amarelos asiáticos. As "raças" do IBGE de hoje são a branca, parda, negra, amarela, indígena. Todas podem ser vistas como formas arbitrárias de classificação, baseadas em critérios biológicos, ensinadas e instituídas pelos discursos presentes nas instituições sociais.

Essa distinção e divisão de "raças" está nas representações coletivas e na materialidade do cotidiano das pessoas. E é dessa forma que, para muitos sujeitos a "raça" não somente "existe", mas é o fator identitário mais importante de sua existência. Especialmente se estivermos nos referindo a uma sociedade ou a uma escola racista, não é possível querer dizer a uma criança ou a um jovem que "raça não existe"! A raça existe, uma vez que o preconceito vivido ou a exclusão experenciada é resultante desse atributo identitário. A "raça" existe porque as pessoas a "sentem na pele".

Poderíamos extinguir o conceito de raça das Ciências Humanas, Sociais, Educacionais e Políticas? Sobre este questionamento, Sérgio Antonio Alfredo Guimarães (2002) afirma que o conceito "raça" deixará de ser útil, somente no momento em que:

> [...] primeiro, não houver **identidades raciais**, ou seja, quando já não existirem grupos sociais que se identifiquem a partir de marcadores direta ou indiretamente derivados da idéia de raça;
>
> segundo, quando as **desigualdades**, as **discriminações** e as **hierarquias** sociais efetivamente não corresponderem a esses marcadores;
>
> terceiro, quando tais identidades e discriminações forem prescindíveis em termos tecnológicos, sociais e políticos, para a **afirmação social dos grupos oprimidos** (p. 50-51, grifos meus).

Podemos pontuar, na história humana dos séculos XVII a XIX, o crescimento dessa ciência positiva (o racialismo), impulsionado:

a) pela **biologia evolucionista** numa oposta reação às explicações religiosas acerca da origem das espécies e das diferenças entre os seres humanos;

b) pela **expansão colonial europeia**, que "descobriu" e colonizou diferentes culturas e diferentes povos com aparência física distinta da europeia e, paradoxalmente,

c) pelo **liberalismo**. Um sistema político posterior à Revolução Francesa, que, baseado em ideias iluministas, buscava um governo representativo, de igualdade a todas as pessoas. Esse modelo de organização social alimentava o sentimento de superioridade do povo europeu moderno em relação aos demais povos colonizados. No entanto, considerando a dominação e exploração europeia sobre as colônias, esse modelo político foi implementado com profundas desigualdades sociais (com tratamento nitidamente desigual entre as pessoas). Tal desigualdade só foi aceita e justificada pela aceitação das teorias racialistas – ou seja, de que "os seres humanos podiam ser tratados diferentemente/desigualmente pois eram naturalmente diferentes". O **determinismo biológico** passa então a naturalizar a diferença e a ser usado, legitimamente, para justificar o preconceito, a exclusão, o racismo.

> Da mesma forma que **as mulheres** eram consideradas diferentes e inferiores aos homens em sua própria natureza, incapazes de discernimento, não podendo votar, os **povos**

não-europeus, em função de sua incapacidades raciais, não teriam condições de auto-governo (grifos meus) (GDE, 2009, p. 195).

O Prof. Dr. Kabengele Munanga (2004), em seu artigo "Uma abordagem conceitual das noções de raça, racismo, identidade e etnia", quando se refere as classificações de raça humana inventadas pelos naturalistas dos séculos XVIII e XIX, afirma:

> Infelizmente, desde o início, eles se deram o direito de hierarquizar, isto é, de estabelecer uma escala de valores entre as chamadas raças. O fizeram erigindo uma relação intrínseca entre o biológico (cor da pele, traços morfológicos) e as qualidades psicológicas, morais, intelectuais e culturais. Assim, os indivíduos da raça "branca", foram decretados coletivamente superiores aos da raça "negra" e "amarela", em função de suas características físicas hereditárias, tais como a cor clara da pele, o formato do crânio (dolicocefalia), a forma dos lábios, do nariz, do queixo, etc. que, segundo pensavam, os tornam mais bonitos, mais inteligentes, mais honestos, mais inventivos, etc. e conseqüentemente mais aptos para dirigir e dominar as outras raças, principalmente a negra – a mais escura de todas e conseqüentemente considerada como a mais estúpida, mais emocional, menos honesta, menos inteligente e, portanto, a mais sujeita à escravidão e a todas as formas de dominação (p. 8).

O sentimento etnocentrista europeu e o conceito de raça então formulado contribuíram para o surgimento histórico do RACISMO a partir do momento que a diferença descrita pela biologia foi transformada em hierarquia.

O racialismo só se converteu no racismo que conhecemos hoje quando tais teorias passaram a ser usadas não só para tentar explicar as diferenças biológicas, anatômicas ou de simples aparência física, mas também para associá-las a outras diferenças, basicamente de **caráter moral** (GDE, 2009, p. 193, grifos meus).

> [...] apesar da máscara científica, a raciologia tinha um conteúdo mais doutrinário do que científico, pois seu discurso serviu mais para justificar e legitimar os sistemas de dominação racial do que como explicação da variabilidade humana (MUNANGA, 2004, p. 5).

RAÇA, assim como o RACISMO, na teorização pós-crítica do currículo, é concebida "como o resultado de um processo linguístico e discursivo de construção da diferença" (SILVA, 2001, p. 95). A definição de "raças humanas" foi feita (e ainda é) a partir de uma classificação de ordem biológica baseada, principalmente na aparência visual (fenótipo), considerando a cor de pele; o tipo de cabelo; a conformação facial e cranial; a ancestralidade e origem; e a genética. Concomitante, os processos discursivos se associaram aos aspectos físicos, atributos morais do indivíduo (como caráter e honra).

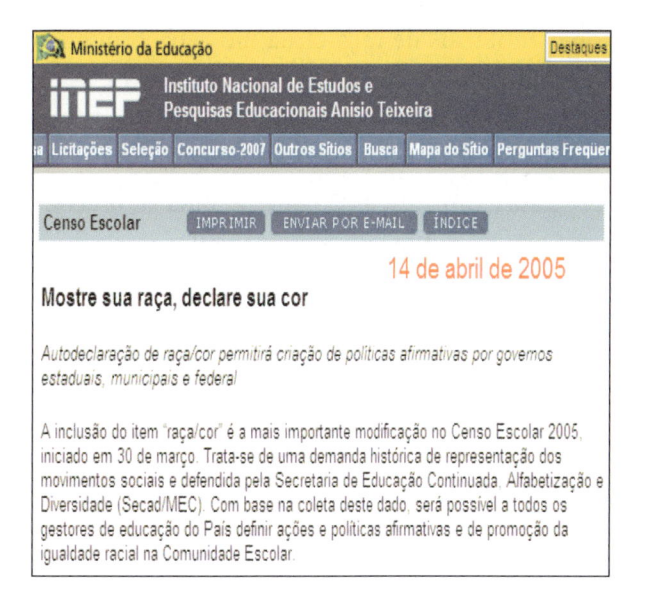

O Ministério da Educação, quando realizou o censo Escolar 2005, ao apresentar o entendimento de "raça" como sendo a "cor" da pessoa consolidou a **autodefinição** de pertencimento identitário em cinco possibilidades distintas, no Brasil (branca, negra, parda, amarela e indígena).

Essa classificação tem se mostrado muito problemática. No Censo IBGE de 1996 a população de brancas/os no Brasil era de 55,2%, e a população de negras/os de apenas 6%. No Censo de 2000, 38,5% das/os brasileiras/os se autodeclararam como sendo pardas/os.

Neste processo de autodefinição a "raça" torna-se uma "escolha" da pessoa – muitas/os que poderiam ser definidas/os como pessoas negras se definem como pardas ou brancas. Maggie (2008, p. 905) aponta esse aspecto da autodefinição como um problema, em especial, quando a discussão está polarizada entre o binômio branco/negro, uma vez que, em relação às pessoas negras (vista como uma categoria analítica) há uma fusão de dados estatísticos envolvendo pessoas que se autodefinem como pretas e pessoas que se alto definem como pardas.

É nesse contexto que o debate sobre Ações Afirmativas, para sujeitos marcados por atributos identitários de raça-etnia, no espaço público brasileiro, que se acentuou nos anos 1995 e 1996, levantou um importante questionamento: Afinal quem são as/os negras/os brasileiras/os?

Essa é uma discussão que se soma ao preconceito e à discriminação experenciados por pessoas autoidentificadas ou, simplesmente, definidas como "pretas", "pardas" ou "não brancas". Raça ou cor será sempre um conceito confuso pois tende a homogeneizar um grupo de pessoas a partir de atributos físicos e perceptíveis.

Nos Estados Unidos, o US Office of Management and Budget (órgão equivalente ao IBGE no Brasil), procedeu a uma revisão das categorias "raça" e "etnia" do censo americano. No censo de 2000 foram utilizadas sete categorias: 1. índio americano ou nativo do Alaska; 2. asiático; 3. negro ou afro-americano; 4. nativo havaiano; 5. branco; 6. hispânico ou latino; 7. não hispânico.

Essa classificação, que considera a origem da pessoa como o aspecto mais importante do que os seus atributos físicos (seu fenótipo), nos aproxima do termo e do entendimento pretendido neste livro – etnia e/ou étnico-racial.

Etnia – A ênfase na origem cultural, histórica e política

"Etnia", do grego "*ethnos*", significa "povo". O termo foi utilizado para se referir a povos não gregos, o que remete ao entendimento de "estrangeiro". No uso católico-romano "*ethnos*" significava "gentio", "herege", "aquele que professa o paganismo", portanto, "o outro" povo.

A identidade étnico-racial de uma pessoa ou de um povo é definida por critérios que são compartilhados e podem, no meu entender, ser assim organizados:

1) Componente cultural: valores, tradições, costumes.
2) Componente linguístico: língua principal, dialetos regionais.
3) Componente social: organização da sociedade, estrutura familiar.
4) Componente histórico: história e origem comum.
5) Componente biológico: raça, fenótipo, descendência.

O século XX, sem dúvida, reuniu condições políticas que possibilitaram uma série de mudanças sociais para grupos subordinados baseados em atributos identitários étnico-raciais. Em especial, destaco as reflexões decorrentes da explicitação pública mundial de sistemas de extermínio e segregação extrema, como os campos de concentração nazistas na Segunda Guerra Mundial (1939-1945), o *Apartheid* na África do Sul (1948-1994), os conflitos raciais nos Estados Unidos (mais acirrados nos anos de 1950 e 1960), as guerras étnicas no Leste Europeu.

No mundo atual, são diversos os conflitos acirrados por atributos identitários como a **nacionalidade**, a **etnia** e a **religião**. Todas essas identidades culturais estão presentes comumente no entendimento, mais amplo, de ETNIA, conforme apresentado, anteriormente, a partir de seus cinco componentes. Muitos desses conflitos étnicos estiveram "ofuscados" pela Guerra Fria,[6] vindo a se intensificarem, após a queda do Muro de Berlim (nov./1989) e o início da fragmentação da URSS (dez./1991).

A base étnica de muitos conflitos está no uso das manifestações culturais como elemento para diferenciar as minorias e mantê-las segregadas, gerando uma espécie de preconceito cultural ou preconceito étnico: há preconceito contra religiões, contra línguas, hábitos alimentares, formas de vestimenta, etc.

Frente às ameaças exteriores, muitos desses grupos étnicos reagem com um progressivo isolamento, na tentativa de manter sua integridade. Quando vivem em guetos, tornam-se comuns diferentes tipos de proibições, como casamentos inter-raciais, prática de certas religiões, consumo de determinados alimentos, etc.

Essa é a forma que o grupo encontra de se manter fora da influência da maioria que os circunda e que ameaça destruir seus valores.

Muitas vezes o impulso para as perseguições e o extermínio de minorias é dado por um Estado, como ocorreu durante a Segunda Guerra Mundial na Alemanha, com base na ideologia nazista. Outras vezes o componente impulsionador é a religião dos grupos majoritários ou os interesses econômicos de certos grupos que têm acesso ao poder político.

O racismo é um ingrediente essencial do nacionalismo. O nacionalismo, por sua vez, é um movimento ideológico que procura atingir e conservar a autonomia, a unidade e a identidade nacional em nome de uma população. Os nacionalistas defendem a ideologia de que pertencer a uma nação constitui um sinal de identidade e que isso define uma comunidade como uma entidade soberana e única. Evidentemente, essa ideologia nega essa identidade às pessoas que tenham pele, idioma ou religião diferentes da maioria, gerando discriminação e exclusão (SCALZARETTO, 2008).

O RACISMO no Brasil = o olhar do discurso jurídico

- Considerada a primeira legislação antirracista no Brasil, a Lei Afonso Arinos (**Lei n.º 1.390 de 3 de julho de 1951**) definia o racismo como CONTRAVENÇÃO PENAL. A concepção da lei "partia do pressuposto de que o Brasil não era uma sociedade racista. Dessa forma os poucos casos de agressão eram considerados apenas uma manifestação de preconceito racial, atitude individual, tornada contravenção penal, um ato ilícito de pequena gravidade, que, como tal, deveria receber uma punição branda" (ASSIS; CARDOSO, 2001, p. 134).

- Na **Constituição Federal de 1988** o racismo torna-se CRIME INAFIANÇÁVEL e IMPRESCRITÍVEL. "[...] todo um arcabouço jurídico passou a ser organizado de modo a redefinir e a combater a exclusão racial" (ASSIS; CARDOSO, 2001, p. 134).

- A **Lei n.º 7.716, de 5 de janeiro de 1989**, que "Define os crimes resultantes de preconceito de raça ou de cor". Art. 1º. Serão punidos, na forma desta Lei, os crimes resultantes de preconceitos de raça ou de cor.

- A **Lei n.º 8.081, de 21 de setembro de 1990** que "Estabelece os crimes e as penas aplicáveis aos atos discriminatórios ou de preconceito de raça, cor, religião, etnia ou procedência nacional, praticados pelos meios de comunicação ou por publicação de qualquer natureza".

- **A Lei n.º 8.882 de 3 de julho de 1994**, que "Acrescenta parágrafo único ao Art. 20 da Lei n.º 7.716, de 5 de janeiro de 1989, que "define os crimes resultantes de preconceitos de raça ou de cor". Este parágrafo único dizia: Art. 20, § 1º Incorre na mesma pena quem fabricar, comercializar, distribuir ou veicular símbolos, emblemas, ornamentos, distintivos ou propaganda que utilizem a cruz suástica ou gamada, para fins de divulgação do nazismo. REVOGADA pela Lei n.º 9.459, de 13/05/1997.

- A **Lei n.º 9.459 de 13 de maio de 1997** alterou a Lei n.º 7.716/89 modificando-lhe os artigos. 1º e 20, que passam a vigorar com a seguinte redação: "Art. 1º Serão punidos, na forma desta Lei, os crimes resultantes de discriminação ou preconceito de raça, cor, etnia, religião ou procedência nacional".; "Art. 20. Praticar, induzir ou incitar a discriminação ou preconceito de raça, cor, etnia, religião ou procedência nacional". Além disso, esta Lei, no seu Artigo 2º., incluiu no Código Penal, a injúria como modalidade de crime: Art. 2º - O Art. 140 do Código Penal fica acrescido do seguinte parágrafo: § 3º: Se a injúria consiste na utilização de elementos referentes a raça, cor, etnia, religião ou origem: Pena: reclusão de um a três anos e multa.

- A **Lei n.º 12.288 de 20 de julho de 2010** que "Institui o Estatuto da Igualdade Racial, altera a Lei n.º 7.716 de 5 de janeiro de 1989, a Lei n.º 9.029 de 13 de abril de 1995, a Lei n.º 7.347 de 24 de julho de 1985 e a Lei n.º 10.778 de 24 de novembro de 2003.

Santa Catarina e sua diversidade étnica

Santa Catarina é um Estado constituído de muitas etnias. O Estado recebeu muitas populações de imigrantes, a partir do século XVI, das etnias: açoriana, alemã, italiana, austríaca, suíça, sueca, norueguesa, polonesa, ucraniana, húngara, tcheca, leta, bucovina, russa, árabe (síria e libanesa), judia, grega, japonesa, holandesa, belga, francesa, espanhola e africana.

As/os portuguesas/es de Açores foram as/os primeiras/os a chegar ao Estado, construindo os primeiros povoados no litoral catarinense, no século XVI – ocupação esta que se intensificou em meados do século XVIII – época em que o Sul do Brasil era alvo de disputa territoriais entre Portugal e Espanha. Para assegurar a conquista do território, os portugueses providenciaram a vinda de colonos e colonas das ilhas de Açores e Madeira – ilhas com excedente populacional. As iniciais, pequenas propriedades, desenvolviam a agricultura de subsistência, além da pesca artesanal. A etnia açoriana, preponderante, por exemplo, na cidade de Florianópolis, trouxe para Santa Catarina significativa herança cultural expressa na distinta arquitetura, culinária baseada em frutos do mar, no sotaque peculiar e num folclore rico em alegorias.

Além da portuguesa, as etnias alemã e italiana vieram para Santa Catarina no decorrer do século XIX. Primeiramente, em 1828, famílias alemãs fundaram a cidade de São Pedro de Alcântara. Um segundo grupo chegou em 1850 e instalou-se na região do Vale do Itajaí, fundando Blumenau e outros povoados em seus arredores. A partir de 1875 vieram italianas/os, que constituíram a maior corrente migratória recebida pelo Estado – embora o primeiro núcleo italiano remonte a 1836, quando 180 pioneiros vindos da Sardenha instalaram a colônia Nova Itália às margens do rio Tijucas, onde atualmente fica o município de São João Batista. Os descendentes dos imigrantes italianos representam aproximadamente metade da atual população. Eles se estabeleceram principalmente na região Sul, próximo ao litoral, e nas cercanias das comunidades alemãs no Vale do Itajaí e no Norte do Estado. A cidade de Urussanga foi o principal núcleo da então colônia italiana de Azambuja, fundada em 1877. Os estrangeiros que ali se fixavam eram, em sua maioria, provenientes da região do Vêneto, no Norte da Itália. Junto com outros da Lombardia, de Friuli-Venezia Giulia e Trentino-Alto Adige, formaram o maior centro de imigrantes do Sul catarinense. Trouxeram sua contribuição com técnicas de cultivo de grãos, vinicultura, produção de queijos e embutidos. São muitas as cidades de colonização italiana, como Criciúma, Tubarão, Urussanga, Nova Veneza e Orleans, no Sul; São João Batista, Rodeio, Nova Trento, Botuverá e Ascurra, no Vale do Itajaí; Videira, Tangará e Pinheiro Preto, no Meio-Oeste. Em todas as cidades hoje existentes em Santa Catarina, se preservam as tradições herdadas: o cultivo da uva e do vinho, a fartura na mesa, a alegria e a religiosidade (SEE/SC, 2011).

Etnias africanas "invisíveis" na história de Florianópolis-SC

Permitam-me iniciar a discussão acerca da contribuição das populações de origem africana na constituição do Estado de Santa Catarina, em geral, e da cidade de Florianópolis, em particular, com a provocação que o subtítulo sugere.

> O máximo que os florianopolitanos têm à sua disposição, como fragmentos da memória da cidade, são imagens antigas da era republicana. Tal memória foi alvo de um grande envolvimento político.
>
> Em primeiro lugar as elites buscavam reinventar a cidade sob novas formas, forjá-la como modelo de urbe moderna, em acordo com sonhos civilizatórios que a República professava na Florianópolis do final do século XIX. Em segundo, no ritmo da exploração turística, passou-se a inventar uma peculiaridade local – a cultura açoriana (CARDOSO, 2008, p. 19).

Com essa reflexão inicial, o autor da obra *Negros em Desterr: experiências de populações de origem africana em Florianópolis na segunda metade do século XIX*, o colega Paulino de Jesus Francisco Cardoso (2008) afirma, categoricamente, que a "história de Florianópolis, branca, europeizada, mais tarde açoriana", que "colonizou a Desterro, portuguesa, oitocentista" foi "profundamente marcada pela presença africana" (CARDOSO, 2008, p. 19).

A representação da inexistência (e da importância) das populações africanas e indígenas na construção de nosso Estado já havia sido apontada pela antropóloga Ilka Boaventura Leite (1996) na obra *Descendentes de africanos em Santa Catarina: invisibilidade histórica e segregação*, como uma construção intencional da história:

> O embranquecimento, mais que estatístico, procedia-se movido pelos pressupostos ideológicos que necessitavam negar sua presença (do negro e do índio) para construírem o "vazio" a ser ocupado pelos imigrantes (LEITE, 1996, p. 39 *apud* CARDOSO, 2008, p. 27 e 39).

A tese de Cláudia Mortari Malavota (2007) desenvolveu uma análise dos vínculos parentais estabelecidos pelas famílias escravas que habitaram a Desterro de 1788 a 1850, com o objetivo de identificar e "compreender os processos de reinvenção das identidades desses sujeitos históricos no contexto da diáspora" (p. 21). A pesquisadora reiterou o entendimento de Cardoso (2008) e outras/os estudiosas/os acerca da invisibilidade conferida pela historiografia catarinense à presença escrava (e, portanto, africana) na Ilha e no Estado de Santa Catarina, um discurso marcado pela proposital insignificância numérica aos negros e às negras, buscando justificar a colonização europeia do Sul do país, especialmente, pelas etnias alemã e italiana.

Se referindo ao um estudo anterior (MALAVOTA, 2007, p. 15-16), afirma:

> [...] encontrei evidências que apontaram para a ação dos denominados "pretos africanos de nação", que, segundo dados daquele estudo estabeleciam uma rede de relações na Vila a partir de uma diversidade de práticas sociais, de estratégias e de alianças [...]

A escravidão possibilitou o fluxo de africanos e as trocas culturais pelo mundo. O processo de inserção desses povos em outros espaços (que não a África) levou a uma reinvenção de suas identidades e culturas. "O próprio conceito de diáspora, nessa perspectiva, não possui a idéia de dispersão que carrega consigo a promessa de retorno redentor" (MALAVOTA, 2007, p. 23). Ela representará uma "redefinição cultural e histórica do pertencimento", (p. 23) o que levará a uma experiência ímpar a vivida pelos negros e negras, escravizados e libertos no Brasil e em Desterro, seus vínculos familiares e sua identidade construída. "Os africanos passaram a ser designados, pela sociedade escravista brasileira, pela terminologia 'de nação'" (p. 25).

> Os escravos da propriedade de Bartolomeu Furtado e Anna Maria, Luiza, de "**Nação Benguela**", e João, de "**Nação Rebolo**", moradores de Vila Nossa Senhora do Desterro, no dia quinze de agosto de 1788, realizaram o batismo, na Igreja Matriz, do seu filho legítimo Pedro. [...]
>
> Em outra ocasião, em dezoito de outubro de 1789, os escravos Rosa "**Crioula**" e João, "**Nação Benguela**", também moradores da Vila, batizaram sua filha legítima Genoveva, neta, por parte de mãe, de Florianda, uma escrava de "**Nação Camundá**". Foram padrinhos Miguel e Maria, ambos escravos, mas de proprietários diferentes; ele pertencente a Luiz Ignácio, e ela, a Caetano Silveira.
>
> Já em dezesseis de janeiro de 1790, a escrava Tereza, "**Nação Guiné**", batizou sua filha Maria, para a qual escolher como padrinhos o casal Joaquim, escravo de Manoel Rodrigues, e a sua mulher Maria Joaquina, uma "**preta forra**" (MALAVOTA, 2007, p. 14, grifos meus).

As descrições acima ilustram o modo como as pessoas (homens e mulheres) passaram a ser denominados de escravos e africanos, no Brasil. A autora (MALAVOTA, 2007, p. 25) explica que a terminologia "de nação" era utilizada para designar essas pessoas, quer na chegada ao país, quer nas feitorias de captura de escravos, na África. No entanto, essas "nações" não reportavam ao meio como as/os africanas/os identificavam suas origens étnicas, mas sim aos portos de embarque dos navios negreiros, ou seja, "uma identificação dada pelos próprios traficantes em razão de algumas semelhanças atribuídas a tais escravos pelos europeus [...]" (p. 26).

Dessa forma, mesmo considerando o caráter de reconstrução identitária e cultural das populações de origem africana, no Brasil Colônia, que segundo Malavota (2008), será um "processo de reorientação dos critérios de identidade", podemos considerar que a obrigatória diáspora, imposta pela escravidão, "retirou", das populações de negros e negras sua etnia. Ou seja, a diáspora obrigou a reconfiguração de suas identidades étnicas com a criação (o surgimento) de outros grupos étnicos.

Foram três os primeiros e principais núcleos portuários que constituíram o Estado: Nossa Senhora da Graça do Rio São Francisco (em 1658), Nossa Senhora do Desterro (em 1673 ou 1975) e Santo Antônio dos Anjos da Laguna (em 1684). De póvoa, Desterro torna-se Freguesia em 1713; elevada à condição de Vila e Sede do governo da Capitania de Santa Catarina, em 1726 (MALAVOTA, 2007, p. 39).

> [...] em meados do século XVIII, Desterro era ainda uma pequena vila, composta por cerca de cento e cinquenta casas, uma marcenaria e um boticário. A população da Freguesia era de 7.646 pessoas divididas em: 1 vigário, 1 coadjutor, 1.526 **desobrigados da quaresma**, 250 **casais das Ilhas**, 1.300 filhos das Ilhas, 99 **casais da terra**, 1.000 **filhos da terra**, o que soma 2.649 **almas** (MALAVOTA, 2008, p. 42, grifos meus).

A curiosa forma de nomear as diferenças da população residente da época aponta tanto para uma divisão religiosa quanto para a origem daqueles e daquelas que habitaram a Desterro do século XVIII. "Casais das ilhas" remete aos que vieram das Ilhas portuguesas (Açores e/ou Madeira). "Casais da Terra", remete aos habitantes nativos (as/os indígenas). Os/as "filhos da Terra" remete aqueles que nasceram aqui (as/os mestiças/os). A aparente ausência de escravas/os nos remete a categoria dos/as "desobrigados da quaresma", ou seja, aqueles que por cultura religiosa própria tinham a "obrigação de realizarem o sacramento da confissão e da eucaristia na época da Páscoa, objetivando, com isso corrigir seus pecados públicos e reformar os costumes da população, adequando-os aos preceitos católicos" (MALAVOTA, 2007, p. 43).

Numa análise populacional mais precisa, referente a Santa Catarina durante o período colonial e imperial brasileiros, na primeira metade do século XIX havia uma significativa presença de negras e negros, libertos e escravos (africanos e crioulos), na população:

- no ano 1810, a população total era de 30.339 pessoas (23.146 de brancas/os e libertos; 7.203 de escravas/os – 24%);
- no ano 1824, a população total era de 45.410 pessoas (29.877 de brancas/os e libertos; 15.533 de escravas/os – 33%);
- no ano 1848, a população total era de 80.133 pessoas (65.883 de brancas/os e libertos; 14.250 de escravas/os – 17%);
- no ano 1850, a população total era de 86.490 pessoas (71.465 de brancas/os e libertos; 15.025 de escravas/os – 21%) (Cf. MALAVOTA, 2008, p. 66).

Se referindo a Vila de Desterro (atual cidade de Florianópolis), no ano de 1796, haviam 3.757 pessoas na população residente, classificadas conforme critérios de "cor" (brancas, pardas ou pretas) e de "categoria social (escravos e forros):

- 2.652 brancas;
- 110 indivíduas/os forras/os (75 pardas/os + 35 pretas/os) perfazendo 2,93% da população;
- 995 escravas/os (206 pardas/os + 789 pretas/os) somando 26,48% da população. (Cf. MALAVOTA, 2007, p. 70).[7]

Portanto, é evidente que a história do Estado de Santa Cataria e de Florianópolis teve não apenas a presença significativa de trabalhadores marcados por atributos identitários étnico-raciais, mas também a contribuição histórica desses sujeitos nas atividades domésticas e urbanas, na organização do trabalho e na vida social,

> [...] vendendo produtos nas ruas, carregando mercadorias no porto, construindo casas, trabalhando no serviço de ganho ou de aluguel, na iluminação pública, no transporte marítimo, como marinheiros e pescadores, trabalhando em ofícios mecânicos ou na agricultura das pequenas residências existentes ao redor da Vila (MALAVOTA, 2007, p. 77).

As funções domésticas não se limitavam apenas ao espaço da casa. Mulheres e homens negras/os necessitavam de certa mobilidade urbana para comprar alimentos, pegar água, lavar roupas na fonte, se desfazer de dejetos, levar recados do seu senhor. Foram criadas em todas as cidades e vilas do Brasil, os Códigos de Postura – um documento governamental com o intuito de controlar as condutas e atitudes das/os trabalhadoras/es escravas/os (sua mobilidade urbana e suas expressões culturais) (MALAVOTA, 2007, p. 77-78).

As populações africanas, trazidas para o Brasil nos navios negreiros, desembarcaram nos portos: São Luiz (no Maranhão); Olinda e Recife (em Pernambuco), Salvador (Bahia) e Rio de Janeiro (Rio de Janeiro) Santa Catarina recebeu escravos, especialmente do Porto do Rio de Janeiro, embora também tenha ocorrido a vinda deles, diretamente da África, ao porto de São Francisco do Sul, originários de Angola e Moçambique.

O tráfico negreiro organizava as/os escravas/os utilizando termos como Nagôs, Jejes, Mina, Angolas, Congos e Fulas. Esses termos se referiam à região de origem (e não as etnias marcadas por distintas nações e culturas). Muitas vezes, as/os escravas/os eram classificadas/os conforme a língua que falavam ou entendiam. P. ex.: Nagôs (que entendiam Iorubá); Haúças (entendiam a língua haúça – uma língua comercial difundida por toda África Central – antigamente denominada de sudanês).

Para o Brasil vieram, praticamente, escravas/os de dois grandes grupos: os bantos e os oeste-africanos.

Os bantos são descendentes de um grupo etnolinguístico que se espalhou rápida e recentemente desde a atual região de Camarões em direção ao sul, atingindo tanto o litoral oeste quanto o leste da África. Como essa expansão foi recente, as diferentes nações de bantos têm muitos aspectos étnico-culturais, linguísticos e genéticos em comum, apesar da grande área pela qual se espalharam (Diamond, 2002).

Os bantos trazidos para o Brasil vieram das regiões que atualmente são os países de Angola, República do Congo, República Democrática do Congo, Moçambique e, em menor escala, Tanzânia. Pertenciam a grupos étnicos que os traficantes dividiam em cassangas, benguelas, cabindas, dembos, rebolo, anjico, macuas, quiloas. Constituíram a maior parte dos escravos levados para o Rio de Janeiro, Minas Gerais e para a zona da mata do Nordeste (Pinheiro; Costa, 2001; Rezende, 2009; Unesco, 2000).

Os oeste-africanos provinham de uma vasta região litorânea que ia desde o Senegal até a Nigéria, além do interior adjacente. Eram principalmente nativos das regiões que atualmente são os países de Costa do Marfim, Benim, Togo, Gana e Nigéria. A região do Golfo de Benim foi um dos principais pontos de embarque de escravos, tanto que era conhecida como Costa dos Escravos. Os oeste-africanos constituíram a maior parte dos escravos ou entendiam a língua dos iorubás, o que incluía etnias como os kètu, egbavos levados para a Bahia (Pinheiro; Costa, 2001).

Pertenciam a diversos grupos étnicos que o tráfico negreiro dividia, principalmente, em: nagôs (os que falavam egbado, sabé) e os jejes (que incluía etnias como fons, ashanti, ewés, fanti, mina e outros menores como krumans, agni, nzema, timini).

Os malês eram escravos de origem oeste-africana, na maior parte falantes da língua haúça, que seguiam a religião muçulmana. Muitos deles falavam e escreviam em língua árabe ou usavam caracteres do Árabe para escrever em haúça. Além dos hauçás, isto é, dos falantes de língua haúça, outras etnias islamizadas trazidas como escravos para o Brasil foram os mandingas, fulas, tapa, bornu, gurunsi.

As etnias indígenas no solo catarinense

Os primeiros habitantes do território catarinense foram os indígenas. Seus ancestrais pré-históricos, que aqui viveram entre 5 mil e 10 mil anos atrás, deixaram inúmeras inscrições gravadas nas pedras em diferentes sítios arqueológicos espalhados pelo Estado.

Entre os 20 mil sítios arqueológicos do país somente seis são tombados: Sambaqui do Pindaí, em São Luís, no Maranhão; Parque Nacional da Serra da Capivara, em São Raimundo Nonato, no Piauí; Inscrições Pré-Históricas do Rio Ingá, no município de Ingá, na Paraíba; Sambaqui da Barra do Rio Itapitangui, em Cananéia, São Paulo; Lapa da Cerca Grande, em Matozinhos, Minas Gerais; e a Ilha do Campeche, em Florianópolis, Santa Catarina.[8]

A exemplo do que ocorreu em toda a América, os conflitos com os primeiros colonizadores e as doenças trazidas pelos europeus dizimaram a maior parte das populações nativas. Atualmente, há quase 30 áreas indígenas, em todas as regiões de Santa Catarina, que reúnem as três etnias existentes em território catarinense.

Segundo o site da Secretaria de Estado da Educação (SEE/SC, 2011), no Estado há, aproximadamente, 9.100 indígenas das etnias: xokleng, kaingang e guarani. Desta população, 2.678 alunas/os frequentam 34 escolas públicas estaduais específicas.

- Os xokleng residem nos municípios de José Boiteux e Vitor Meirelles. As/os alunas/os são atendidas/os por uma Escola de Educação Básica, uma Escola de Ensino Fundamental com extensão de Ensino Médio e uma escola com Anos Iniciais do Ensino Fundamental.
- Os kaingáng residem nos municípios de Ipuaçu, Entre Rios, Chapecó, Seara, Porto União, Abelardo Luz e Concórdia e frequentam uma escola de Educação Básica (Ipuaçu), uma escola de Ensino Fundamental e, das 16 escolas que atendem apenas os Anos Iniciais, uma atende também alunas/os guarani.
- Os guarani residem em Biguaçu, Palhoça, Imaruí, Entre Rios, Chapecó, José Boiteux, Guaramirim, São Francisco do Sul, Araquari, Balneário Barra do Sul, Garuva, Tijucas. As/os alunas/os são atendidos por uma escola de Educação Básica e por 11 escolas específicas com Anos Iniciais, uma escola que dividem com os xokleng e outra com os kaingáng.

Estados brasileiros e suas etnias indígenas
(cf. RASCKE, 2008, p. 173)

Acre – Apolima Arara, Arara Shawãdawa, Ashaninka, Katukina, Kaxinawá Kontanawa, Kulina Madihá, Machineri, Nawa, Nukini, Poyanawa, Shanenawa, Yaminawa, Yawanawá.

Alagoas – Jiripancó, Kalankó, Karapotó, Kariri-Xocó, Karuazu, Tingui Botó, Wassu, Xukuru, Kariri.

Amazonas – Apurinã, Arapaso, Bakairi, Baniwa, Bará, Barasana, Baré, Deni, Desana, Jamamadi, Jarawara, Jiahui, Juma, Kaixana, Kambeba, Kanamari, Karapanã, Katukina, Katukina do Rio Biá, Kaxarari, Kocama, Korubo, Kubeo, Kulina Madihá, Kulina Pano, Kuripako, Maku, Makuna, Marubo, Matis, Matsé, Miranha, Mirity-Tapuya, Mura, Parintintin, Paumari, Pirahã, Pira-tapuya, Sateré-Mawé, Siriano, Tariana, Tenharim, Ticuna, Torá, Tsohom, Djapá, Tukano, Tuyuka, Wai Wai, Waimiri-Atroari, Wanana, Warekena, Witoto, Yanomâmi, Zuruahã.

Bahia – Kaimbé, Kantaruré, Kiriri, Pankararé, Pankaru, Pataxó, Hã-Hã-Hãe, Tumbalalá, Tupinambá, Tuxá.

Ceará – Jenipapo-Kanindé, Kalabaça, Kanindé, Kariri, Pitaguary, Tabajara, Tapeba, Tremembé.

Espírito Santo – Tupiniquim, Guarani.

Goiás – Avá-Canoeiro, Tapuio.

Minas Gerais – Aranã, Krenak, Xakriabá.

Mato Grosso – Apiaká, Arara do Aripuanã, Aweti, Bakairi, Bororo, Chiquitano, Cinta Larga, Enawenê-Nawê, Ikpeng, Iranxe, Kaiabi, Kalapalo, Kamaiurá, Karajá, Kayapó, Kisêdjê, Kuikuro, Matipu, Mehinako, Menki, Nahukuá, Nambikwara, Naruvoto, Panará, Pareci, Rikbaktsa, Tapayuna, Tapirapé, Trumai, Umutina, Wauja, Xavante, Yawalapiti, Yudjá, Zoró.

Mato Grosso do Sul – Chamacoco, Guarani, Guató, Kadiweu, Kamba, Kinikinau, Ofaié, Amapá Galibi, Galibi Marworno, Karipuna do Amapá, Palikur, Wajãpi.

Pará – Amanayé, Anambé, Aparai, Arapiuns, Arara, Araweté, Asurini do Tocantins, Asurini do Xingu, Borari, Ewarhuyana, Gavião, Hyskariana, Karajá, Katxuyana, Kayapó, Kuruaya, Munduruku, Panará, Parakanã, Sateré-Mawé, Suruí, Tembé, Tiriyó, Kah'yana, Turiwara, Wai Wai, Wayana, Xikrin, Xipaya, Yudjá, Zo'é.

Paraíba – Potyguara.

Paraná – Guarani, Kaingang, Xetá.

Pernambuco – Atikum, Fulni-ô, Kambiwá, Kapinawá, Pankará, Pankararu, Pipipã, Truká, Tuxá, Xukuru.

Rio de Janeiro – Guarani.

Rio Grande do Sul – Guarani, Kaingang.

Rondônia – Aikanã, Ajuru, Akuntsu, Amondawa, Arikapu, Aruá, Cinta Larga, Gavião, Jabuti, Kanoê, Karipuna, Karitiana, Karo, Kaxarari, Kujubim, Kwazá, Macurap, Nambikwara, Oro Win, Paiter, Pakaa Nova, Sakurabiat, Tupari, Uru-Eu-Wau-Wau.

Roraima – Hixkariana, Ingarikó, Makuxi, Patamona, Taurepang, Wai Wai, Waimiri-Atroari, Wapixana, Yanomami, Yekuana.

Santa Catarina – Guarani, Kaingang, Xokleng.

São Paulo – Guarani, Kaingang.

Sergipe – Kariri-Xokó.

Tocantins – Apinajé, Avá-Canoeiro, Javaé, Karajá, Krahô, Krahô-Kanela, Xambioá, Xerente.

A historiadora Karla Rascke (2008, p. 172) menciona os dados do IBGE para a atual população indígena do Brasil: por volta de 700 mil indígenas, o que equivale a 0,2% da população total do país. Destaca ainda que esse total contempla tamanha diversidade étnica, que pode ser percebida pelos 230 povos diferentes que falam, aproximadamente, 180 línguas.

Referindo-se ao contexto educacional, Rascke (2008) diferencia os termos "Educação Indígena" e "Educação Escolar Indígena":

> Considero importante salientar que o termo educação indígena se diferencia da educação escolar indígena. Enquanto o primeiro é característico das comunidades que transmitem seus saberes e tradições por meio dos vínculos dos mais velhos com os mais jovens e crianças, o segundo, a educação escolar indígena, é algo institucionalizado, com olhares do Estado e com calendários escolares contraditórios (muitas vezes), não incorporando as datas de acontecimentos que costumam ser vivenciados nas aldeias (RASCKE, 2008, p. 175).

A Lei de Diretrizes e Bases da Educação (Lei n.º 9394/1996) garantiu aos povos indígenas o direito legal a uma educação escolar que deveria ser "específica, diferenciada, intercultural e bilíngüe/multilíngüe" (Art. 78).

Em 2002, o governo federal lançou o "Referencial Curricular Nacional para as Escolas Indígenas", enfatizando que esse modelo de educação só seria possível com a participação de professoras/es oriundas/os oriundos da própria comunidade.

Em 2009 realizou-se a I Conferência Nacional de Educação Escolar Indígena (I CONEEI), em Luziânia (GO), reunindo representantes dos Estados brasileiros e de 210 diferentes povos indígenas (Gomes, 2010, p. 566).

> Cada etnia indígena pode ser vista como identidade cultural – que para alguns sujeitos, é a identidade central, mesmo que possamos pensar que essas pessoas são ainda sujeitos de gênero, de sexo, de sexualidade, de religião, etc.
>
> Uma escola que define como princípio pedagógico e político a problematização das muitas formas de desigualdade e de exclusão social terá, sempre na discussão étnico-racial, mais um importante ponto temático de inserção curricular. A educação sexual de respeito às muitas diferenças constitui-se num local de grande potencial para essas discussões. A decisão de inclusão curricular, promovida por professores e professoras, é, portanto, uma decisão política (Rascke, 2008, p. 177).

Multiculturalismo – Um movimento político por um currículo pós-crítico

A palavra "multicultural" é o resultado etimológico entre "múltiplo" + "cultura". Seu significado enfatiza o variado, o aspecto plural das muitas culturas presentes num determinado espaço, lugar e tempo. Esse entendimento pode ser transferido para a escolarização formal e podemos pensar numa sala de aula multicultural ou numa escola, numa cidade, num país ou até mesmo, num planeta multicultural. Se o multiculturalismo pode ser entendido como uma "atitude", o reconhecimento e o respeito a ele passa, portanto, pela formação de educadoras/es multiculturais.

Estrategicamente apresentado como um conceito político, a palavra "multiculturalismo" denuncia a homogeneização cultural expressa no predomínio e hegemonia de certas formas culturais, em detrimento de múltiplas outras culturas – invisibilizadas socialmente. O multiculturalismo vem, assim, denunciar o status privilegiado do **monoculturalismo eurocêntrico** e, mais recentemente, em termos de globalização, do status conferido ao **monoculturalismo estadunidense**.

Neste sentido, o multiculturalismo como movimento político afirmará que nenhuma cultura é essencialmente/naturalmente superior ou melhor do que outra. A posição que certa cultura ocupa socialmente é sempre discursiva, ou seja, "ela depende da posição de poder de quem a afirma, de quem a enuncia" (Silva, 2001, p. 90).

Trata-se, então, de "um movimento legítimo de reivindicação de grupos culturais dominados" (Silva, 2001, p. 85), como as mulheres, os negros e negras, as/os nativas/os norte-americanas/os homossexuais, "em favor de um currículo que seja culturalmente inclusivo, incorporando as tradições dos diferentes grupos culturais e sociais" (Silva, 2000, p. 81).

Os professores e historiadores Paulino Cardoso e Willian Lucindo (2008) ressaltam a importância do poder público "traduzir" o multiculturalismo em políticas públicas, pois consideram que esse movimento "refere-se ao resultado de intensa mobilização social de grupos organizados [...] pelo fim de toda forma de intolerância e por políticas públicas, especialmente nas estruturas educacionais [...]" (Cardoso; Lucindo, 2008, p. 162). Isto significa dizer que o entendimento de um "currículo multicultural" abrange as identidades, culturais, não apenas de negros e negras, de populações indígenas e de diferentes nacionalidades; mas também, outras identidades como as mulheres, a população LGBTTT (lésbicas, gays, bissexuais, travestis, transexuais, transgêneros), grupos étnicos e sujeitos de diferentes origens e crenças religiosas.

A Universidade do Estado de Santa Catarina (UDESC) aprovou sua Política de Inclusão, em 2009, criando uma normativa institucional (resolução) que pode ser vista como exemplo de CURRÍCULO MULTICULTURAL no âmbito do Ensino Superior:

Resolução n.º 017/2009 – POLÍTICA de INCLUSÃO na UDESC
[...] DAS CONCEPÇÕES DE INCLUSÃO

Art. 1º. Entende-se por inclusão:

I. O processo sistemático e intencional que possibilita o **acesso à Universidade**, de sujeitos marcados por atributos identitários, historicamente, subordinados nas relações de poder social (idosos, mulheres, negros, negras, indígenas, portadores de necessidades especiais, gays, lésbicas, travestis, transexuais, transgêneros).

II. A **representação positiva** desses sujeitos nas políticas de ensino, pesquisa e extensão, possibilitando a esses grupos exercer suas atividades como cidadãos e cidadãs no contexto da Universidade, gozando dos direitos e prerrogativas comuns à todas/os e ao coletivo de seu segmento.

III. A **incorporação curricular** da história, cultura e singularidades desses grupos como estratégia na mudança de mentalidades voltadas a minimização das desigualdades sociais, do combate as formas de preconceitos, violência e desrespeito das diferenças individuais e coletivas.

Art. 2º. A inclusão caracteriza-se como processo complexo e gradativo, articulado com a organização da educação nacional, que requer uma prática transformadora no contexto da universidade, a partir de ações, que se justificam por três princípios:

I. O direito de todos e todas ao acesso à educação e a produção do conhecimento.

II. A igualdade de oportunidades para formação profissional numa instituição pública e gratuita.

III. A contribuição da Universidade na busca por uma sociedade da paz e do respeito às diferenças.

[...] DA ABRANGÊNCIA DA AÇÃO

Art. 9º. As ações abrangerão diferentes identidades culturais:

a) Condição/Estado físico ou necessidades especiais (cadeirantes, surdos, cegos);

b) Raça e/ou etnia (populações de negros e negras, quilombolas, indígenas);

c) Identidade de gênero e/ou Orientação Sexual (mulheres, gays, lésbicas, bissexuais, travestis, transexuais, transgêneros);

d) Condição socioeconômica.

Resolução aprovada pelo Conselho Universitário – CONSUNI da Fundação Universidade do Estado de Santa Catarina – UDESC, no uso de suas atribuições, considerando a deliberação do Plenário relativa ao Processo n.º 235/2008, tomada na sessão de 07 de maio de 2009.

A aprovação de leis normativas, regulamentos, etc., em qualquer esfera e instância da vida social, é uma tentativa de promover tanto a igualdade no tratamento de diferentes sujeitos quanto a mudança coletiva de mentalidades através do processo educacional. A "nova regra" na medida em que apresenta um entendimento de "sujeitos merecedores de direitos" institui também um princípio de vida em sociedade (na comunidade universitária) que deve estar sempre baseado na ética do reconhecimento da diferença como positiva, da dignidade humana e do tratamento igualitário entre todos e todas. Paradigma existencial e institucional que pode (e deve) estar presentes em outras instâncias sociais (por exemplo, todos os níveis da escolarização brasileira).

Mas como a escola pode contribuir para a construção de uma sociedade mais igual, solidária, da paz e de respeito às diferenças?

Será que o respeito às pluralidades culturais significa, apenas, a tolerância e a inclusão curricular dos grupos subordinados? E, se assim o fosse, não estaríamos, apenas, promovendo uma mera somatória aos currículos tradicionais de conteúdos e especificidades daquilo que é de "interesse dos outros"?

No Capitulo 1 deste livro, quando da discussão referente ao tipo de educação sexual a partir da "Abordagens contemporâneas para educação sexual?", afirmei que a utilização dos termos "tolerância" e "respeito" (assim como compreensão) têm suas implicações semânticas quando analisada sob referenciais pós-críticos.

> Apesar de seu impulso aparentemente generoso, a idéia de tolerância, por exemplo, implica também uma certa superioridade por parte de quem mostra "tolerância". Por outro lado a noção de "respeito" implica um certo essencialismo cultural, pelo qual as diferenças culturais são vistas como fixas, como já definitivamente estabelecidas, restando apenas "respeitá-las" (Silva, 2001, p. 88).

A Educação Sexual precisa, então, fazer uma reflexão didático-metodológica e política, uma vez que as diferenças sexuais, de gênero, étnico-raciais estão sendo permanentemente construídas, significadas e hierarquizadas nos processos discursivos da cultura. Neste sentido, há fortes implicações numa educação que se pretende apenas "respeitá-las", "tolerá-las" ou "compreendê-las" (as diferenças e os sujeitos subordinados). É preciso insistir na explicitação das relações de poder existentes nesse contexto pedagógico e social.

Portanto, as discussões acerca das diversidades e das diferenças devem promover o questionamento, também, das identidades hegemônicas e dos processos culturais, sociais e políticos que constroem a hierarquia, o controle e os modos de classificação que permitem a supremacia de uma cultura sobre outra.

A inclusão curricular de identidades subordinadas não é o suficiente para a mudança social. É preciso questionar a totalidade dos currículos e os currículos totalizantes, as universalidades e a hegemonia de determinadas identidades, entendendo sempre que os mesmos processos discursivos que constroem as diferenças podem ser, permanentemente, questionados, fragilizados e reconstruídos pelos processos educacionais.

Referências

CARDOSO, Paulino de Jesus Francisco; LUCINDO, Willian Robson Soares. Multiculturalismo, diversidade cultural e desigualdades raciais: um olhar a uma Educação Sexual de respeito às diferenças. In: FURLANI, Jimena (Org.). *Educação Sexual na escola: eqüidade de gênero, livre orientação sexual e igualdade étnico-racial numa proposta de respeito às diferenças*. Florianópolis: UDESC (Fundação Universidade do Estado de Santa Catarina); SECAD/Ministério da Educação, 2008. p. 161-170.

CARDOSO, Paulino de Jesus Francisco. *Negros em Desterro: experiências de populações de origem africana em Florianópolis na segunda metade do século XIX*. Itajaí: UDESC, Casa Aberta, 2008.

GDE – Gênero e Diversidade na Escola: *Formação de professoras/es em gênero, orientação sexual e relações étnico-raciais*. Livro de Conteúdo, versão 2009. Rio de Janeiro: CEPESC; Brasília: SPM, 2009.

GOMES, Ana Maria. Educação Indígena: convergências e tensões no campo da formação e do trabalho docente. In: CONVERGÊNCIAS E TENSÕES NO CAMPO DA FORMAÇÃO E DO TRABALHO DOCENTE. *Textos selecionados do XV ENDIPE*, Belo

Horizonte: Autêntica, Coleção Didática e Prática de Ensino, 2010.

GOMES, Joaquim Benedito Barbosa. *Ação afirmativa & princípio constitucional da igualdade: o direito como instrumento de transformação social. A experiência dos EUA*. Rio de Janeiro: Renovar, 2001, p. 6-7.

GUIMARAES, Antônio Sérgio Alfredo. *Classes, raças e Democracia*. São Paulo: Editora 34, 2002.

HALL, Stuart. Quem precisa da identidade? In: SILVA, Tomaz Tadeu da (Org.). *Identidade & diferença*. Petrópolis: Vozes, 2000a, p. 103-133.

HALL, Stuart. *Identidade cultural na pós-modernidade*. 4. ed. Rio de Janeiro: DP&A, 2000b.

MAGGIE, Yvonne. Pela igualdade. *Revista Estudos Feministas*. Florianópolis, Universidade Federal de Santa Catarina, Centro de Filosofia e Ciências Humanas e Centro de Comunicação e Expressão, v. 16, n. 3, 2008, p. 897-912.

MALAVOTA, Cláudia Mortari. *Os africanos de uma vila portuária do Sul do Brasil: criando vínculos parentais e reinventando identidades. Desterro, 1788/1850*. Tese (Doutorado) – PUC-RS, Pontifícia Universidade Católica do Rio Grande do Sul, Instituto de Filosofia e Ciências Humanas, Porto Alegre: 2007.

MATTOS, Hebe Maria. *Escravidão e cidadania no Brasil monárquico*. Rio de Janeiro: Jorge Zahar, 2000.

MUNANGA, Kabengele. Uma abordagem conceitual das noções de raça, racismo, identidade e etnia. In: BRA\NDÃO, André A. P. (Org.) *Cadernos Penesb*, Niterói, Editora da UFF, v. 5, p. 15-34, 2004.

PRIORE, Mary Del. *História do amor no Brasil*. São Paulo: Contexto, 2006.

RASCKE, Karla Leandro. Populações indígenas em Santa Catarina: reflexões acerca de uma educação sexual de respeito à diversidade étnico-racial In: FURLANI, Jimena (Org) *Educação Sexual na Escola: eqüidade de gênero, livre orientação sexual e igualdade étnico-racial numa proposta de respeito às diferenças*. Florianópolis: UDESC (Fundação Universidade do Estado de Santa Catarina); SECAD/Ministério da Educação, 2008, p. 171-178.

Revista Isto É. Capa: Seja racista se for capaz: pesquisa comprova que não existem raças e derruba desculpa científica para a discriminação. GODOY, Norton. Somos Todos um só. São Paulo: Editora Três. 18 nov. 1998, n. 1520, p. 128-134.

Revista Veja. Capa: Gêmeos idênticos, Alex e Alan foram considerados pelo sistema de cotas como branco e negro. É mais uma prova de que raça não existe. ZAKABI, Rosana; CAMARGO, Leoleli. Eles são gêmeos idênticos, mas, segundo a UnB, é branco e... São Paulo: Editora Abril. 06 jun. de 2007. Edição 2011, ano 40, n. 22, p. 82-88.

SCALZARETTO, Reinaldo. Conflitos étnicos na atualidade. Site Geografia Viva, em 22 de junho de 2008. Disponível em <http://geografiaaovivo.blogspot.com/>. Acesso em: 10 fev. 2011.

SEE/SC, 2011. Secretaria de Estado da Educação, Estado de Santa Catarina. Acesso em: 25 jan. 2011. Disponível em: <http://www.sed.sc.gov.br/educadores/nucleo-de-educacao-indigena?start=1>.

SILVA, Paulo Vinícius Baptista da; ROSEMBERG, Fúlvia. Brasil: lugares de negros e brancos na mídia. In: VAN DIJK, Teun A. (Org.). *Racismo e discurso na América Latina*. São Paulo: Contexto, 2008, p. 73-118.

SILVA, Tomas Tadeu da. *Documentos de Identidade: uma introdução às teorias do currículo*. Belo Horizonte: Autêntica, 2001.

UDESC/CEAD. Universidade do Estado de Santa Catarina. Centro de Ensino a Distância. *Caderno Pedagógico: Antropologia Cultural e Multiculturalismo*. Gláucia de Oliveira Assis; Paulin de Jesus Francisco Cardoso. Florianópolis: UDESC/CEAD, 2001.

WOODWARD, Kathriyn. Identidade e diferença: uma introdução teórica e conceitual. In: SILVA, Tomaz Tadeu da (Org.). *Identidade & diferença*. Petrópolis: Vozes, 2000, p. 7-72.

Notas

[1] Meu especial agradecimento à colega Dra. Cláudia Mortari Malavota (NEAB/FAED/UDESC), que leu, previamente, este capítulo e muito contribuiu com suas sugestões e comentários.

[2] A "identidade" aqui referida é identidade cultural, e não possíveis noções de "identidade" segundo teorizações dos campos da psicologia. De acordo com a teorização pós-estruturalista que fundamenta boa parte dos Estudos Culturais contemporâneos, a identidade cultural só pode ser compreendida em sua conexão com a produção da diferença, concebida como um processo discursivo (SILVA, 2000a, p. 69). Segundo Stuart Hall (2000b), as identidades culturais surgem decorrentes de nosso pertencimento a culturas étnicas, raciais, linguísticas, religiosas e acima de tudo, nacionais (p. 8). Outros atributos identitários, como sexo, gênero, sexualidade, raça, classe, geração, são também exemplos de identidades culturais que nos conferem esta noção de pertencimento identitário.

[3] Nos anos 1960, as instituições estatais norte-americanas, sob pressão do movimento de direitos civis, constituíram política afirmativa, "expressão essa que constava no texto da ordem executiva n.º 10.925 de 06 de março de 1961. Essa ordem [...] criava a Comissão Presidencial sobre Igualdade no Emprego. [...] Em 1964 é decretado a Lei dos Direitos Civis, que no seu Artigo VII proibia a discriminação no emprego" (UDESC/CEAD, 2001, p. 129).

[4] No Governo Fernando Henrique Cardoso (1995-2002) houve: 1. Criação do Grupo de Trabalho Interministerial para propor políticas voltadas à população Negra (1995); 2. Proposição de medidas de cotas raciais para combater o racismo na III Conferência Mundial das Nações Unidas de Combate ao Racismo, Discriminação Racial, Xenofobia e Intolerância Correlata, África do Sul (2001); 3. Ênfase no enunciado: "Tratar desigualmente os desiguais" – entendimento derivado do texto de Rui Barbosa ("Oração aos moços, 1921") onde destaco o trecho "A regra da igualdade não consiste senão em aquinhoar desigualmente os desiguais, na medida em que se desigualam. Nessa desigualdade social, proporcionada à desigualdade natural, é que se acha a verdadeira lei da igualdade (RUI BARBOSA, 1999 apud MAGGIE, 2008, p. 905) –; 4. A Assembleia Legislativa do Estado do Rio de Janeiro aprova, em 2001, cotas de até 40% para acesso da população de negras/os e pardas/os à Universidade do Estado (UERJ) e à Universidade Estadual Norte Fluminense (UENF); 5. Ainda tramitando, o PL 73/1999, de autoria da deputada Nice Lobão, Dispõe sobre o ingresso nas universidades federais e dá outras providências; institui Sistema de Reserva de Vagas para estudantes egressos de escolas públicas, em especial negros e indígenas, nas instituições públicas federais de educação superior, em cada concurso de seleção para ingresso nos cursos de graduação. No Governo Lula (2003 a 2010): 1. Criação da Secretaria Especial de Políticas de Promoção da Igualdade Racial (SEPPIR) (em 2003): 2. Criação do Censo Escolar com o quesito cor (definido pelas categorias branco, pardo, preto, amarelo e indígena) respondido pela autoidentificação (2003); 3. Definição, pelo Conselho Nacional de Educação, das Diretrizes Nacionais Curriculares para Educação das Relações Étnico-Raciais e para o Ensino de História e Cultura Afro-Brasileira e Africana (Lei n.º 10.639 de 2003); 4. Reformulação da Lei n.º 10.639 para incluir a História e Cultura dos Povos Indígenas (Lei n.º 11.645 de 2008); 5. Ainda tramitando, o PL n.º 3.198/2000, de autoria do senador Paulo Paim que cria o Estatuto da Igualdade Racial.

[5] Em ambas as reportagens as pesquisas científicas comprovaram que na espécie humana, além de não haver variação genética significativa que aponte para existência de raças, num "grupo racial" de indivíduos pode haver maior variação genética do que entre "grupos raciais" diferentes. "Um sueco loiro pode ser, no íntimo de seus cromossomos, mais distinto de outro sueco loiro do que de um negro africano" (*Veja*, 06/06/2007, p. 84).

"Quando há diferenças genéticas significativas, pelo menos 85% dela acontecem entre indivíduos dentro de um mesmo grupo étnico (como os asiáticos, por exemplo)" (*Isto É*, 18/11/1998, p. 130).

[6] Nome dado ao período histórico em que os EUA e a URSS disputavam estratégias políticas, militares, espaciais, ideológicas, entre o final da Segunda Guerra Mundial (1945) e a extinção da União Soviética (1991). Envolveu os estadistas Mikhail Gorbachev (secretário-geral do Partido Comunista da União Soviética) e Ronald Reagan (presidente dos Estados Unidos).

[7] Malavota (2008) apresenta, na página 70, de sua tese, uma tabela com dados referentes à população escrava e forra de Desterro dos anos 1803, 1805, 180, 1812, 1813, 1814 e 1820, com divisão quantitativa por gênero, ou seja, com dados distintos para mulheres e homens, escravas e escravos, forras e forros (pretas/os e pardas/os).

[8] Disponível em: <http://www.comciencia.br/reportagens/arqueologia/arq03.shtml>. Acesso em: 25 jan. 2011.

Um dos grandes desafios da educação brasileira é construir modelos socioeducacionais e políticas públicas que tratem de temas como juvenilização da epidemia de aids, gravidez na adolescência, violência de gênero, exploração sexual infantojuvenil, preconceitos sexual e racial, entre outros. Ações e conscientização nesse sentido devem estar presentes em todos os setores públicos e privados de nossa sociedade.

Para discutir com responsabilidade as temáticas que envolvem a sexualidade, mais especificamente a Educação Sexual na escola, a autora Jimena Furlani traz aqui material fundamental sobre orientação teórica e possibilidades práticas para professoras/es da Educação Infantil, do Ensino Fundamental e do Médio. Esta obra apresenta de forma abrangente os elementos necessários para a realização de uma educação voltada para o desenvolvimento humano, no que toca a uma conscientização humanitária baseada em direitos e deveres e no respeito à diversidade e às diferenças pessoais.

Sem dúvida alguma, esta obra chega para ser uma ferramenta de trabalho imprescindível para educadores e educadoras não apenas de Educação Sexual, mas para todos os que lutam pelo respeito às diferenças e pela defesa e garantia dos direitos de crianças e adolescentes.

JIMENA FURLANI é natural de Florianópolis (SC). Professora efetiva da Universidade do Estado de Santa Catarina (UDESC), desde 1994, no Centro de Ciências Humanas e da Educação (FAED). Doutora em Educação (UFRGS, 2005) sob orientação da Profa. Dra. Guacira Lopes Louro, na Linha de Pesquisa em Educação, Gênero e Sexualidade. Mestre em Educação (UFSC, 1993) e bacharel e licenciada em Ciências Biológicas (UFSC, 1988, 1992). Após 34 anos de atuação na área da formação de educadoras/es para a Educação Sexual e o respeito às diferenças, em todos os níveis da escolarização brasileira, aposentou-se do serviço público em junho de 2024. Durante sua carreira voltou-se à educação sexual; à sexualidade infantil, adolescente e adulta; aos estudos das relações de gênero; à livre orientação sexual; à igualdade étnico-racial; à representação e desconstrução como recursos didático-metodológicos; e à diversidade e diferenças. Publicou diversos artigos científicos (alguns disponíveis em http://papodecorujas-jimenafurlani.blogspot.com/) e o livro *Mitos e tabus da sexualidade humana: subsídios ao trabalho em Educação Sexual* (Autêntica, 2009).
Contato: jimena.udesc@gmail.com

Este livro foi composto com tipografia Minion e impresso
em papel Off-set 75 g/m² na Gráfica Rona.